LA CHARGE DE TRAVAIL
À L'ÈRE DU NUMÉRIQUE

Le droit aujourd'hui

La collection « Le droit aujourd'hui » regroupe des études juridiques concernant des problèmes d'actualité nationale et internationale, dans divers domaines (éthique, politique, questions de société...).

Déjà parus

Meganne NATALI, *Le droit international face au trafic illégal de biodiversité sauvage,* 2023.
Rahma BENTIROU MATHLOUTHI (dir.), *Proportionnalité, droits fondamentaux et juge, Proportionality, fundamental rights and judges*, 2023.
Aécio Filipe COELHO FRAGA DE OLIVEIRA, *L'exécution des mesures à titre provisoire rendues par un tribunal arbitral situé à l'étranger*, 2022.
Naivi CHIKOC BARREDA, *Succession internationale et dispositions spéciales de la lex rei sitae. Contribution à l'étude de l'impérativité internationale en matière successorale*, 2022.
Boris BARRAUD, *Éthique de l'intelligence artificielle*, 2022.
Boris BARRAUD, *Dignité, liberté, égalité*, 2022.
Boris BARRAUD, *Humanisme et intelligence artificielle*, 2022.
Michel BOUDJEMAÏ, *La territorialisation de l'aide sociale légale*, 2022.
Carine VAYSSE, *La théorie générale du contrat administratif*, 2022.
Thomas LARDEUX, *La sécurité juridique et le contentieux international des investissements*, 2021.
Coffi Dieudonné ASSOUVI, *L'influence du droit international des changements climatiques sur le droit de l'environnement de l'Union européenne*, 2021.
Zohra Aziadé ZEMIRLI, *Le statut juridique des non-musulmans en Algérie. L'exemple des évangéliques et des ahmadis,* 2020.

Sébastien Demay

La charge de travail à l'ère du numérique

Réflexion sur la santé au travail

L'Harmattan

5-7, rue de l'École-Polytechnique ; 75005 Paris

http://www.editions-harmattan.fr/

ISBN : 978-2-14-034686-6
EAN : 9782140346866

À Steven,
mon cher petit frère

Sommaire

Préface

« La charge de travail à l'ère du numérique. Réflexion sur la santé au travail ». L'intitulé est au cœur des nouvelles problématiques et d'un questionnement parfois tabou : la charge de travail. Celle-ci est naturelle ; elle est la traduction de la prestation de travail, élément essentiel du contrat de travail ; celle-ci est définie par l'employeur qui, par l'exercice de son pouvoir de direction, fixe les objectifs et détermine les moyens à mobiliser. Cependant le pouvoir n'est pas absolu ; celui-ci est questionné à l'aune de l'intérêt de l'entreprise et de la protection des droits fondamentaux comme l'impose le célèbre article L. 1121-1 du Code du travail.

La jurisprudence a été saisie de la question et a su y répondre ; citons l'arrêt Euriware du 7 décembre 2016 reprochant à l'employeur le fait que « les objectifs et les moyens du centre d'appels avaient été définis sans qu'aucun document ni aucune norme ne permette d'apprécier la pertinence du ratio retenu d'environ 13 500 utilisateurs pour 48 salariés » ; mieux, l'arrêt du 8 novembre 2012 affirmant qu'« un employeur ne peut ignorer ou s'affranchir des données médicales afférentes au stress au travail et ses conséquences pour les salariés qui en sont victimes » ou encore celui du 13 mars 2013 qualifiant d'un manquement à l'obligation de sécurité le fait d'être « exposé à un stress permanent et prolongé à raison de l'existence d'une situation de surcharge de travail conduisant à un épuisement professionnel de nature à entraîner une dégradation de son état de santé ».

Il faut donc briser le tabou déclarant qu'apprécier « la charge de travail » serait impossible en fait ou en droit. C'est à cet ambitieux projet que s'est attelé Monsieur Sébastien Demay. Il s'est mis à la tâche avec toute la passion qui est sienne, avec ses doutes, avec ses analyses de la pratique et avec sa persévérance. Monsieur Sébastien a été franc dans son analyse : le questionnement de la charge de travail, tant sur sa définition que sur son régime, en est à ses débuts. Mais les débuts sont prometteurs car l'ère du numérique met en lumière les effets pervers de la surcharge de travail ou de la sous-charge de travail touchant les conditions de travail in situ ou en télétravail.

Explorant les études économiques, sociales et juridiques, Monsieur Demay a tenté de marier dans sa thèse la rigueur des jardins à la française et la luxuriance des jardins anglais. Le résultat dessine les prémisses d'une théorie générale de la charge de travail, épousant la réalité de l'ère numérique si présente et en développement continu ainsi que les principes fondamentaux de la santé du travail imposant une prévention du risque professionnel avant sa réalisation (évaluation et action) tout comme un traitement du risque réalisé (accompagnement individuel et collectif).

Puisse-t-il, tout au long de la carrière professionnelle, voire universitaire, conserver ce sens de la mesure sans rien perdre de son enthousiasme, de cet humanisme et de sa passion.

Yannick Pagnerre,
Professeur agrégé des facultés de droit

Remerciements

J'exprime ma gratitude au Professeur Yannick Pagnerre, mon Directeur de thèse. Je mesure le privilège qu'il ait accepté de m'accompagner. Un grand merci pour son partage d'expertise, de connaissances et de soutien tout au long de ce parcours. Nos précieux échanges m'ont offert les clés pour avancer sereinement et avec conviction.

Je remercie bien sûr le Professeur Bui-Xuan de la confiance accordée pour intégrer le Centre de Recherche Léon-Duguit et de m'avoir fait bénéficier des conditions nécessaires à la réalisation de ce travail.

Ma reconnaissance se tourne également vers l'entreprise Guerbet, qui m'a accueilli dans le cadre d'une convention Cifre. Je remercie particulièrement l'équipe de la Direction des Ressources Humaines pour son accueil. J'exprime ma gratitude à Catherine Chevalier, ma supérieure hiérarchique m'ayant donné toute sa confiance pour l'accompagner dans ses fonctions au sein de la Direction des Affaires sociales. Catherine a apporté une réelle exigence dans le travail et un niveau d'expertise très élevé. Par ailleurs, je remercie Pétra Zalabak, Directeur des Ressources Humaines Groupe, pour son soutien et ses multiples conseils. Mes pensées vont bien sûr vers Sandrine Kriegel, Assistante, avec qui j'ai passé la majorité de mon temps au travail et qui m'a été d'une précieuse aide au quotidien.

Enfin, merci à ma famille et mes amis pour leur écoute. Je remercie particulièrement ma mère, ainsi que mes frères et sœurs pour avoir trouvé les mots justes pour m'aider à avancer. Ma reconnaissance également à ma tante Brigitte, mon cousin Thomas et ma cousine Morgane, pour leur hospitalité et soutien sans faille, même dans les moments difficiles.

La présente thèse n'aurait pas été aussi riche intellectuellement et personnellement sans toutes ces personnes, c'est pourquoi je leur exprime toute ma gratitude.

Résumé

La société contemporaine se caractérise par une accélération du rythme de l'innovation numérique métamorphosant ainsi le monde du travail. Il est donc essentiel de comprendre l'ampleur des évolutions en cours et à venir, car les impacts sur la charge de travail des salariés sont forts.

La tension existante entre l'Homme au travail et les outils numériques mis à disposition pour exercer la prestation n'est pas à ignorer. Le concept ancien de l'Homme machine a souvent été repris par la doctrine pour démontrer cette extension de l'individu par l'outil numérique et cette complémentarité entre l'Homme et ces dispositifs modernes. Il semble aujourd'hui difficile, voire impossible, de ne pas être associé à un logiciel, un robot intelligent, un ordinateur, etc. pour exécuter une tâche. Toutefois, bien plus que le contenu du travail, c'est l'organisation du travail dans son ensemble qui est touchée.

Tous ces changements ne sont pas sans effet sur la charge, notamment cognitive, de travail des salariés. Comprendre ces évolutions implique nécessairement d'analyser l'impact du phénomène de digitalisation du travail sur les conditions de travail, puisque cette notion couvre diverses questions touchant frontalement la charge de travail. Par exemple : les éléments relatifs au temps de travail, aux conditions physiques d'exécution de la prestation de travail et aux exigences psychologiques sur le lieu de travail. Une approche extensive de ce concept identifie par ailleurs les contraintes et risques physiques, la pression temporelle, l'autonomie ou encore le harcèlement moral. Pour ces raisons, afin de définir la charge de travail, il est impératif d'étudier l'impact du numérique sur le cadre du travail et les relations de travail.

Enfin, parce que ces évolutions comportent des risques pour la santé des travailleurs, il est urgent de replacer le concept de la charge de travail au cœur du droit de la santé au travail. Plus précisément, il s'agit de mettre en dialogue la charge de travail avec le principe d'adaptation du travail à l'Homme, pour protéger les salariés victimes d'une charge de travail excessive et de réparer le préjudice subi dans l'hypothèse de survenance d'un dommage.

Abstract

Contemporary society is characterized by an accelerating pace of disruptive digital innovation that is transforming the work environment. It is therefore crucial to understand the extent of current and future developments, as the impact on employees' workload is strong.

The existing tension between the worker and the digital tools made available for him to perform his/her duties should not be ignored. The ancient concept of the Machine Man has often been taken up by the doctrine to demonstrate this extension of the individual by the digital tool and this complementarity between Man and these modern devices. Today it seems difficult, not to say impossible, not to be associated with software, an intelligent robot, a computer, etc. to perform a task. However, beyond its substance, it is the organization of work as a whole that is affected.

All these changes are not without impact on the workload of employees, especially the cognitive workload. Understanding these developments necessarily implies analysing how the phenomenon of work digitalization impacts working conditions, since this notion covers various issues that directly affect workload. For example: elements relating to working time, physical conditions of work performance and psychological demands in the workplace. A broad approach to this concept also identifies physical constraints and risks, time pressure, autonomy and bullying. For these reasons, in order to define workload, it is imperative to study the impact of digital technology on the working environment and on working relationships.

Finally, because these developments entail risks for the health of workers, it is urgent to place the concept of workload at the heart of occupational health legislation. More specifically, it is a question of bringing workload into line with the principle of adapting work to people, in order to protect employees who are victims of an excessive workload, and to repair any potential harm.

« Il existe des conditions de travail impliquant pour un grand nombre de personnes l'injustice, la misère et les privations, ce qui engendre un tel mécontentement que la paix et l'harmonie universelles sont mises en danger {...}

Il est urgent d'améliorer ces conditions : par exemple, en ce qui concerne la réglementation des heures de travail, {...} la protection des travailleurs contre les maladies générales ou professionnelles et les accidents résultants du travail ».

Traité de paix de Versailles, 24 avril 1919

Liste des abréviations

Al.	Alinéa
ANACT	Agence nationale d'amélioration des conditions de travail
ANI	Accord national interprofessionnel
Art.	Article
Ass. plén.	Assemblée plénière
BIT	Bureau international du Travail
Bull. civ.	Bulletin des arrêts de la Cour de cassation (chambre civile)
Bull. soc.	Bulletin des arrêts de la Cour de cassation (chambre sociale)
C. civ.	Code civil
C. pén.	Code pénal
CA	Cour d'Appel
Cass.	Cour de cassation
CEDH	Cour européenne des droits de l'Homme.
CEE	Communauté économique européenne
Circ.	Circulaire
CNAMTS	Caisse nationale d'assurance maladie des travailleurs salariés
CNIL	Commission nationale de l'informatique et des libertés
COM	Communication
CPAM	Caisse primaire d'assurance maladie
CPH	Conseil des prud'hommes
Crim.	Chambre criminelle
CSE	Comité social et économique
CSS	Code de la sécurité sociale
C. trav.	Code du travail
D.	Dalloz
DARES	Direction de l'Animation de la Recherche, des Études et des Statistiques
DUERP	Document unique d'évaluation des risques professionnels
Fasc.	Fascicule
HSE	Hygiène Sécurité Environnement
IA	Intelligence artificielle
INRS	Institut National de Recherche et de Sécurité
INSEE	Institut National de la statistique et des études

JO	Journal officiel
JOCE	Journal officiel des communautés européennes
JOUE	Jour officiel de l'Union européenne
NTIC	Nouvelles technologies de l'information et de la communication
OIT	Organisation internationale du Travail
OMS	Organisation mondiale de la santé
RDSS	Revue de droit de la sécurité sociale
RG	Répertoire général
RGPD	Règlement général sur la protection des données
RJS	Revue de jurisprudence sociale
TGI	Tribunal de Grande Instance
TIC	Technologies de l'information et de la communication
TMS	Troubles musculosquelettiques
TASS	Tribunal administratif de la sécurité sociale
Soc.	Chambre sociale

Introduction générale

La charge de travail questionne notre société au même titre que l'épuisement professionnel, le stress, le harcèlement moral et aujourd'hui la Covid-19. Comme une forme de refoulement, elle est soulevée pour mieux être écartée comme étant difficilement quantifiable, le démontrent les débats ayant entouré la pénibilité. La souffrance issue d'une charge de travail excessive implique des enjeux psychologiques (individuels et collectifs), économiques et sociaux forts ; nécessairement, les enjeux juridiques n'en sont que démultipliés. S'y ajoute le constat que le monde du travail est touché de manière structurelle par la transformation numérique qui entraîne une accélération du rythme de l'innovation et de la production, ayant indéniablement des effets sur la santé des travailleurs, que ce soit dans le secteur privé ou public. La pandémie est venue rappeler l'urgence de répondre à la problématique de la charge de travail à l'ère du numérique, au travers notamment des nouvelles formes de stress que le télétravail peut engendrer chez les travailleurs, souvent désarmés face à l'usage des nouvelles technologies.

Comprendre cette [r]évolution implique un changement de paradigme qui ne peut se réduire aux seuls impacts sur les outils numériques. Face aux mutations technologiques, l'entreprise, privée ou publique, doit opérer des changements profonds dans ses méthodes de conception, de production et de collaboration, ce qui relève à la fois de la pensée, du travail et de l'organisation[1]. Les risques comme les potentialités de ces transformations sur la charge de travail sont forts. Dans ce contexte, les employeurs comme les travailleurs doivent faire preuve d'adaptation, voire d'anticipation, face

[1]B. Mettling, Transformation numérique et vie au travail, La documentation française, 2016.

aux flux incessants et rapides des évolutions. La charge de travail a été pendant trop longtemps réduite au seul calcul de la durée du travail. Désormais, la frontière entre vie personnelle et vie professionnelle devient plus poreuse rendant d'autant plus floue la charge de travail et sa mesure.

L'organisation contemporaine du travail s'articule autour des méthodes participatives, collaboratives et du télétravail qui imposent notamment un management à la fois de projet et à distance. Mieux ou pire, c'est selon, cette transformation pose inéluctablement la question des effets de la numérisation du travail. Mais en quoi ces évolutions pourraient-elles menacer l'équilibre de vie et la santé des salariés[1] (ou des agents de la fonction publique) ? N'est-il pas possible d'envisager que la révolution digitale puisse avoir un impact positif sur les salariés ? À l'évidence, les nouvelles technologies pourraient être utilisées pour réduire la charge physique des travailleurs, notamment en automatisant les tâches nécessitant le port de charges lourdes. Diminuer la charge mentale ou cognitive pourrait aussi être rendu possible grâce à l'intelligence artificielle, dans l'hypothèse où celle-ci serait programmée avec rigueur au vu de cette finalité, ce qui limiterait le nombre de tâches à faible valeur ajoutée. Enfin, il est indéniable que le télétravail puisse être vecteur de protection de la santé. La réduction des temps de transports dans les grandes agglomérations assure nécessairement des temps de repos réels plus importants, élément crucial favorisant la préservation de la santé. Le Gouvernement irlandais, dans une publication en date du 28 juin 2021 mettait en avant les avantages du télétravail afin de poursuivre ce mode d'organisation du travail après la sortie de crise covid-19. Le Ministre irlandais de l'Entreprise, du Commerce et de l'Emploi, Léo Varadkar, énumérait notamment les avantages suivants : équilibre entre vie professionnelle et vie privée, bien-être de la famille, réduction du temps de trajet, réduction des émissions de carbone et de la pollution atmosphérique liées aux transports, etc.[2] La mise en place forcée du télétravail, dans le contexte sanitaire lié à la pandémie de la Covid-19, démontre encore que ce mode d'organisation du travail peut protéger la santé, cette fois-ci

---

[1] Tout au long de la thèse sera utilisé la terminologie de « salarié » et « travailleurs » qu'il faut entendre selon une approche élargie incluant les agents publics.

[2] Liaisons Sociales Europe, n° 26, 9 juillet 2021.

physique et sanitaire, des actifs qui ont pu exercer leur activité à distance, depuis leur domicile, et ainsi limiter le risque de contamination.

Toutefois, l'usage des nouvelles technologies impose de respecter un cadre strict, pour ne pas générer une charge de travail excessive, voire une coupure de lien social, et ainsi porter atteinte à la santé (mentale mais aussi physique in fine) des travailleurs. On songe naturellement à la réception massive de courriels en dehors des heures de travail qui est entrée dans les mœurs. Pendant le temps de travail, l'impact, sur le salarié, de l'utilisation des outils informatiques, nécessaire dans une économie numérique, est susceptible de générer une hyper connexion nuisible pour le travailleur et, de facto, l'employeur. C'est la raison pour laquelle résoudre la problématique de la charge de travail à l'ère du numérique, à l'aune de la santé au travail, est, à notre avis, urgente.

Certaines études mettent en lumière cette urgence. Dans le secteur privé, on relèvera le rapport rendu par Bruno Mettling, Transformation numérique et vie au travail[1], qui analyse comment le phénomène de numérisation modifie les formes de travail ainsi que comment est menée la transition numérique au sein des entreprises et les conditions dans lesquelles elle pourrait être réalisée. Ce rapport a pour ambition de cerner l'impact du numérique sur les conditions de travail, l'organisation du travail et le management. En ressort la nécessité de mesurer la charge de travail des cadres, d'aborder les questions de la régulation de l'usage des outils numériques et de la charge de travail des salariés, de prendre en compte la question du travail à distance et celle de la mesure du temps de travail. Dans le secteur public, le rapport *Santé, sécurité, qualité de vie au travail dans la fonction publique : un devoir, une urgence, une chance*[2] soulève les difficultés posées par le numérique sur la charge de travail et ses risques sur la santé des fonctionnaires ou agents contractuels de la fonction publique. Le rapport visé aborde, d'une part, la question de la charge de travail excessive au sein de la fonction publique hospitalière et, d'autre part, au sein de la fonction publique d'État, au prisme des risques pour la santé physique et mentale. Sur la fonction hospitalière, le présent rapport indique que « le personnel hospitalier fait en effet face à

[1] B. Mettling, *op.cit.*

[2] C. Lecocq, P. Coton, J.-F. Verdier, Santé, sécurité, qualité de vie au travail dans la fonction publique : un devoir, une urgence, une chance, septembre 2019.

des conditions de travail particulières, à la fois par son exposition à des contraintes physiques (exposition à des produits dangereux, charge de travail élevée, etc.) et aux contraintes psychosociales »[1]. Il est par ailleurs rappelé que « 2/3 des agents de l'État se plaignent de devoir effectuer leur travail dans des conditions permanentes d'urgence, plus de la moitié regrettant de ne pouvoir faire un travail de qualité, compte tenu notamment d'une charge de travail très importante »[2]. Au regard de ces rapports, il est donc impératif de prendre en compte la question de la charge de travail, qui connait de profondes transformations induites par la transition numérique de notre société, afin de protéger la santé des travailleurs.

Appréhender l'impact de ce phénomène sur la santé des travailleurs à travers les aspects juridiques éclairera ainsi la problématique souvent posée en termes de management. Toutefois, avant de se questionner sur les fondements juridiques de la charge de travail, précisons que la notion de charge fait référence à « ce qui pèse (par l'effort, la dépense, les soins exigés) et, en général, ce qui incombe par devoir à une personne »[3]. Associée à cette notion, celle de travail est également à connotation négative, définie, au milieu du XIIIe siècle, comme la « peine que l'on se donne dans l'exercice d'un métier artisanal »[4]. Une approche moderne l'identifie comme « l'activité humaine, manuelle ou intellectuelle, exercée en vue d'un résultat utile »[5]. Au regard de ces définitions, la charge de travail correspondrait à ce qui pèse sur l'activité physique ou mentale d'un individu et aux efforts mis en œuvre par ce dernier pour atteindre un objectif précis. Historiquement, la notion de charge de travail était utilisée dans les domaines de la médecine, de l'ergonomie et plus largement des sciences sociales. En médecine, la charge de travail est définie comme « l'ensemble des contraintes subies au cours d'une tâche déterminée »[6]. La définition donnée en ergonomie est celle d'une dépense d'une quantité de ressources physique et ou mentale. Cette approche distingue la charge

---

[1] *Ibidem*, p.32.

[2] *Ibid.*, p.38.

[3] G. Cornu, *Vocabulaire juridique*, PUF, Paris, 2011, p.164.

[4] Centre National de Recherche Textuelle et Lexicale.

[5] G. Cornu, *loc. cit.*

[6] Dictionnaire de médecine, Flammarion, Paris, 1982, p.157.

physique et la charge mentale, mais il est également admis de distinguer la charge cognitive. La charge physique se caractérise par ce qu'il faut produire, à ce que le salarié doit porter, mais aussi par les gestes et postures. La charge mentale correspond, quant à elle, à ce que le travail demandé impose comme ressources mentales, c'est-à-dire comme exigences et pressions psychologiques à mobiliser pour l'exécuter. Enfin, la charge cognitive est celle qui touche à la prise de décision, à l'attention, à l'anticipation des situations de travail. La nature protéiforme de la charge de travail rend complexe sa définition. C'est pourquoi, il est indispensable de rechercher les fondements juridiques de ce concept, afin de pouvoir l'apprécier et ainsi le mettre en perspective avec le droit de la santé au travail pour protéger les travailleurs.

Dans le cadre de cette recherche, il s'agira, dans un premier temps, de s'interroger sur l'impact du numérique sur les conditions de travail, et donc nécessairement sur la charge de travail. Cette logique suit celle de l'Organisation Internationale du Travail, qui rappelle que la notion de conditions de travail couvre diverses questions, notamment celles relatives au temps de travail, aux conditions physiques d'exécution de la prestation de travail et aux exigences psychologiques sur le lieu de travail[1]. L'Institut National de la Statistique et des Études Économiques, qui réalise des enquêtes sur les conditions de travail, analyse cette notion à partir des contraintes et risques physiques, la pression temporelle, l'autonomie ou encore le harcèlement moral[2]. Ces approches attestent du lien indissociable entre les conditions de travail et la charge de travail. Analyser l'impact du numérique sur le cadre du travail et les relations de travail est alors indispensable pour apprécier l'évolution de la charge de travail.

Il reste à préciser ce à quoi correspond le phénomène de numérisation. Selon une approche stricte il s'agit de « la conversion des informations d'un support (texte, image, vidéo, etc.) ou d'un signal électrique en données numériques que les technologies informatiques peuvent exploiter »[3].

---

[1]Cf. OIT, Conditions de travail, URL :
https://www.ilo.org/global/topics/dw4sd/themes/working-conditions/lang--fr/index.htm.

[2] INSEE, URL : https://www.insee.fr/fr/statistiques/4501618?sommaire=4504425.

[3] Conseil d'orientation pour l'emploi, *Automatisation, numérisation et emploi*, Tome 1 : Les impacts sur le volume, la structure et la localisation de l'emploi, 2017, p. 13.

Généralement, la numérisation exprime la diffusion massive des supports numériques et technologies numériques à l'ensemble des acteurs d'un système et auprès des individus. Ce phénomène poursuit celui de l'automatisation et de la robotisation. Il est apparu, dans les années 1990, lors de l'émergence d'internet. La numérisation est aussi attachée à la révolution numérique, qui est souvent qualifiée de quatrième révolution industrielle[1]. Ce changement majeur a pour effet d'augmenter le nombre de données transmises sur un temps restreint. Outre la transmission massive de données, la recherche permanente de sophistication des outils numériques interroge la relation Homme-machine[2]. L'intelligence artificielle illustre parfaitement l'évolution en cours. Grâce ou à cause de cette technologie, il est par exemple possible pour le salarié d'être assisté par un robot, devenant ainsi le collaborateur numérique du salarié. L'accélération fulgurante du rythme de l'innovation touche ainsi frontalement l'organisation du travail et la charge de travail *in fine*. L'ubiquité des outils numériques et les larges possibilités offertes par ceux-ci interrogent naturellement les effets qu'ils peuvent avoir sur la santé des salariés.

Parce que ces questions concernent la vie quotidienne des entreprises, cette recherche théorique s'appuie sur des projets menés au sein de l'entreprise Guerbet, présente sur le marché mondial de l'imagerie médicale, proposant des produits pharmaceutiques variés, des dispositifs médicaux, des solutions numériques et d'intelligence artificielle pour l'imagerie diagnostique et interventionnelle, dont la finalité est d'offrir un diagnostic précis et un traitement adéquat des patients. L'évolution numérique que vit cette entreprise est un terreau fertile pour mieux comprendre les effets des mutations sur la charge de travail. Plus précisément, citons le projet intitulé « design for change » (1) qui prévoyait une réorganisation globale des espaces de travail. Dans cette perspective, il s'agissait de créer des espaces ouverts et de mettre en place un système de bureaux partagés. Relevons encore le projet d'intégration de nouvelles plateformes de gestion des ressources humaines (2), celui de fusion de l'ensemble des progiciels de gestion intégré (3), et plus largement la mise à

---

[1] *Ibid.*, p.15.

[2] Sur ce concept cf. J. Offray de La Mettrie, *L'homme machine*, À Leyde, de l'imp. d'Elie Luzac, fils. M D C C X L V I I I., 1748.

disposition aux salariés de nouveaux outils informatiques (4). Tous ces changements modifient fondamentalement, à notre avis, le rapport au travail et donc la charge de travail.

Le problème directeur de la recherche sera le suivant : quel est l'impact de la numérisation de la prestation de travail et du lien de subordination sur la charge de travail des salariés et, par conséquent, leur santé ? Ce problème soulève la difficile question de l'identification du concept de la charge de travail et de sa prise en compte dans le champ de la santé au travail afin d'en prévenir les risques.

Fondements juridiques de la charge de travail

1.1. Émergence du concept de charge de travail dans les sources conventionnelles

La charge de travail s'impose dans les débats dès 1975, au travers notamment de l'accord cadre du 17 mars 1975 portant sur l'amélioration des conditions de travail. Dès son article premier, relatif à l'organisation du travail[1], cet accord met en lien le concept de la charge de travail avec celui de la santé, physique et mentale, des travailleurs. Pourtant, aucune définition de la charge de travail n'émerge. Certains éléments d'appréciation du caractère excessif de la charge de travail apparaissent toutefois : le nombre de salariés et particulièrement, les cadences et rythmes de travail, les temps de repos et la rapidité de fonctionnement des machines. Les parties signataires du présent accord affirment par ailleurs le lien étroit entre la charge de travail et l'aménagement du temps de travail, qui ne doit pas avoir pour effet d'augmenter la charge de travail individuelle ou collective. Il est donc impératif d'apprécier la charge de travail tout en prenant en compte cette dualité entre le salarié et l'organisation individuelle et collective de travail. Un autre point très intéressant, inscrit aux termes de l'article 34 du présent accord-cadre soulève la problématique des salariés ayant des fonctions d'encadrement. À ce titre est mis en évidence la nécessité de prendre en compte l'équilibre

[1] Accord cadre du 17 mars 1975, modifié par l'avenant du 16 octobre 1984 portant sur l'amélioration des conditions de travail.

vie privée, vie professionnelle de la population des cadres, en portant une attention particulière sur la charge de travail et les horaires de ces derniers. Au regard de cet accord, la question du temps de travail semblait déjà prépondérante dans l'appréciation de la charge de travail, dans une époque où le numérique ne faisait que ses débuts dans la société[1].

Malgré le lien étroit entre la problématique de la charge de travail et la santé au travail, il faudra attendre la signature de l'accord interprofessionnel du 19 juin 2005 relatif au télétravail[2] pour évoquer à nouveau la notion de charge de travail. Cet accord atteste de l'ampleur du phénomène de numérisation de la société et, particulièrement, dans le monde du travail. Il est la transposition de l'accord-cadre européen sur le télétravail du 16 juillet 2002, dont l'objectif était de moderniser l'organisation du travail en offrant plus de flexibilité aux entreprises. Pour autant que cette flexibilité soit nécessaire pour l'économie et de manière générale pour la société, n'y-a-t-il pas un risque d'évolution de la charge de travail et donc un risque pour la santé des travailleurs, qui nécessiterait de définir ce concept de charge de travail ? Il est évoqué une seule fois au sein dudit accord, précisant à ce titre que la charge de travail doit être comparable entre un télétravailleur et un travailleur *in situ*. Aucune définition de la charge de travail n'est apportée, ni de critères d'appréciation de celle-ci. L'accord national interprofessionnel du 19 juillet 2005 sur le télétravail ajoute quant à lui la notion de la charge de travail aux termes de son article 2 imposant à l'employeur de prévoir des modalités d'évaluation de celle-ci. Cela ne confirmerait-il pas implicitement l'existence de risques autonomes, imposant d'en définir les contours ? Malgré cette mention, il est une fois de plus surprenant de ne pas avoir de définition de cette notion. Plus étonnant encore, le récent accord national interprofessionnel sur le télétravail signé le 26 novembre

[1] Cf. Rapport Nora-Minc, *l'informatisation de la société*, La documentation française, janvier 1978.

[2] Accord national interprofessionnel du 19 juillet 2005 relatif au télétravail, transposé dans la Loi n° 2012-387 du 22 mars 2012 relative à la simplification du droit et à l'allégement des démarches administratives, dont les dispositions ont ensuite été codifiées aux termes des articles L.1222-9 à L.1222-11 du Code du travail.

2020[1] n'apporte pas non plus de définition, alors que la majorité de la population active s'est vu imposée, du fait de la crise sanitaire, ce mode d'organisation du travail, générant souvent des situations de charge de travail excessive[2]. Évaluer la charge de travail devient alors crucial, afin de protéger la santé des salariés, car une charge de travail excessive peut être à l'origine de stress et plus largement de risques psychosociaux.

L'accord national interprofessionnel sur le stress au travail du 2 juillet 2008[3] tient une importance majeure dans la compréhension des enjeux de la charge de travail et de ses effets sur la santé des travailleurs. Pour la première fois est mis en lien direct, aux termes de l'article 3 dudit accord, le stress au travail avec une situation de charge de travail excessive. Par excessif, il faut comprendre les situations de sous-charge et de surcharge de travail. L'accord rappelle en outre que cette problématique est commune au niveau européen et international. Prendre en compte l'évolution de la charge de travail devient urgent pour protéger la santé des travailleurs car, comme le rappelle parfaitement ledit accord, l'employeur est responsable de la protection de la santé et la sécurité des travailleurs. Ainsi, il ressort qu'une charge de travail excessive ayant pour conséquence la survenance d'un dommage sur la santé des salariés est imputable à l'employeur. Cette imputabilité est d'autant plus justifiée lorsque les mesures de prévention mises en place au sein des entreprises sont insuffisantes voire inexistantes.

Cette question de responsabilité de l'employeur soulève naturellement une autre problématique de santé au travail, qui pourrait trouver refuge au sein des situations de charge de travail excessive : le harcèlement moral. Certes, l'accord national interprofessionnel du 26 mars 2010 sur le harcèlement et la violence au travail[4] n'aborde pas directement la question de la charge de travail ; mais il est légitime de se questionner sur la qualification d'une charge de travail excessive à laquelle un salarié pourrait

---

[1] Accord national interprofessionnel du 26 novembre 2020 pour une mise en œuvre réussie du télétravail.

[2] Cf. protocole national pour assurer la santé et la sécurité des salariés en entreprise face à l'épidémie de Covid-19 accessible sur le site du Ministère du travail, de l'emploi et de l'insertion.

[3] Accord national interprofessionnel du 2 juillet 2008 sur le stress au travail.

[4] Accord national interprofessionnel du 26 mars 2010 relatif au harcèlement moral et la violence au travail.

être soumis en continu. Aux termes dudit accord, il est mentionné que « le harcèlement et la violence au travail s'expriment par des comportements inacceptables d'un ou plusieurs individus »[1]. Un manager qui obligerait un salarié à se soumettre à une charge de travail excessive chaque jour ne caractérisait-il pas un comportement abusif ? De plus, le présent accord précise que cette violence peut notamment être physique ou psychologique. Rappelons qu'une charge est un poids. Une charge de travail peut avoir des effets sur la santé physique mais aussi psychologique, comme le précise l'accord national interprofessionnel sur le stress en date du 2 juillet 2008. Cette logique poursuit celle posée par la loi sur le harcèlement sexuel et d'autres formes de harcèlement dans le cadre des relations de travail promulguée en Colombie[2], qui dispose notamment que l'attribution d'une charge de travail excessive et l'ensemble des obstructions au travail ayant pour effet d'alourdir la charge de travail caractérisent un harcèlement moral. On retrouve également cette logique en Suède aux termes de la loi sur l'environnement de travail[3] qui dispose notamment que la violence au travail peut être qualifiée dès lors que la charge de travail est nuisible pour la santé des salariés. Au regard de ces éléments, il apparait donc crucial d'analyser la question de la charge de travail au prisme des situations harcelantes ou de violence au travail.

1.2. Introduction du concept de charge de travail dans le Code du travail

La question de la charge de travail émerge dans le Rapport Villermé[4] de 1840. Ce rapport a été édicté dans l'esprit de la loi 3 brumaire an IV (25 octobre 1795), qui imposait la mise en œuvre de recherches sur « diverses branches de connaissances humaines »[5], imposant nécessairement un constat de l'état de santé des travailleurs. Même si la terminologie de

---

[1] Idem.

[2] Ley núm. 1010 de 23 de enero de 2006 Por medio de la cual se adoptan medidas para prevenir, corregir y sancionar el acoso laboral y otros hostigamientos en el marco de las relaciones de trabajo.

[3] Loi sur l'Environnement du Travail (Arbetsmiljölag) (SFS 1977-1960).

[4] L.-R., Villermé, Tableau de l'état physique et moral des ouvriers employés dans les manufactures de coton, de laine et de soie, Jules Renouard et Cie (Libraires), 1840.

[5] *Ibid.*, tome premier, introduction.

« charge de travail » n'apparait pas de manière explicite, il est toutefois intéressant de percevoir le lien, mis évidence dans ce rapport, entre la souffrance des travailleurs et la charge excessive. Le rapport évoque « l'influence de leurs occupations sur leur santé »[1]. Plus précisément, le rapport Villermé souligne que « des manufacturiers, poussés par un admirable élan d'humanité, demandent, malgré leur propre intérêt, une loi analogue à la loi anglaise, en déclarant que la longueur excessive du travail ruine la santé de leurs jeunes ouvriers »[2]. La loi anglaise à laquelle fait référence ce texte est le *bill* de 1833 qui limitait notamment le temps de travail des jeunes dans les manufactures[3]. Est ainsi dénoncée la surcharge de travail. La régulation du temps de travail interroge donc directement la charge de travail. C'est dans cette perspective que l'auteur précise que « la cause du mal » est liée à une durée du travail excessive et au prolongement du temps de travail pendant la nuit. Réponse prise des abus constatés, le législateur en France promulgua plusieurs lois sociales limitant le travail des enfants dans le domaine ouvrier[4]. La charge de travail est alors le point central sur lequel repose la législation relative à la régulation du temps de travail. Aujourd'hui, cette approche est insuffisante pour protéger la santé des travailleurs. C'est pourquoi, il est indispensable de rechercher dans quelle mesure le législateur prend en compte le concept de charge de travail pour prévenir les risques sur la santé.

Le concept de la charge de travail émerge dans le Code du travail lors de la promulgation de la loi n° 2016-1088 du 8 août 2016[5]. L'article L. 3121-60 du Code du travail, créé par la loi susmentionnée, dispose que « l'employeur s'assure régulièrement que la charge de travail du salarié est

---

[1] *Ibid.*, tome premier, p.90.

[2] *Ibid.*, tome second, p.95.

[3]Plus précisément, la *Factory Act* de 1833 dispose une limitation du temps de travail en imposant notamment l'interdiction de commencer la journée de travail avant 5h30 et de la terminer après 20h30. Dans les mines le temps de travail est limité à 12 heures par jour. Le législateur prévoit également une interdiction de travail pour les enfants de moins de 9 ans, une limitation à 9 heures de travail par jour (ou 8 heures dans les mines) pour les enfants âgés de 9 à 13 ans, une limitation à 12 heures par jour pour les enfants âgés entre 13 et 18 ans avec une pause de 1h30. Enfin, le travail de nuit des enfants est interdit.

[4] *Infra* p.26.

[5] Loi n° 2016-1088 du 8 août 2016 relative au travail, à la modernisation du dialogue social et à la sécurisation des parcours professionnels.

raisonnable et permet une bonne répartition dans le temps de son travail »[1]. Ces dispositions sont d'ordre public. Aussi, aux termes de l'article L. 3121-64 du Code du travail, « l'accord autorisant la conclusion de conventions individuelles de forfait en jours détermine (notamment) : 1° Les modalités selon lesquelles l'employeur assure l'évaluation et le suivi régulier de la charge de travail du salarié ; 2° Les modalités selon lesquelles l'employeur et le salarié communiquent périodiquement sur la charge de travail du salarié, sur l'articulation entre son activité professionnelle et sa vie personnelle, sur sa rémunération ainsi que sur l'organisation du travail dans l'entreprise »[2]. Enfin, l'article L. 3121-65-I du présent Code, prévoit qu'« à défaut de stipulations conventionnelles prévues aux 1° et 2° du II de l'article L. 3121-64, une convention individuelle de forfait en jours peut être valablement conclue sous réserve du respect des dispositions suivantes : l'employeur s'assure que la charge de travail du salarié est compatible avec le respect des temps de repos quotidiens et hebdomadaires ; (...) L'employeur organise une fois par an un entretien avec le salarié pour évoquer sa charge de travail, qui doit être raisonnable, l'organisation de son travail, l'articulation entre son activité professionnelle et sa vie personnelle ainsi que sa rémunération »[3]. Enfin, aux termes de l'article 55 de la loi travail visée en *infra*, il est prévu un droit à la déconnexion pour lequel doivent être prévues « les modalités du plein exercice par le salarié de son droit à la déconnexion et la mise en place par l'entreprise de dispositifs de régulation de l'utilisation des outils numériques, en vue d'assurer le respect des temps de repos et de congé ainsi que de la vie personnelle et familiale »[4]. Selon le Ministère du travail, l'objectif est de protéger la santé des salariés en obligeant les employeurs à mettre en œuvre des actions pour réguler l'utilisation des technologies de l'information et de la communication en dehors des heures de travail. Malgré la prise de conscience du législateur sur la nécessité pour l'employeur de s'assurer du caractère raisonnable de la charge de travail des salariés, aucune définition n'est apportée.

---

[1] C. trav., art. L.3121-60.

[2] C. trav., art. L.3121-64.

[3] C. trav., art. L.3121-65.

[4] Loi n° 2016-1088 du 8 août 2016, relative au travail, à la modernisation du dialogue social et à la sécurisation des parcours professionnels, art. 55.

1.3. Émergence de la notion de charge de travail dans les contentieux privés et publics du travail

Si les sources conventionnelles et légales ne définissent pas cette notion, le droit prétorien reste également silencieux, nonobstant l'évolution certaine du nombre de contentieux mettant en cause de manière directe ou indirecte la charge de travail avec des problématiques de santé au travail. Dans le secteur privé, on relèvera une première décision fondamentale de la Cour de cassation en date du 29 juin 2011[1] portant sur la problématique de la charge de travail et la difficile mesure du temps de travail pour les cadres. Depuis, la Cour de cassation a formellement condamné la surcharge de travail sur le terrain de l'obligation de sécurité[2]. À l'inverse, en droit public du travail, le Conseil d'État ne se positionne pas sur les contentieux relatifs à la charge de travail. Plusieurs décisions évoquent pourtant la problématique de la surcharge de travail et des risques pour la santé des agents publics[3]. Une décision du Conseil d'État du 6 décembre 2017[4] fait quant à elle état d'une situation de sous-charge de travail liée au maintien d'un agent du service public resté sans affectation. Une fois de plus les conseillers ne condamnent pas cette charge de travail déraisonnable. À l'évidence, condamner les employeurs du secteur public imposerait de mettre en place des moyens, notamment humains, pour faire face à ces situations, ce qui engendrerait des coûts supplémentaires pour l'État. Cette différence d'approche entre la Cour de cassation et le Conseil d'État prouve l'existence d'une dichotomie entre le droit public et le droit privé du travail. Un point de convergence émerge toutefois : la difficile appréciation du caractère raisonnable de la charge de travail. Quel est le seuil à partir duquel la charge de travail peut être qualifiée d'excessive et devient alors un risque pour la santé des travailleurs ? La question de la charge de travail et de ses effets sur la santé est une problématique de droit

---

[1] Cass. soc., 29 juin 2011, n°09-71.107 ; Bull. 2011, V, n°181.

[2] *Infra* p.46.

[3] CE n° 390056, 21 mai 2015, Inédit au Recueil Lebon ; CE n° 220909, 30 décembre 2002, mentionné aux Tables du Recueil Lebon ; CE n° 163213, 25 avril 1997, Inédit au Recueil Lebon.

[4] CE, 6 décembre 2017, n° 405841.

privé et de droit public du travail, pour laquelle la responsabilité de l'employeur est identique.

1.4. La charge de travail : un cadre européen et international basé sur le calcul du *temps de travail*

Si le sujet de la charge de travail s'impose dans les débats en France, il surgit également sur le plan européen et international. La réglementation européenne sur le temps de travail a été mise en œuvre dans une logique de préservation de la santé. La Directive 2003/88/CE est venue modifier substantiellement les « prescriptions minimales de sécurité et de santé en matière d'aménagement du temps de travail, applicables aux périodes de repos journalier, aux temps de pause, au repos hebdomadaire, à la durée maximale hebdomadaire de travail, au congé annuel ainsi qu'à certains aspects du travail de nuit, du travail posté et du rythme de travail »[1] de la Directive 93/104/CE. La Directive 2003/88/CE impose que « tous les travailleurs doivent disposer de périodes de repos suffisantes »[2] et qu'il « convient de prévoir également un plafond pour la durée de la semaine de travail »[3]. La Cour de justice européenne est venue qualifier ces règles comme ayant une importance particulière dans la protection de la santé des travailleurs[4]. La durée maximale hebdomadaire de travail imposée par la Directive poursuit les préconisations de l'Organisation internationale du travail (OIT) et fixe ainsi la durée maximale à 48 heures par semaine[5]. Néanmoins, malgré l'importance de ces règles, certaines dérogations à la durée maximale hebdomadaire de travail de 48 heures existent, notamment pour les travailleurs autonomes. Ce sont précisément ces dérogations qui peuvent être à l'origine d'une surcharge de travail et porter ainsi atteinte à la santé physique et mentale. Ce risque est d'autant plus

---

[1] Directive du 4 novembre 2003 concernant certains aspect de l'aménagement du temps de travail, JOCE, L.299 du 13 novembre 2003, p.9.

[2] Idem.

[3] Idem.

[4] CJCE, 5 octobre 2004, Pfeiffer, C-397/01 à C-403/01 ; CJCE, 1er décembre 2005, Dellas, C-14/04 ; CJCE, 10 septembre 2005, Tyco, C-266/14 ; S. Robin-Olivier, Manuel de droit européen du travail, Bruxelles, Bruyant, 2016, p.427.

[5] Cf. OIT, C001 - Hours of Work (Industry) Convention, 1919 (n°1), article 2 ; C030 - Hours of Work (Commerce and Offices) Convention, 1930 (n° 30), article 3.

fort à l'ère du numérique, car les nouvelles technologies accentuent la difficulté à distinguer le temps de travail et le temps extra-professionnel. Cette nébulosité des situations de travail entre en contradiction avec l'objectif affiché par la Commission européenne annonçant que la finalité de la réglementation sur le temps de travail est de « protéger les travailleurs des excès en matière d'horaires de travail »[1].

Le Comité des droits sociaux rappelle régulièrement l'importance de respecter la Charte sociale européenne, imposant notamment de « fixer une durée raisonnable au travail journalier et hebdomadaire, la semaine de travail devant être progressivement réduite pour autant que l'augmentation de la productivité et les autres facteurs entrant en jeu le permettent »[2]. À titre d'illustration, sous l'empire des dispositions antérieures à la loi n° 2016-1088 du 8 août 2016[3], le Comité des droits sociaux estimait que l'absence de suivi de durée du travail et de la charge de travail des travailleurs autonomes ne garantissait pas la conformité avec les dispositions de la Charte sociale[4].

Malgré l'ampleur du sujet relatif à la charge de travail dans le monde du travail, il n'existe pas de définition légale de cette notion. C'est pourquoi, la présente recherche tentera de définir la charge de travail, à partir d'une analyse de l'organisation individuelle et collective du travail dans un contexte de numérisation massive de la société. Examiner la notion de la charge de travail servira à mieux appréhender la procédure à suivre pour protéger la santé des travailleurs.

II. La charge de travail : une problématique de santé au travail

Dès 1944, l'Organisation Internationale du Travail, par la Déclaration de Philadelphie s'engageait à offrir une « protection adéquate de la vie et de la santé des travailleurs dans toutes les occupations »[5]. Le droit à la santé est un droit fondamental de l'Homme posé par l'Organisation Mondiale

---

[1] COM (2010), 801 final. Révision de la directive sur le temps du travail.

[2] Charte sociale européenne, art.2, §1.

[3] Op.cit.

[4] CEDS, 12 octobre 2004 ; CEDS, 7 décembre 2004 ; CEDS, 23 juin 2010.

[5] Déclaration concernant les buts et objectifs de l'Organisation Internationale du Travail (Déclaration de Philadelphie), III, §g, 1944.

de la Santé ; « le droit au meilleur état de santé susceptible d'être atteint »[1], défini par l'Organisation des Nations Unies, suppose de mettre en œuvre des conditions de travail sans risque. Cela implique de garantir une charge de travail raisonnable. La protection de la santé des travailleurs est, en outre, un droit fondamental inscrit aux termes de l'alinéa 11 du préambule de la Constitution du 27 octobre 1946 : « chaque travailleur a droit à la protection de la santé, la sécurité matérielle, le repos et les loisirs »[2]. Cette volonté est reprise à l'article 151 du Traité de fonctionnement de l'Union européenne[3] qui se réfère, dans un premier temps, à la Charte sociale européenne révisée du 3 mai 1996. Celle-ci prévoit notamment que « tous les travailleurs ont droit à la sécurité et à l'hygiène dans le travail »[4]. Le TFUE évoque la Charte communautaire des droits sociaux fondamentaux des travailleurs de 1989[5] qui impose, en substance, d'offrir des conditions de travail protectrices de la santé des travailleurs et de mettre en œuvre des actions de formation et d'information au sein de l'organisation de travail[6]. L'ensemble de ces dispositions montre l'importance de replacer la question de la charge de travail au cœur de la santé au travail, puisque les risques liés à la charge de travail sont forts (stress, troubles musculosquelettiques, etc.). Cependant, il est indispensable de comprendre la particularité du principe de protection des travailleurs pour mieux appréhender les enjeux liés à la charge de travail. Protéger la santé des travailleurs d'une charge de travail excessive est primordial car « dans la relation de travail, le travailleur, à la différence de l'employeur, ne risque pas son patrimoine, il risque sa peau »[7]. L'incapacité du droit civil à protéger la santé physique (et mentale) des personnes au travail est à l'origine de l'émergence du principe de la sécurité des personnes au sein de l'entreprise. Le décret d'Allarde du 16 février 1791 assimile le travail au négoce et c'est ainsi qu'aux termes de

[1] Art. 12 du Pacte international relatif aux droits économiques, sociaux et culturels.

[2] Préambule de la Constitution du 27 octobre 1946, al.11.

[3] Traité sur le fonctionnement de l'Union européenne (version consolidée), JOUE, 26 octobre 2012.

[4] Charte sociale européenne révisée, Partie I, al.3, JOUE, 3 mai 1996.

[5] Charte communautaire des droits sociaux fondamentaux des travailleurs, CCE, 9 décembre 1989.

[6] Cf. Charte communautaire des droits sociaux fondamentaux des travailleurs, art.19, CCE, 9 décembre 1989.

[7] A. Supiot, *Critique du droit du travail*, PUF, 2011, p. 67.

l'article 1780 du Code civil la relation de travail se traduit comme un louage de service. Il est ainsi admis que le travailleur n'a plus la maitrise de son corps. Il devient un objet de louage dont l'entreprise utilise la charge physique et mentale pour exécuter une tâche. Parce que le droit civil des obligations est défaillant pour protéger les individus, dès lors que la personne n'a plus la maitrise de son corps, le droit du travail a dû intégrer le principe de protection de la santé au travail. Alain Supiot rappelle très justement qu'il résulte de l'ensemble des normes européennes et internationales de travail « la consécration internationale d'un véritable droit fondamental du travailleur : son droit à l'intégrité physique »[1]. Cette logique repose sur la Directive n° 93.391 du 12 juin 1989 qui dispose que « l'employeur est obligé d'assurer la sécurité et la santé des travailleurs dans tous les aspects liés au travail »[2]. Il y a donc une exigence de protection des personnes contre les lésions physiques et mentales au travail, dont celles résultant d'une charge de travail excessive.

Les troubles physiques touchent le corps dans son « enveloppe », dans sa « chair » et restent relativement simples à identifier comme la fatigue visuelle, la fatigue sonore, les troubles musculosquelettiques[3], etc· La survenance de ces risques est notamment liée à l'environnement matériel de travail. Par ailleurs, existent les risques psychosociaux qui peuvent également avoir des effets délétères sur la santé des travailleurs. Même s'il est surprenant de ne pas avoir de définition juridique des risques psychosociaux, ceux-ci ont été définis pour la première fois par un collège d'expertise mis en place par le Ministère du travail en 2011 et sont associés aux « risques pour la santé mentale, physique et sociale, engendrés par les conditions d'emploi et les facteurs organisationnels et relationnels

---

[1] *Ibid.*, p. 69.

[2] Directive n° 93.391 du 12 juin 1989, art. 5, §1. Cette directive-cadre européenne relative à la sécurité et à la santé au travail tient une place centrale dans l'amélioration de la santé au travail, car elle définit des conditions minimales de sécurité et de santé et autorise par ailleurs les États membres à imposer des dispositions plus strictes.

[3] Les TMS sont des troubles ayant pour effets d'occasionner une gêne dans les mouvements ou des douleurs. Ils touchent principalement la nuque, les épaules, les poignets, les coudes, les genoux et le dos. Sont par exemples recensés comme TMS, les lombalgies, le syndrome du canal carpien, La liste complète des TMS est inscrite aux termes du tableau n° 57 portant sur les maladies professionnelles (annexe II de l'article R.461-3 du code de la sécurité sociale).

susceptibles d'interagir avec le fonctionnement mental »[1]. À cette approche, reprise notamment au sein de sources juridiques diverses[2], il faut également relever, *a minima*, le harcèlement moral défini en droit positif aux termes de l'article L.1152-1 du Code du travail comme risque psychosocial[3]. La promulgation de la première norme internationale relative à la gestion de la santé psychologique sur le lieu de travail en juin 2021 : la norme ISO 45003[4], atteste de l'ampleur de ces risques pour la santé des salariés. Elle est une déclinaison de la norme ISO 45001 sur les systèmes de management de la santé et de la sécurité au travail de 2018[5]. La norme ISO 45003 relève notamment l'importance d'identifier les risques liés à l'organisation du travail pour préserver la santé des personnes au travail. Dans cette perspective est mis en évidence l'impératif de prendre en compte les risques liés à la charge de travail et aux rythmes de travail[6]. La nature cognitive et psychique de ces risques, trouvant donc leur origine dans les situations de charge de travail excessive, rend cependant leur

---

[1] M. Gollac et *al.*, Rapport du Collège d'expertise sur le suivi des risques psychosociaux au travail, faisant suite à la demande du Ministre du travail, de l'emploi et de la santé, 2011. En complément sur la question des risques psychosociaux voir également H. Lachmann, C. Larose, M. Pénicaud, Rapport « Bien-être et efficacité au travail — 10 propositions pour améliorer la santé psychologique au travail », 2010 ; P. Légeron, P. Nasse, Rapport « sur la détermination, la mesure et le suivi des risques psychosociaux au travail », 2008.

[2] Cf. Accord-cadre relatif à la prévention des risques psychosociaux dans la fonction publique du 22 octobre 2013 ;

[3] Sur l'approche extensive du concept des risques psychosociaux confer N. Tarhouny, Les risques psychosociaux au travail : Droit et prévention d'une problématique de santé publique (thèse), 2018.

[4] ISO 45003 : 2021 « Management de la santé et de la sécurité au travail – Santé psychologique et sécurité au travail – Lignes directrices pour la gestion des risques psychosociaux ». Cette norme a pour finalité de permettre aux entreprises de privées et publiques de prévenir les accidents de travail et de manière générale les risques pour la santé des travailleurs. Par ailleurs, cette norme promeut le bien-être au travail.

[5] ISO 45001 : 2018 « systèmes de management de la santé et de la sécurité au travail – Exigences et lignes directrices pour leur utilisation. Elle a pour objet d'encadrer les règles de santé et sécurité des organisations pour garantir des lieux de travail sûrs et sains par la mise en œuvre d'une politique de prévention des risques professionnels et par une amélioration proactive de leur performance en santé et sécurité.

[6] La norme ISO 45003 : 2021 identifie les risques de surcharge et de sous-charge de travail, la pression temporelle, les cadences, le travail monotone, l'urgence, etc.

identification complexe. C'est pourquoi il est impératif de prendre en compte la charge de travail dans le champ de la santé au travail pour protéger les travailleurs.

III. Approche curative de la santé au travail face à la problématique de la charge de travail

Le constat est indiscutable : « les troubles musculosquelettiques représentent 88 % des maladies professionnelles (44 492) ; en 2018, les affections psychiques liées au travail (...) ont fortement augmenté (de 6 %). 1 051 maladies professionnelles relevant de troubles psychosociaux ont donné lieu à une prise en charge en 2019 (+6 % par rapport à 2018). Mais, pendant la crise sanitaire, les risques psychosociaux ont été classés en première position à partir du mois de mai 2020, et dépassent pour la première fois les troubles musculosquelettiques »[1]. Ces risques, dont certains sont liés à la charge de travail, doivent être pris en compte au sein des organisations dès lors qu'incombe à l'employeur une obligation de sécurité. Le manquement à cette obligation engage sa responsabilité. Cela semble répondre aux termes de l'article 1240 du Code civil, qui dispose que « tout fait quelconque de l'homme, qui cause à autrui un dommage, oblige celui par la faute duquel il est arrivé à le réparer »[2]. Néanmoins, le droit du travail déroge au droit commun depuis la loi de 1898 sur les accidents de travail[3]. Celle-ci met certes en place la présomption d'imputabilité, qui se base sur le fondement de la responsabilité sans faute, mais instaure un système de réparation forfaitaire, c'est-à-dire, ne couvrant pas l'intégralité du dommage subi. Pour obtenir réparation intégrale, la victime au travail devra alors faire reconnaitre la faute inexcusable de l'employeur. Cette loi, qui pose des difficultés de prise en charge des accidents de travail ou des maladies professionnelles, n'aborde le sujet de la santé au travail que sous l'angle de la réparation. Pourtant, il est crucial de placer la prévention en première place sur le terrain des risques

---

[1] C. Willmann, « Pathologies psychiques : le tableau sombre des maladies professionnelles », Droit social n° 12, p.995.

[2] C. civ., art. 1240.

[3] Loi du 9 avril 1898 concernant les responsabilités dans les accidents de travail.

psychosociaux, comme pour les risques physiques, pour faire face à ceux liés à la charge de travail[1].

IV. Vers une approche préventive de la charge de travail

Emblématique, l'article L.4121-1 du Code du travail qui dispose que l'employeur prenne « les mesures nécessaires pour assurer la sécurité et protéger la santé physique et mentale des travailleurs »[2], parmi lesquelles figurent les impératifs exposés à l'article L.4121-2 du code du travail que sont « éviter les risques » et « adapter le travail à l'Homme, en particulier en ce qui concerne la conception des postes de travail ainsi que le choix des équipements de travail [...] »[3]. Au surplus, l'article L.6321-1 du Code du travail dispose que « l'employeur assure l'adaptation des salariés à leur poste de travail. Il veille au maintien de leur capacité à occuper un emploi, au regard notamment de l'évolution des emplois, des technologies et des organisations »4. Ce principe d'adaptation est complémentaire à l'obligation de prévention. Depuis 2011, il est remarquable de constater que cette obligation générale de sécurité, dont découle la prévention des risques professionnels s'impose à la fois au secteur privé et au secteur public[4]. Le décret n° 82-453 du 28 mai 1982[5] prévoit désormais que les livres I à V de la quatrième partie du Code du travail, relative à l'obligation de sécurité et de prévention s'applique au secteur public, ce qu'une Circulaire du 10 avril 2015 a précieusement précisé.

Comment mettre en place une politique de prévention efficace pour lutter contre les situations de charge de travail excessive ? Le récent accord national interprofessionnel pour une prévention renforcée et une offre

---

[1] Régulièrement, le Bureau international du travail rappelle l'impératif de mettre en œuvre une culture de la prévention en entreprise. Sur ce point, voir notamment le discours de Guy Ryder (Directeur général du BIT) à la journée mondiale de la sécurité et de la santé au travail 2015 ; Discours en préambule de Guy Ryder à la journée mondiale de la santé et de la sécurité au travail 2019.

[2] C. trav., art. L.4121-1.

[3] C. trav., art. L.4121-2.

[4] Cf. P. Esplugas-Labatut (dir.), Le droit public du travail, 2014.

[5] Décret n° 82-453 du 28 mai 1982 relatif à l'hygiène et à la sécurité du travail ainsi qu'à la prévention médicale dans la fonction publique

renouvelée en matière de santé au travail du 9 décembre 2020[1] montre la volonté des partenaires sociaux de tout mettre en œuvre selon une approche de prévention primaire, c'est-à-dire par anticipation des risques, centrée sur la réalité du travail. L'accord insiste judicieusement sur le principe d'adaptation du travail à l'Homme, qualifié de socle de la prévention primaire. Il s'articule, selon les partenaires sociaux, autour de deux axes : la réalité du travail et l'ergonomie des postes. Ils doivent être pris en compte le plus en amont possible. L'accord visé précise aussi que les conditions de travail et de sécurité, dès la conception des matériaux, équipements et outils, sont aussi à intégrer. Cela atteste implicitement de l'impact des évolutions de l'organisation collective sur la charge réelle de travail. Toutefois, la nébulosité du texte n'apporte aucune substance sur la problématique d'appréciation de la charge réelle de travail et de la manière de prévenir les risques y afférent. Un autre point manque cruellement au sein de cet accord : la prévention des risques liés à l'usage des nouvelles technologies, même s'il est fait référence aux nanotechnologies. Cela est très étonnant, d'autant plus que la pandémie ayant accéléré la mise en œuvre du télétravail dans les entreprises, n'est pas sans effet sur la charge de travail. Cet accord semble largement insuffisant pour assurer une prévention efficace de la santé des salariés. Aucune obligation n'est imposée aux employeurs en termes d'actions de prévention de la charge de travail, sujet pourtant central[2]. Malgré la faiblesse de cet accord, sa ratification par la loi pour renforcer la prévention en santé au travail rend alors applicable ces dispositions au secteur privé et public. Le « Rapport Lecocq »[3] relève que cet accord national interprofessionnel est une réelle

[1]Accord national interprofessionnel du 9 décembre 2020 pour une prévention renforcée et une offre renouvelée en matière de santé au travail et des conditions de travail.

[2]Il est nécessaire de relever que cet accord préconise également de favoriser la mutualisation de la médecine du travail avec la médecine de ville. Il semble qu'il y ait un risque de perte de compétences en termes de prévention des risques professionnels, car les médecins de ville connaissent peu les métiers et donc la charge réelle de travail des salariés.

[3] Rapport Santé au travail : vers un système simplifié pour une prévention renforcée, remis au Premier ministre le 28 août 2018. 16 recommandations en découlent avec pour objectif de refonder le système de santé au travail. Ce Rapport est la base de travail sur laquelle le texte n° 3718 a été déposé à l'Assemblée nationale le 23 décembre 2020. Le Sénat est venu modifier ce texte et a présenté la proposition de Loi n° 134 pour renforcer la prévention en santé au travail le 6 juillet 2021.

avancée vers un système préventif plutôt que curatif. Reste un écueil au sein de ce rapport : la question de la prévention de la charge de travail.

V. Annonce du plan de recherche

Ne pas évaluer la charge de travail peut avoir des effets dévastateurs sur la santé des travailleurs. C'est pourquoi la recherche aura pour objet, dans un premier temps, d'analyser l'évolution de la charge de travail à l'ère du numérique (Partie 1), au travers d'une étude d'impact des nouvelles technologies sur le cadre spatio-temporel du travail et des relations de travail. Ces éléments constituent l'environnement de travail dans lequel évolue le travailleur et, dès lors que des changements surviennent, une charge de travail excessive peut apparaitre. Dans un second temps, l'étude apportera une lecture du droit de santé au travail comme source d'encadrement de la charge de travail (Partie 2) dont nous aurons pu apprécier les contours au préalable. L'objectif est de montrer dans quelle mesure le principe d'adaptation du travail à l'Homme est fondamental pour éviter l'explosion des contentieux déjà naissants.

PREMIÈRE PARTIE.

LE NUMÉRIQUE, SOURCE D'ÉVOLUTIONS DE LA CHARGE DE TRAVAIL

Contexte. — La métamorphose du monde professionnel s'explique par l'ubiquité et la rapidité de développement du numérique obligeant les entreprises à anticiper ces changements sur la charge de travail afin de ne pas mettre en danger la santé des salariés. À ce titre, dans son rapport annuel de 2005, la Cour de cassation relève très justement « la tension de l'Homme entre les moyens techniques dont il se dote, leurs effets et leur finalité »[1] qui reflète parfaitement l'évolution de la charge mentale du salarié. Ce dernier doit, aujourd'hui, nécessairement s'associer à un logiciel, un robot ou autres objets connectés pour exécuter sa prestation de travail. Le concept ancien de « l'Homme machine »[2] a souvent été repris par la doctrine pour démontrer cette « extension » de l'individu par l'outil numérique et cette complémentarité entre l'Homme et les dispositifs modernes[3]. Certains théoriciens n'hésitent pas à dénoncer, de manière excessive, un risque de transhumanisme[4], c'est-à-dire d'évolution de la condition humaine. Il ne s'agit pas ici d'entrer dans un débat sur ce

---

[1] C. cass., Rapport annuel 2005 de la Cour de cassation, « L'innovation technologique », La Documentation française, 2006.

[2] J. Offray de La Mettrie, *L'homme machine*, À Leyde, de l'imp. d'Elie Luzac, fils. M D C C X L V I I I., 1748.

[3] Cf. p. ex. A. Supiot, « Travail, droit et technique », *Droit social* n° 01, 2002, p.13 ; A. Supiot, « Une littérature de fin du monde », *Droit social* n° 01, 1997, p.85.

[4] Cf. p. ex. P. Kœst, Aux frontières de l'Humain ; Essai sur le transhumanisme, L'Harmattan, coll. Rétina, 2018.

jusqu'au-boutisme, mais seulement de refléter la puissance des technologies. Celles-ci touchent inévitablement la charge du salarié et peut notamment générer des situations de stress au travail. L'accord national interprofessionnel du 2 juillet 2008, relatif au stress au travail, relève le lien entre la charge de travail et le stress au travail. Les partenaires sociaux précisent que ces situations de stress s'analysent à partir de l'organisation du travail et particulièrement de la charge réelle de travail[1]. Par ailleurs, d'autres facteurs tels que les conditions et l'environnement de travail, la communication et des facteurs subjectifs (pressions émotionnelles et sociales, etc.) sont à examiner[2]. Parce que le stress au travail peut engendrer de graves lésions sur la santé des salariés, il est indispensable de comprendre l'évolution de la charge de travail à l'ère du numérique.

Problématique. — Le travailleur se retrouve confronté à une forme contemporaine d'aliénation au travail[3] dont les nouvelles technologies en sont la cause. Il est donc indispensable de rechercher dans quelle mesure le numérique est source d'évolutions de la charge de travail pour mieux appréhender ses effets sur la santé.

Hypothèses avancées. — Selon Bruno Mettling, « la révolution numérique implique un changement de paradigme dans le monde du travail. Loin de se résumer à l'usage d'outils numériques, elle marque l'arrivée, dans l'entreprise, de méthodes de conception, de production, de collaboration, qui sont aussi des méthodes de pensée, de travail, d'organisation »[4]. Il est donc essentiel d'analyser, d'une part, le phénomène de numérisation de la prestation de travail (Titre I) et d'autre part, celui de la numérisation du lien de subordination (Titre II) afin d'identifier *in concreto* l'évolution de la charge de travail et les risques associés pour la santé.

---

[1] Accord national interprofessionnel relatif au stress au travail, 2 juillet 2008, art. 3.

[2] *Idem.*

[3] Cf. K. Marx, *Les manuscrits économico-philosophiques de 1844* (trad. F. Fischbach), Vrin, 2007.

[4] B. Mettling, op.cit.

TITRE 1.

Numérisation de la prestation de travail

Prestation de travail. — Du latin *praestatio*, elle se définit de manière générale comme « l'action de s'acquitter de quelque chose, en vertu d'une obligation »[1]. Il incombe donc au salarié de fournir un service sous l'injonction de son employeur. La prestation de travail est un élément constitutif du contrat de travail, l'emploi fictif étant sanctionné par la nullité du contrat[2]. Obligation essentielle, le refus d'exécution justifie un licenciement pour faute grave[3]. Enfin, les tâches confiées au travailleur doivent être réalisées par ce dernier à la fois de manière effective et personnelle[4].

Hypothèses avancées. — Toutefois, le numérique affecte profondément les activités de chacun[5], c'est pourquoi il est nécessaire d'analyser dans quelle mesure cette évolution métamorphose le cadre de la prestation de travail (chapitre 1) et son contenu (chapitre 2). L'hypothèse retenue est celle selon laquelle la charge de travail, associée à la prestation du salarié, progresse et touche ainsi la santé de celui-ci.

---

[1] A. Rey, *Le Grand Robert de la langue française*, V° « prestation », Le Robert, coll. Grand Robert, 2001.

[2] Y. Aubrée, *Contrat de travail : existence — Formation — Formation du contrat de travail*, Répertoire. de droit du travail, janvier 2014 (actualisation : Février 2019).

[3] cass. soc., 15 juin 1989, n°88-40. 581, Inédit ; cass. soc., 16 oct. 1996, n°94-45. 593, Inédit.

[4] Y. Aubrée, *loc. cit.*

[5] Cf. B. Mettling, Rapport « Transformation numérique et vie au travail », La Documentation française, septembre 2015.

CHAPITRE 1.

Numérisation du cadre de la prestation de travail

Cadre du travail. — Au début du XXe siècle, l'entreprise s'organisait selon le modèle taylorien imposant un cadre spatio-temporel strict aux travailleurs dans lequel ils exécutent leurs tâches. L'intrusion du numérique dans la sphère professionnelle a remis en cause cette organisation collective, afin de répondre aux nouvelles exigences économiques et sociales.

Hypothèses avancées. — Face à ces impératifs, les entreprises sont dans l'obligation de changer leurs méthodes de conception, de production et de collaboration pour rester compétitives[1]. Il est donc crucial d'analyser la transformation du cadre de la prestation afin de mieux comprendre les enjeux sur charge de travail et la santé in fine. D'une part, la recherche s'appuiera sur l'hypothèse selon laquelle le numérique est source d'évolutions du temps du travail (1), ce changement rendant imprécise la mesure du temps de travail et modifiant ainsi fondamentalement la charge des salariés. D'autre part, l'étude reposera sur la théorie selon laquelle le numérique est source d'évolutions de l'espace de travail (2). La finalité est de mettre en évidence le lien entre la transition numérique, la métamorphose de l'organisation spatio-temporelle d'exécution de la prestation et l'évolution de la charge de travail.

[1] B. Mettling, op. cit.

1. Le numérique, source d'évolutions du temps travail

Définition du temps de travail. – Comprendre l'évolution du temps du travail à l'ère du numérique impose tout d'abord de définir la notion de « temps de travail ». La loi du 13 juin 1998 d'orientation et d'incitation relative à la réduction du temps de travail[1] reprenant l'approche issue du droit prétorien pose pour la première fois une définition légale du temps de travail. Ainsi « la durée du travail effectif est le temps pendant lequel le salarié est à la disposition de l'employeur et doit se conformer à ses directives sans pouvoir vaquer librement à des occupations personnelles »[2]. Pour distinguer le temps de travail et le temps extra-professionnel il est donc nécessaire d'apprécier la situation dans laquelle le salarié se trouve. Suivant cette logique, il est impératif de rechercher les cas dans lesquels le travailleur est subordonné à son employeur. La loi du 8 août 2016[3] est venue reconnaître cette définition comme étant d'ordre public, sans possibilité d'y déroger.

Approche objective et subjective. – Historiquement, la question de la charge de travail est rattachée au temps de travail, fondée selon une approche objective correspondant à la présence du salarié sur le lieu de travail (1.1). Toutefois, l'intrusion du numérique dans l'entreprise oblige le législateur à revoir cette conception, touchant ainsi la charge de travail. Le temps de travail évolue donc vers une approche subjective liée à l'introduction du concept d'autonomie dans l'organisation du travail (1.2).

1.1. Approche objective du temps de travail : la présence sur le lieu de travail

Temps inflexible et flexible. – Sur l'approche objective, il faut distinguer le temps de travail inflexible (1.1.1) du temps flexible d'organisation du travail (1.1.2).

---

[1] Loi n° 98-461 du 13 juin 1998 d'orientation et d'incitation relative à la réduction du temps de travail (dite loi Aubry).

[2] C. trav., L.3121-1 (L.212-4 ancien).

[3] Loi n° 2016-1088 relative au travail, à la modernisation du dialogue social et à la sécurisation des parcours professionnels.

1.1.1. Inflexibilité du temps de travail

Introduction du concept de travail. — La notion de durée du travail correspond au temps pendant lequel le salarié se retrouve sous la subordination de son employeur et au cours duquel il doit réaliser les activités ou fonctions qui lui sont prescrites. Ce concept émerge à la fin du XIXe siècle. Le 22 mars 1841 est proclamée la première loi sociale[1], qui prévoit une limitation du travail des enfants de 8 à 12 ans à hauteur de huit heures par jour. Cette évolution fait écho au droit anglais et particulièrement à la *Factory act* de 1833 qui dispose une limitation du temps de travail. Cette loi pose comme principe l'interdiction de commencer la journée de travail avant 5h30 et de la terminer après 20h30. Au surplus, émerge une réduction du temps de travail dans les mines qui se limite alors à 12 heures maximales par jour. Le législateur prévoit également une interdiction de travail pour les enfants de moins de 9 ans, une limitation à 9 heures de travail par jour (ou 8 heures dans les mines) pour les enfants âgés de 9 à 13 ans et une durée maximale de travail de 12 heures par jour pour les enfants âgés entre 13 et 18 ans avec une pause obligatoire d'1h30. Cette loi interdit encore le travail de nuit des enfants. Ces évolutions du temps de travail marquent un changement majeur dans l'appréciation de la charge de travail. Toutefois, en France, il faut attendre le rapport Villermé de 1890[2] sur l'état physique et mental des travailleurs dans les manufactures de coton, de laine et de soie pour comprendre le lien étroit entre la nécessaire régulation de la charge de travail et le temps de travail. Ce rapport soulève à ce titre que « la longueur excessive du travail ruine la santé de leurs jeunes ouvriers »[3]. Ce rapport devient la base historique sur laquelle repose la législation sur la réduction du temps de travail et donc sur la régulation de la charge de travail. Ces réductions de la durée du travail se poursuivent jusqu'à la loi du 2 novembre 1892 relative au travail des enfants, des filles mineures et des femmes dans les

[1] Loi du 22 mars 1841 relative au travail des enfants employés dans les manufactures, usines ou ateliers.

[2] L.-R., Villermé, Tableau de l'état physique et moral des ouvriers employés dans les manufactures de coton, de laine et de soie, Jules Renouard et Cie (Libraires), 1840.

[3] *Ibid.*, tome second, p.95.

établissements industriels[1]. Ces législations[2], adoptées sous l'impulsion de la doctrine sociale de l'Église, montrent une prise de conscience par l'État de la souffrance vécue dans les ateliers et les usines. Cependant, aucune régulation pour les jeunes travailleurs et les salariés adultes n'apparaît. À cette même époque, des organisations tayloriennes sont aussi mises en place pour optimiser les temps de production. La charge de travail se réfère ainsi strictement au temps de présence dans l'entreprise. À compter du 24 avril 1919, à la signature du Traité de Versailles, se dégage une volonté étatique de préserver la santé des individus dans leur environnement professionnel se traduisant par une limitation du temps de travail. Le Traité de Versailles impose notamment l'instauration d'une durée maximale de travail[3] : « il existe des conditions de travail impliquant pour un grand nombre de personnes l'injustice, la misère et les privations, ce qui engendre un tel mécontentement que la paix et l'harmonie universelle sont mises en danger ; attendu qu'il est urgent d'améliorer ces conditions, par exemple, en ce qui concerne la réglementation des heures de travail, la fixation d'une durée maximale de la journée et de la semaine de travail »[4]. Le Traité de Versailles a pour objet la recherche de « la paix et de l'harmonie universelle »[5] ; l'un des moyens pour y parvenir est la préservation de la santé des salariés. La prescription d'une limitation du temps de travail journalier et l'exigence de mise en place des semaines de travail à six jours et le dimanche comme jour de repos obligatoire sont des dispositions nouvelles s'inscrivant dans cette logique. Il s'agit de nouveaux droits sociaux comme l'évoque ledit Traité[6]. Le droit à la santé au travail deviendra un principe fondamental inscrit à l'alinéa 11 du préambule de

---

[1] Cf. en ce sens Y. Delbrel, « La loi du 23 avril 1919 sur la journée de huit heures : de la législation industrielle au droit du travail », *Droit social* n°04, 2019, p.334.

[2] Loi du 22 mars 1841 relative au travail des enfants employés dans les manufactures, usines ou ateliers ; Décret - Loi du 9 septembre 1848 relatif aux heures de travail dans les manufactures et usines ; Loi du 19 mai 1874 sur le travail des enfants et des filles mineures dans l'industrie ; Loi du 2 novembre 1892, sur le travail des enfants, des filles mineures et des femmes dans les établissements industriels.

[3] Traité de paix de Versailles, 24 avril 1919.

[4] L. Bourgeois, *Traité de paix de Versailles* (2e éd.), Chapitre IX, *Le travail*, Partie XIII, articles 387 à 427, Librairie Félix Alcan, 1919, p.141.

[5] *Ibid*, p.131.

[6] *Ibid.*, p.140.

la Constitution du 27 octobre 1946[1], qui impose que la Nation « garantit à tous, notamment à l'enfant, à la mère et aux vieux travailleurs, la protection de la santé, la sécurité matérielle, le repos et les loisirs. Tout être humain qui, en raison de son âge, de son état physique ou mental, de la situation économique, se trouve dans l'incapacité de travailler a le droit d'obtenir de la collectivité des moyens convenables d'existence »[2]. Pour satisfaire ce fondamentalisme, le législateur est tout d'abord venu encadrer de manière rigide le droit de la durée du travail.

Limitation du temps de travail. — Ainsi, dès la proclamation du Traité de Versailles, a été promulguée la loi de huit heures le 23 avril 1919 instituant une durée quotidienne maximale de travail. Ensuite, le 21 juin 1936 est publiée la loi instaurant les semaines de travail à quarante heures[3], applicable aux entreprises industrielles et commerciales. Le législateur recherche alors la diminution du temps de travail en posant le principe suivant : « la durée du travail effectif des ouvriers et employés de l'un ou l'autre sexe et de tout âge ne peut excéder quarante heures par semaine »[4]. À l'évidence, la réduction du temps de travail assure, certes, une meilleure protection des salariés, mais elle reste attachée à une civilisation d'usine. La vision est toujours celle d'un temps appliqué à une tâche incluse dans une organisation scientifique de travail. L'évolution légale se poursuit entre 1956 et 1982[5], augmentant le nombre de congés payés et diminuant la durée du travail. Restait alors un écueil, la durée du travail n'avait pas de définition légale, seule une simple appréciation jurisprudentielle existait consistant à la caractériser par le « temps de travail commandé »[6] ou « effectué avec l'accord au moins implicite de l'employeur »[7].

---

[1] Préambule de la Constitution, 27 octobre 1946.

[2] L. Bourgeois, *loc. cit.*

[3] Loi du 21 juin 1936 instituant la semaine de quarante heures dans les établissements industriels et commerciaux, et fixant la durée du travail dans les mines souterraines.

[4] A. Lebrun, Lois sociales — conventions collectives du travail (accords Matignon), Étienne Chiron (éditeur), 1937, p.18.

[5] Institution des trois semaines de congés payés par la loi n°56-332 Régime des congés payés annuels du 27 mars 1956. Puis en 1969, institution des quatre semaines de congés payés par la loi n°69-434.

[6] Cf. M. Morand, *Temps de travail*, Jurisclasseur Travail Traité, fasc. 21-10, 6 janvier 2016 (mis à jour le 22 mai 2019).

[7] *Idem.*

Depuis la promulgation de l'Ordonnance n°82-41 du 16 janvier 1982[1] relative à la semaine de travail à trente-neuf heures et les cinq semaines de congés payés, le droit de la durée du travail change de paradigme. Elle « constitue le point de départ d'une réglementation plutôt orientée vers la prise en compte des besoins économiques de l'entreprise et des besoins sociaux du pays »[2], rendant possible une certaine flexibilité dans l'organisation du travail.

1.1.2. Temps flexible d'organisation du travail

La flexibilisation du temps de travail. — L'enjeu d'une réduction du temps de travail est « d'assouplir, de flexibiliser les normes juridiques pour adapter charge de travail et présence des salariés »[3]. C'est pourquoi, lors de la réalisation d'heures supplémentaires, l'autorisation systématique de l'administration est remplacée par un système déclaratif de l'employeur qui devra alors respecter un nombre maximum d'heures de travail. Cette logique s'insère dans une volonté de simplification de l'organisation du temps de travail. En outre, l'ordonnance n°82-41 du 16 janvier 1982[4] prévoit que l'horaire collectif devient un régime de droit commun avec des dérogations possibles alors qu'il s'agissait, auparavant, d'un impératif. L'appréciation de la semaine de travail devient également modulable. Enfin, l'ordonnance précitée établit une procédure de dérogation à la durée légale du travail. Ces évolutions caractérisent le souhait du législateur d'assouplir l'organisation du temps de travail en corrélation avec le besoin de plus en plus prégnant de flexibilité des entreprises. Selon le Professeur Blanc-Jouvan[5] cette flexibilité dans l'organisation du temps de travail est cruciale, car « les changements technologiques, la transformation des conditions de travail et les difficultés économiques survenues depuis le début des années 70 ont fait surgir d'autres priorités »[6]. Il existe un lien

---

[1] Ordonnance n°82-41 du 16 janvier 1982 relative à la durée du travail et aux congés payés.

[2] M. Morand, *loc. cit.*

[3] *Idem.*

[4] Ordonnance n°82-41 du 16 janvier 1982 relative à la durée du travail et aux congés payés.

[5] X. Blanc-Jouvan, « La flexibilité du temps de travail », *Revue internationale de droit comparé* n°2, Vol. 42, n°2, 1990, p.693-724.

[6] *Idem.*

fort entre l'immixtion des nouvelles technologies dans l'entreprise, le contexte économique et l'évolution légale du régime du temps de travail. Cette flexibilité garantit notamment l'adaptation de la durée du travail à la production et donc à la charge de travail. Le Professeur Blanc-Jouvan ajoutait judicieusement qu'une « trop grande rigidité des organisations du travail risquerait d'empêcher les entreprises de s'adapter au marché extérieur et ainsi rester compétitive »[1]. Il était indispensable plus de flexibilité de la réglementation afin de répondre aux nouveaux besoins des organisations et des salariés. La demande d'aménagement peut être initiée par le salarié ou l'employeur car « la flexibilité du temps de travail peut d'abord correspondre à certains besoins personnels du salarié et s'exercer à son avantage »[2]. Dans cette perspective, elle peut émaner par exemple d'un besoin lié à la santé du travailleur, d'un souhait de se réserver plus de temps libre, etc. Pour l'employeur, les motivations peuvent certes être multiples[3], mais cette recherche de flexibilité est surtout attribuée à des enjeux économiques.

Mise en œuvre. — La loi du 27 décembre 1973 relative à l'amélioration des conditions de travail[4], dans ses articles 16 à 18, est le point de départ de cette flexibilité avec la faculté pour l'employeur ou le salarié de demander un aménagement du temps de travail. Intégrer ce nouveau cadre temporel dans la loi visée montre le lien entre le temps de travail et les conditions de travail. La mise en œuvre du temps partiel oblige l'employeur à obtenir l'accord du salarié dans une volonté, ainsi apparente, de protection de ce dernier. Toutefois, si l'employeur démontre les difficultés économiques de l'entreprise, un licenciement pour motif économique pourra être envisagé si le salarié refuse le passage à temps partiel. La réponse du législateur n'a jamais été aussi linéaire pour répondre à ce souci de flexibilité. Motif pris des abus constatés en pratique, a été adoptée la loi *Aubry* du 13 juin 1998[5] supprimant le temps partiel

[1] *Idem.*

[2] *Idem.*

[3] Cf. B. Brunhes, « La flexibilité du temps de travail : Réflexions sur les modèles européens », *Droit social* n°03, 1981, p.251.

[4] Loi n°73-1195 du 27 décembre 1993 relative à l'amélioration des conditions de travail.

[5] Loi n°98-461 du 13 juin 1998 d'orientation et d'incitation relative à la réduction du temps de travail.

annualisé, réduisant les interruptions au cours d'une journée de travail, introduisant les trente-cinq heures de travail par semaine, etc. Cela démontre la prise en compte des conditions de travail dans cette recherche de flexibilité. La loi *Aubry* inscrit une nouvelle définition du temps de travail effectif qui se rapproche de celle inscrite à l'article 2 de la Directive n°93-104 du 23 novembre 1993[1]. Nonobstant ce recul « normatif », le marché ne cessa pas d'évoluer vers davantage de flexibilité facilitée par la révolution numérique. La fin des années 1990 marque un tournant crucial dans la société qui se caractérise notamment par la numérisation des entreprises. C'est la raison pour laquelle, deux ans après la loi *Aubry*, la loi *Aubry II*[2] est adoptée le 19 janvier 2000. La loi *Aubry II* relative à la réduction négociée du temps de travail touche frontalement les durées maximales de travail et donc la charge de travail, puisque le temps de production se trouve ainsi réduit. Néanmoins, la volonté du législateur est d'accroître la compétitivité des entreprises en favorisant le recours aux heures supplémentaires. À l'évidence, la recherche de protection de la santé se place au second plan, contrairement aux lois sociales du XIXe siècle[3]. Cela se traduit par la possibilité pour le salarié d'exécuter jusqu'à 44 heures de travail par semaine sur une durée de douze semaines. Cette évolution impose d'analyser le concept d'amplitude de travail.

Amplitude de travail. — Il s'agit d'un élément central dans l'appréciation du temps et donc de la charge temporelle du salarié. Elle correspond au nombre d'heures séparant le début de la journée de travail et de sa fin[4]. La notion d'amplitude journalière n'a cependant pas de définition inscrite dans le Code du travail. La Cour de cassation considère toutefois que l'amplitude de travail ne peut dépasser 13 heures[5]. Les juges ont interprété les dispositions en vigueur sur la durée maximale de travail à la lumière de l'article 3 de la directive européenne du 23 novembre 1993 qui dispose que « tout travailleur bénéficie, au cours de chaque période de

---

[1] Le temps de travail est défini de la manière suivante « toute période durant laquelle le travailleur est au travail, à la disposition de l'employeur et dans l'exercice de son activité ou de ses fonctions, conformément aux législations et/ou pratiques nationales ».

[2] Loi n°2000-37 du 19 janvier 2000 relative à la réduction négociée du temps de travail.

[3] *Supra* p.26.

[4] Cf. en ce sens cass. soc., 28 septembre 2010, n° 09-41.277.

[5] Cass. soc., 18 décembre 2001, bull. civ. V, n° 392.

vingt-quatre heures, d'une période minimale de repos de onze heures consécutives »[1]. La Cour de Justice de l'Union Européenne, dans une décision du 15 juillet 2021[2], est venue rappeler l'importance de respecter ces exigences. Dans cette affaire, saisie par la république slovène sur une problématique liée au paiement des tours de garde, la Cour estime que les militaires des Etats membres sont soumis aux mêmes limitations du temps de travail que les autres travailleurs. Néanmoins, aux termes de l'article D. 3121-19 du Code du travail est admise la possibilité de déroger à la durée maximale de travail par « une convention ou un accord collectif de travail étendu ou un accord collectif d'entreprise ou d'établissement »[3] dès lors « que ce dépassement n'ait pas pour effet de porter cette durée à plus de douze heures »[4]. Ce système dérogatoire concerne la réduction du temps de repos quotidien à 9 heures notamment pour les activités fonctionnant en continu ou par périodes fractionnées. L'exécution immédiate de tâches urgentes peut aussi motiver une dérogation au temps de repos quotidien. Le droit européen admet cette alternative, par exemple dans le domaine des transports[5] au sein duquel l'amplitude horaire peut être de 15 heures par jour. Hormis ces exceptions, la question du respect d'une amplitude journalière de 13 heures, depuis l'émergence des nouvelles technologies, se pose puisque celles-ci rendent poreuse la frontière entre le temps de travail et hors travail[6]. Dans un arrêt décisif du 26 septembre 2012[7], la Cour de cassation qualifie le lien direct entre l'amplitude très importante de travail

[1] Directive 93/104/CE du Conseil du 23 novembre 1993 concernant certains aspects de l'aménagement du temps de travail, art. 3.

[2] CJUE, 15 juillet 2021, aff. B.K c/ Republica Solvenja (Ministrstvo za obrambo), C-742/19.

[3] C. trav., art. D. 3121-19.

[4] *Idem.*

[5] Règlement (CE) n°561/2006 du Parlement européen et du Conseil du 15 mars 2006 relatif à l'harmonisation de certaines dispositions de la législation sociale dans le domaine des transports par route, modifiant les règlements (CEE) n°3821/85 et (CE) n°2135/98 du Conseil et abrogeant le règlement (CEE) n°3820/85 du Conseil.

[6] Cf. en ce sens F. Rosa, « Le périmètre de la vie personnelle du salarié à l'épreuve des nouvelles technologies », *JurisTourisme* n°228, 2020, p.17.

[7] Cass. soc., 26 septembre 2012, n°11-14.540, Bull. 2012, V, n°250 ; S. Miara, « Durée du travail — Convention de forfait en jours : l'accord collectif doit garantir l'amplitude, la charge et la répartition équilibrée du travail du cadre », *La Semaine Juridique Sociale* n°41, 9 octobre 2012, p.430.

du salarié et le numérique. Dans cette affaire, ce dernier était « toujours accompagné de sa mallette et de son ordinateur »[1]. Cela atteste implicitement des connexions et la réalisation d'activités pour l'employeur en dehors de ses horaires de travail, ayant pour conséquence le dépassement de l'amplitude journalière maximale et donç une surcharge temporelle de travail. Au surplus dans un arrêt de la Haute juridiction en date 29 mai 2019[2], les juges démontrent le lien irréfragable entre l'usage des outils numériques et l'augmentation des amplitudes de travail. Les juges relèvent que des amplitudes horaires très importantes et répétées sont directement « liées à la charge de travail réelle, mais aussi à une disponibilité sans limites »[3]. Cette situation trouve son origine dans l'arrivée massive des nouvelles technologies et leurs usages au sein de l'entreprise, car ces outils exigent de la flexibilité et de la réactivité de la part du salarié. Dans cette décision, la notion de disponibilité sans limites démontre que le numérique remet en cause la notion d'amplitude de travail, car il brouille la frontière entre le temps au travail et le temps hors travail. Toutefois, la Cour de cassation estime que pendant le temps de pause du salarié, l'obligation d'être joignable sur son téléphone professionnel ne suffit pas à caractériser l'obligation de rester à la disposition permanente de l'employeur et ne disqualifie pas le temps de pause *in fine*[4]. Il semble toutefois que cette absence de déconnexion impose au travailleur une surcharge mentale. Au regard de ces éléments, si la mesure de l'amplitude de travail se complexifie, il semble crucial d'analyser l'impact du numérique sur le temps de travail de jour et de nuit.

Temps de travail de jour et de nuit. — La Directive 2003/88/CE[5] affiche la volonté du législateur de protéger la santé des salariés dans une économie mondialisée et connectée 24/7[6]. Son entrée en vigueur se fait lorsque le numérique prend place dans les entreprises où « l'emploi était

---

[1] *Idem.*

[2] Cass. 2ème civ., 29 mai 2019, n°18-15.624, Inédit.

[3] *Idem.*

[4] Cf. cass. soc., 2 juin 2021, n° 19-15.468, FS-D.

[5] Directive n°2003/88/CE du 4 novembre 2003.

[6] Cf. en ce sens Communication de la Commission du 24 mai 2017 interprétative relative à la directive 2003/88/CE du Parlement européen et du Conseil du 4 novembre 2003 concernant certains aspects de l'aménagement du temps de travail (JOUE n° C 165 24 mai 2017).

plus stable et l'organisation du travail plus normalisée autour d'une journée de travail classique "de 9 heures à 17 heures", où le travail mobile, le travail posté ou le travail de nuit étaient plus exceptionnels qu'à l'heure actuelle »[1]. L'usage des nouvelles technologies dans le monde du travail a pour effet l'accroissement du recours au travail de nuit. La commission interprétative du Parlement et du Conseil précise que la « numérisation entraîne une augmentation de la fragmentation du travail, à la fois en ce qui concerne la localisation et le temps »[2]. C'est donc naturellement, dans une logique de protection des salariés, que la Directive 2003/88/CE a été promulguée. Elle prend en compte « certains aspects du travail de nuit, du travail posté et du rythme de travail »[3] mis en place dans les entreprises pour répondre aux exigences nouvelles. Le travail de nuit (ou nocturne[4]), qualifié de pénible, se situe impérativement, au regard des dispositions du Code du travail, entre minuit et 5 heures du matin et doit comprendre, *a minima*, 9 heures de travail consécutives[5]. Ainsi, *a fortiori*, le travail de nuit devra commencer au plus tôt à 21 heures et s'achever à 7 heures, si un accord collectif est négocié, sinon le travail de nuit ne pourra pas se terminer après 6 heures[6]. À l'inverse, en dehors de ces périodes, il s'agit de travail de jour. Pour qu'un salarié soit qualifié de « travailleurs de nuit », il existe deux possibilités. Premièrement, ce dernier devra effectuer, au moins deux fois par semaine, trois heures de travail de nuit quotidiennes. Deuxièmement, le salarié devra exécuter, sur une période de référence de 12 mois consécutifs, au minimum 270 heures de travail de nuit[7]. Cependant, depuis la loi du 20 août 2008[8], il est possible de déroger à cette dernière règle par une convention ou un accord collectif étendu. Dans cette perspective, il sera alors possible de définir librement la période de référence et le nombre d'heures devant être exécutées pendant la période

---

[1] *Idem.*

[2] *Idem.*

[3] Directive n°2003/88/CE du 4 novembre 2003, art. 1er, §2.

[4] Directive n°2003/88/CE du 4 novembre 2003, art. 2, §3.

[5] C. trav., art. L. 3122-20.

[6] *Idem.*

[7] C. trav., art. L. 3122-23.

[8] Loi n° 2008-789 du 20 août 2008 portant rénovation de la démocratie sociale et réforme du temps de travail

caractérisant le travail de nuit[1]. Cette qualification n'est pas sans conséquence, car le travail de nuit est l'un des six facteurs de pénibilité redéfinis par l'ordonnance n° 2017-1389 du 22 septembre 2017 (art. 5, JO. 23 septembre 2017)[2].

Temps de trajet inhabituel. — Outre le travail de jour et de nuit, il est important d'analyser la prise en compte des temps de trajets dans la mesure du temps de travail. Aux termes de l'article L.3121-4 du Code du travail « le temps de déplacement professionnel pour se rendre sur le lieu d'exécution du contrat de travail n'est pas un temps de travail effectif. Toutefois, s'il dépasse le temps normal de trajet entre le domicile et le lieu habituel de travail, il fait l'objet d'une contrepartie soit sous forme de repos, soit sous forme financière. La part de ce temps de déplacement professionnel coïncidant avec l'horaire de travail n'entraîne aucune perte de salaire »[3]. Par principe, le temps de trajet est donc exclu du temps de travail effectif. Toutefois, comment définir le temps de trajet normal ? Avant la décision de la Cour de cassation en date du 23 novembre 2022[4], cette question se posait notamment pour les travailleurs itinérants. Parvenir à identifier le temps de trajet anormal impliquaitselon la Cour de cassation de vérifier si le temps entre le domicile et le(s) lieu(x) d'intervention déroge au temps de trajet d'un salarié de la même région[5]. La Cour de cassation admettait également la possibilité de se référer aux statistiques de l'INSEE pour déterminer si le temps de trajet était normal ou anormal[6]. Dans l'hypothèse d'une succession de missions, les juges appréciaint les temps de trajet supplémentaires mission par mission dès lors que le travailleur ne rentre pas à son domicile chaque jour[7]. Ainsi, dès lors que le temps de trajet était qualifié d'inhabituel l'employeur devait s'assurer que ces temps excédentaires n'imposaient pas au salarié à dépasser

---

[1] C. trav., art. L. 3122-16.

[2] Les cinq autres facteurs de pénibilité sont le travail en équipes successives alternantes, le travail répétitif, les activités exercées en milieu hyperbare, les températures extrêmes et le bruit.

[3] C. trav., art. L.3121-4.

[4] Cass., soc., 23 novembre 2022, n° 20-21.924.

[5] Cf. en ce sens cass. soc., 7 mars 2008, n° 07-42.702, RJS 2008, n° 785.

[6] Cass. soc., 25 mars 2015, n° 13-21.519.

[7] Cass. soc., 24 septembre 2014, n° 12-28.664, bull. civ. V, n° 207 ; RJS 2014, n° 866.

les durées maximales de travail, afin de préserver sa santé. Par ailleurs, la Cour de cassation, dans une décision du 30 mai 2018[1] indiquait que la Directive 2003/88/CE[2] ne s'appliquait pas aux modes de rémunération des travailleurs itinérants et que par conséquent c'était les dispositions nationales qui s'imposaient. Cette logique suit celle de l'arrêt de la Cour de Justice de l'Union Européenne du 10 septembre 2015[3]. Toutefois, la décision de la CJUE n'a pas d'effet direct en droit interne dès lors que le litige concerne deux particuliers, faisant ainsi une application stricte des dispositions de l'article L.3121-4 du code du travail. Désormais, depuis la décision du 23 novembre 2022, la Cour de cassation s'aligne sur la position de la CJUE et considère que le temps de déplacement de ces salariés entre leur domicile et les lieux des premiers et derniers clients, sous conditions, être reconnu comme du temps de travail effectif.
En tout état de cause, la charge de la preuve sur l'existence d'un temps de trajet anormal incombe au salarié. Dans le cas des temps de trajet inhabituels il apparait enfin évident que le télétravail joue un rôle fondamental puisque le salarié, par ce mode d'organisation du travail, peut réduire considérablement ses temps de trajet journaliers. Si le numérique touche frontalement les temps de trajet, il joue également un rôle essentiel dans l'évolution des modalités d'exécution du régime d'astreinte.

L'astreinte. — Les nouvelles technologies modifient l'appréciation du système d'astreinte, puisque le salarié n'est plus dans l'obligation de rester sur son lieu de travail. Au départ l'astreinte était définie par la loi du 19 janvier 2000[4] comme la « période pendant laquelle le salarié, sans être à la disposition permanente et immédiate de l'employeur, a l'obligation de demeurer à son domicile ou à proximité afin d'être en mesure d'intervenir pour effectuer un travail au service de l'entreprise »[5]. Depuis la loi du 8 août 2016[6], le salarié n'a désormais plus l'obligation d'être chez lui ou à proximité. Ce changement de paradigme est fondamental car un salarié

---

[1] Cass. soc., 30 mai 2018, n° 16-20.634.

[2] Directive n°2003/88/CE du 4 novembre 2003.

[3] CJUE, 10 septembre 2015, Tyco, C-266/14, points 48 et 49.

[4] Loi n°2000-37 du 19 janvier 2000 relative à la réduction négociée du temps de travail.

[5] *Idem.*

[6] Loi n°2016-1088 du 8 août 2016 relative au travail, à la modernisation du dialogue social et à la sécurisation des parcours professionnels.

peut aujourd'hui être soumis à un régime d'astreinte téléphonique ou par un autre moyen de communication en vue d'assurer une intervention à distance[1]. La Cour de cassation admettait déjà cette modalité d'exercice de l'astreinte à distance, dans un arrêt du 18 février 2015[2] qui précise que l'astreinte téléphonique se caractérise d'une part, comme « la période durant laquelle les salariés restent à leur domicile ou en tout lieu de leur choix dès lors qu'ils peuvent être joints par l'employeur, notamment à l'aide des moyens de téléphonie mobile en vue de répondre à un appel de l'employeur pour effectuer un service urgent au service de l'entreprise »[3] et, d'autre part, lorsque l'employeur fournit ces outils numériques au salarié. Dans cet arrêt, un « téléphone de garde » était mis à disposition »[4]. La question relative à la qualification du temps d'astreinte est centrale. Dans un arrêt du 4 mai 1999[5], les juges estiment que les périodes d'astreintes ne peuvent pas être qualifiées de temps de travail effectif ni de temps de repos. Au regard de la loi du 19 janvier 2000 relative à la réduction négociée du temps de travail, l'administration considérait que « la position d'astreinte sans intervention durant une période de repos ne constitue pas en tant que telle une infraction aux règles relatives au repos quotidien ou au repos hebdomadaire[6] ». Cependant, la Cour régulatrice dans un arrêt du 10 juillet 2002 jugeait que « les périodes d'astreinte [...] ne peuvent être considérées comme un temps de repos, lequel suppose que le salarié soit totalement dispensé directement ou indirectement [...] d'accomplir pour son employeur une prestation de travail, même si elle n'est qu'éventuelle ou occasionnelle »[7]. Cette approche démontre le lien indéniable entre la surcharge mentale du salarié et l'astreinte. Cette analyse atteste aussi de la volonté du juge de sortir d'une vision dyadique, voire simpliste, de la notion de temps de travail en rejetant la définition inscrite aux termes de

[1] Cf. p. ex. CA Paris, 18 juin 2019, RG n°17/08690 ; cass. soc., 2 mars 2017, n°15-17.491, Inédit ; cass. soc., 18 février 2015, n°13-15. 047, Inédit ; CA Paris, 1er février 2011, RG n°09/02297 ; cass., soc., 22 janvier 2009, n°08-11.204, Inédit ; cass. soc., 10 juillet 2002, n°00-18.452, Bull. 2002 ,V, n°238 p.232.

[2] Cass. soc., 18 février 2015, n°13-15.047, Inédit.

[3] Cass. soc., 18 février 2015, n°13-15.047, Inédit.

[4] *Idem.*

[5] Cass. soc., 4 mai 1999, n°96-43.037, Bull. 999, V, n°187, p.137.

[6] Circ. DRT n° 2000-0003, 3 mai 2000, Fiche n° 4.

[7] Cass. soc., 10 juillet 2002, n°00-18.452, Bull. 2002, V, n°238, p.232.

l'article 2 de la directive n°93/104 CE du 23 novembre 1993. Privant les salariés en astreinte des temps de repos obligatoires, l'employeur pouvait succomber au versement de dommages et intérêts au motif d'une atteinte au droit à la santé et à la vie personnelle des travailleurs[1]. Ensuite, le 17 janvier 2003, est promulguée la loi n° 2003-47 relative aux salaires, au temps de travail et au développement de l'emploi qui est venue répondre aux difficultés pratiques résultant de cette approche jurisprudentielle de l'astreinte. Ainsi, cette loi dispose que « exception faite de la durée d'intervention, la période d'astreinte est décomptée dans les durées minimales »[2] de repos quotidien et hebdomadaire. Le temps d'astreinte est donc assimilé au temps de repos, sans pour autant qu'il soit défini en tant que tel. Cette assimilation porte uniquement sur le calcul des temps de repos obligatoires, mais ne rejette en aucun cas l'approche du juge considérant que le temps de repos est incompatible avec l'astreinte. L'article L.3121-6 du Code du travail n'est pas applicable à des faits antérieurs à la promulgation de la loi du 17 janvier 2003. Le 22 juin 2011, la Cour de cassation refusait de transmettre une question prioritaire de constitutionalité au motif que « l'astreinte ne constitue pas du temps de travail effectif et fait l'objet dans sa mise en place et ses modalités de garanties destinées à en limiter le recours et à en faciliter le contrôle, n'est pas contraire au droit à la protection de la santé, au repos et aux loisirs tels que prévus par l'alinéa 11 du préambule de la Constitution du 27 octobre 1946 »[3]. Le 7 décembre 2004[4], le Comité européen des droits sociaux estimait que l'astreinte ne peut pas être qualifiée de temps de repos puisque le salarié est dans l'impossibilité de se consacrer pleinement à des activités personnelles. Le salarié supporte une charge mentale du fait de rester à la disposition de son employeur dans l'éventualité d'être contacté pour intervenir dans le cadre de l'astreinte auquel il est soumis. Le Comité, à l'appui de l'article 2 de la charte sociale européenne révisée, estime même que les périodes d'astreinte ne peuvent être assimilées à du temps de travail effectif, elles ne peuvent en principe pas pour autant être, sans limitation,

[1] Cass. soc., 8 juin 2011, n° 09-67.051, bull. civ. 2011 V, n° 142.

[2] C. trav., L.3121-6, al.1 (ancien).

[3] Cass. soc., 22 juin 2011, n° 11-40.022.

[4] Décision du 7 décembre 2004 sur le bien-fondé de la réclamation n°22/2003 GCT C/France.

assimilées à un temps de repos. Suivant cette logique, le Comité européen ajoute que « l'absence de travail effectif, constatée a posteriori, pour une période de temps dont le salarié n'a pas eu a priori la libre disposition, ne constitue dès lors pas un critère suffisant d'assimilation à cette période à une période de repos »[1]. Il apparait donc que si l'assimilation de l'astreinte à du temps de repos porte atteinte à une durée raisonnable de travail elle est néanmoins disproportionnée, car la loi ne fixe aucune limite relative à son amplitude et son champ d'application. Au regard du droit européen les périodes d'astreinte sans intervention peuvent être qualifiées comme du temps de repos. Toutefois, le droit à la santé et au repos des travailleurs ayant valeur constitutionnelle les juges nationaux pourraient donc écarter cette assimilation de l'astreinte à du temps de repos dès lors qu'une atteinte à ces droits fondamentaux serait constatée. Deux décisions rendues par la Cour de Justice de l'Union Européenne en date du 9 mars 2021[2] apportent un éclairage quant à l'appréciation d'une telle atteinte. Les juges rappellent que les notions de temps de travail et de temps de repos sont exclusives l'une de l'autre et considèrent que relève du temps de travail « l'intégralité des périodes de garde, y compris celles sous régime d'astreinte, au cours desquelles les contraintes imposées au travailleur sont d'une nature telle qu'elles affectent objectivement et très significativement la faculté, pour ce dernier, de gérer librement, au cours de ces périodes, le temps pendant lequel ses services professionnels ne sont pas sollicités et de consacrer ce temps à ses propres intérêts »[3]. *A contrario*, les juges estiment que « les contraintes imposées au travailleur au cours d'une période de garde déterminée n'atteignent pas un tel degré d'intensité et lui permettent de gérer son temps et de se consacrer à ses propres intérêts sans contraintes majeures, seul le temps lié à la prestation de travail qui est, le cas échéant, effectivement réalisée au cours d'une telle période constitue du « temps de travail », aux fins de l'application de la directive 2003/88/CE »[4]. En d'autres termes, seules les contraintes imposées par l'employeur et donc la charge mentale supportée par salarié, peuvent être prises en compte pour

---

[1] Charte européenne des droits sociaux révisée (1999), §37 et 39.

[2] CJUE, 9 mars 2021, D. J. c/Radiotelevizija Slovenija, aff. C-344/19 ; CJUE, 9 mars 2021, R. J. c/Stadt Offenbach am Main, aff. C-580/19.

[3] *Idem.*

[4] *Idem.*

qualifier une atteinte au droit au repos et à la santé de ce dernier. C'est d'ailleurs ce que vient rappeler la Cour de cassation dans une décision du 26 octobre 2022[1].

L'évolution du droit de la durée du travail modifie en profondeur la qualification du temps de présence dans l'entreprise, brouillant peu à peu la frontière entre les temps « au travail » et « hors-travail ». La mesure de la charge de travail selon une approche objective s'estompe pour laisser place à une approche subjective induite par l'introduction du concept d'autonomie dans l'organisation du travail des salariés soumis à une convention de forfait-jours.

1.2. Approche subjective du temps de travail : l'autonomie dans l'organisation du travail

Intégrer le concept d'autonomie dans l'organisation du travail implique de distinguer les avantages de l'autonomie avec la forfaitisation du temps de travail (1.2.1) et les risques liés à la forfaitisation du temps de travail (1.2.2).

1.2.1. Avantages de l'autonomie avec la forfaitisation du temps de travail

Introduction du concept d'autonomie. — La loi *Aubry II*[2] instaure, pour la population des cadres, un nouveau modèle d'organisation du temps de travail reposant sur un régime forfaitaire en jours. Cela correspond à « l'accord par lequel un employeur et un salarié conviennent d'une rémunération forfaitaire globale couvrant l'ensemble forfaitisé [...] de jours de travail à effectuer, y compris les heures supplémentaires »[3]. Depuis la loi du 20 août 2008[4], est admise la possibilité pour les salariés non-cadres « dont la durée du temps de travail ne peut être prédéterminée et qui disposent d'une réelle autonomie dans l'organisation de leur emploi du temps pour l'exercice des responsabilités qui leur sont confiées »[5] d'être

[1] Cass. soc., 26 octobre 2022, n° 21-14.178.

[2] Loi n°2000-37 du 19 janvier 2000 relative à la réduction négociée du temps de travail.

[3] G. Auzero, D. Baugard, E. Dockes, *Droit du travail*, Dalloz, Précis, 2018, p.989-990.

[4] Loi n°2008-789 du 20 août 2008 portant rénovation de la démocratie sociale et du temps de travail.

[5] C. trav., art. L. 3121-43.

soumis à ce régime spécifique. En quoi cette forfaitisation vient-elle modifier l'appréciation du temps de travail ? Le changement fondamental se traduit par l'introduction du caractère qualitatif de l'autonomie telle qu'avancée par l'article L. 3121-58 du Code du travail qui dispose que : « peuvent conclure une convention individuelle de forfait en jours sur l'année [...] les cadres qui disposent d'une autonomie dans l'organisation de leur emploi du temps et dont la nature des fonctions ne les conduit pas à suivre l'horaire collectif [...] ; les salariés dont la durée du temps de travail ne peut être prédéterminée et qui disposent d'une réelle autonomie dans l'organisation de leur emploi du temps »[1]. Le législateur n'apporte aucune précision quant aux modalités de qualification de l'autonomie. C'est donc naturellement que les juges ont dû en définir les contours. Un arrêt décisif de la Cour de cassation en date du 26 mai 2004 précise « qu'il appartient au juge de vérifier en cas de litige que les fonctions effectivement exercées par le cadre ne lui permettent pas d'être soumis à l'horaire collectif de travail »[2]. En outre, la Cour de cassation, dans une décision récente[3], précise que l'autonomie dans l'organisation du temps de travail d'un salarié s'apprécie au regard de l'ensemble des fonctions réellement exercées par ce dernier. Ainsi, l'autonomie dans la gestion de l'emploi du temps, sans être soumis à des horaires collectifs ou des horaires individuels imposés par l'employeur, est le critère unique pour identifier les salariés en forfait-jours[4]. Cette décision n'est pas sans soulever des difficultés pratiques, notamment celle de la conciliation entre l'autonomie du salarié, et l'évaluation et la modération du temps et de la charge de travail *in fine*. De fait, comment sécuriser la mise en place d'une convention de forfait en jours ?

Mise en œuvre des conventions de forfait en jours. — Si le forfait-jours apporte une souplesse dans l'organisation du travail, la mise en place et la validité d'une telle convention doivent répondre aux conditions

---

[1] C. trav., art. L. 3121-58.

[2] Cass. soc., 26 mai 2004, n°02-18.756, Bull. 2004, V, n°143, p.132.

[3] Cass. soc., 25 janvier 2023, n° 21.20.912 ; Arrêt n°67 F-D.

[4] Cf. en ce sens Recueil Dalloz, « Définition des cadres autonomes au forfait jour », 2004, n°26, Cour de cassation, soc.26 mai 2004, p.1866.

strictes précisées et renforcées par la jurisprudence[1] puis par la loi El Khomri[2], à savoir : la conclusion d'un accord collectif et d'un avenant individuel au contrat de travail. L'employeur doit également être vigilant quant à la santé du salarié. En conséquence, il lui incombe de s'assurer du respect des temps de repos de ce dernier. C'est d'ailleurs l'esprit du droit à la déconnexion qui garantit au salarié le respect des temps de repos, l'équilibre entre sa vie professionnelle et sa vie personnelle et familiale, etc.[3] Suivant cette logique, la Cour de cassation a par exemple déclaré l'accord de branche du bâtiment du 6 novembre 1998 non conforme au motif que celui-ci prévoyait que le contrat de travail laisse aux salariés en convention de forfait, « la liberté d'organiser une partie de leur temps de travail »[4]. Dans ce contexte, le travailleur n'avait pas une liberté absolue d'organiser son temps de travail. La Cour de cassation, dans un arrêt du 24 avril 2013[5], rappelle que le droit à la santé et au repos est au nombre des exigences constitutionnelles et qu'il est impossible de déroger aux durées maximales de travail et au repos quotidien et hebdomadaire sans assurer en contrepartie le respect des principes généraux de la protection de la santé et de la sécurité du travailleur. Dans cette affaire, ni les dispositions de l'accord collectif sur la durée du travail pris en application de la convention collective nationale des bureaux d'études techniques, des cabinets d'ingénieurs-conseils et des sociétés de conseils du 15 décembre 1987 (Syntec), ni les accords collectifs auxquels se réfèrent la convention de forfait ne sont de nature « à garantir que l'amplitude et la charge de travail restent raisonnables et assurent une bonne répartition, dans le temps, du

---

[1] Cf. p. ex. cass., soc., 17 janvier 2018, n°16-15.124, Bull. 2018, V, n°2 ; cass. soc., 8 septembre 2016, n°14-26. 256, publié au Bulletin ; cass. soc., 22 juin 2016, n°15-15.171, publié au Bulletin ; cass. soc., 2 juillet 2014, n°13-11.940, Bull. 2014, V, n°172 ; cass. soc., 14 mai 2014, n°12-35.033, Bull. 2014, V, n°121 ; cass. soc., 12 mars 2014, n°12-29.141, Bull. 2014, V, n°76 ; cass. soc., 26 septembre 2012, n°11-14.540, Bull. 2012, V, n°250.

[2] Loi n°2016-1088 du 8 août 2016 relative au travail, à la modernisation du dialogue social et à la sécurisation des parcours professionnels.

[3] C. trav., art. L. 2242-17, 7°.

[4] Cass. soc., 17 décembre 2014, n°13-23. 230, Bull. 2014, V, n°307 ; J.-B. Cottin, Forfait-jours : état des lieux du contrôle jurisprudentiel des accords collectifs, *La Semaine Juridique Sociale* n°09, 3 mars 2015, p.1065.

[5] Cass. soc., 23 avril 2013, n° 11-28.398, bull. civ. V, n° 117 ; RJS 2013, n° 543.

travail de l'intéressé, et, donc, à assurer la protection de la sécurité et de la santé du salarié »[1]. Pour ces raisons, la convention de forfait est entachée de nullité. Un autre exemple concerne la convention collective nationale des cabinets d'avocats du 17 février 1995 et de l'accord d'entreprise de la société Ernst et Young dont les dispositions ne démontrent pas que l'employeur peut agir en temps utile pour remédier à une situation de charge de travail incompatible avec une durée raisonnable de travail. La convention collective visée prévoit seulement que « le nombre de journées ou demi-journées de travail sera comptabilisé sur un document établi à la fin de l'année »[2] et que ce document indique « le nombre de journées ou de demi-journées de repos pris »[3]. Au surplus, la convention précisait qu'il « appartient aux salariés concernés de respecter les dispositions impératives ayant trait au repos quotidien et au repos hebdomadaire »[4]. L'accord d'entreprise relatif à l'organisation du temps de travail du 14 mai 2007 de cette société prévoyait uniquement un suivi du temps de travail sur une base annuelle et que l'entreprise, dans la mesure du possible, ferait un point trimestriel et sensibilisera les collaborateurs « dont le suivi présente un solde créditeur ou débiteur trop important afin qu'ils fassent en sorte de régulariser la situation au cours du trimestre suivant »[5]. La Cour de cassation a ainsi jugé insuffisante ces dispositions afin de garantir la protection de la santé et la sécurité des travailleurs et pour assurer une bonne répartition du travail dans le temps. C'est pourquoi, les juges ont estimé que la convention était nulle. Dans un arrêt en date du 17 février 2021[6], la Cour de cassation confirmait une décision de la Cour d'Appel de Paris constatant que la convention de forfait était privée d'effet au motif que d'une part, le salarié précisait ne pas avoir participé à des entretiens d'évaluation sur la charge de travail et que, d'autre part, l'employeur n'en rapportait pas la preuve. Un dernier exemple en date du 24 mars 2021 pour lequel la haute juridiction considérait que l'article 3, II, de l'accord du 23 juin 2000 relatif à l'application de la RTT dans le secteur du

[1] *Idem.*

[2] Cass. soc., 8 novembre 2017, n° 15-22.758, bull. civ. V, n° 191 ; RJS 2018, n°33.

[3] *Idem.*

[4] *Idem.*

[5] *Idem.*

[6] Cass. soc., 17 février 2021, n° 19-15.215.

bricolage, se limitant à envisager que le chef d'établissement s'assure que la charge de travail des cadres soumis aux dispositions de l'accord susvisé soit compatible avec celles-ci et que ces derniers bénéficient d'un repos quotidien d'une durée minimale de 11 heures consécutives et ne peuvent être occupés plus de six jours par semaine et qu'ils bénéficient d'un repos hebdomadaire d'une durée de 35 heures consécutives, sans mettre en place un suivi effectif et régulier de la charge de travail, n'offre pas de garanties suffisantes pour protéger la santé des travailleurs. C'est sur ces motifs que les juges ont conclus à la nullité de cet accord collectif. En tout état de cause, en cas de non-respect des conditions de validité de l'accord de mise en œuvre des conventions de forfait-jours, l'employeur s'expose à des sanctions financières et judiciaires potentiellement lourdes telles que l'annulation de la convention avec paiement des heures supplémentaires[1], la condamnation administrative ou financière conduisant au versement de l'indemnité forfaitaire pour travail dissimulé par dissimulation de salarié[2], une condamnation pénale pour manquement à l'obligation de sécurité et de prévention[3]. La difficulté majeure réside aujourd'hui dans la qualification du temps de travail et sa mesure.

Effets de l'autonomie sur la mesure du temps de travail en droit français. — Les salariés soumis à un régime conventionnel journalier de temps de travail sont exclus de toute référence à la durée quotidienne maximale de travail effectif (12 heures), aux durées hebdomadaires maximales de travail (48 heures) et à la durée légale hebdomadaire (35 heures)[4]. Suivant cette logique, « les bornes habituelles du temps de travail disparaissent. Il ne reste que les durées minimales de repos, ce qui peut conduire à des doses de travail bien trop fortes »[5], c'est-à-dire à des

---

[1] Cf. en ce sens cass., soc., 14 décembre 2022, n° 20.20-572 ; cass. soc., 26 septembre 2012, no11-14. 540, Bull. 2012, V, no250 ; cass. soc., 29 juin 2011, no09-71.107, Bull. 2011, V, no181 ; Recueil Dalloz 2011, « Forfait jours : conditions de validité — Cour de cassation, soc.29 juin 2011 », p.1830 ; P. Lokiec, J. Porta, « Droit du travail : relations individuelles de travail », Recueil Dalloz 2013, p.1026.

[2] Cf. p. ex. cass. soc., 31 janvier 2012, n°10-17.593, Bull. 2012, V, n°44 ; cass. soc., 2 juillet 2014, n°13-11.940, Bull. 2014, V, n°172.

[3] Cf. p. ex. cass. soc., 26 septembre 2012, n°11-14.540, Bull. 2012, V, n°250 ; cass. soc.4 février 2015, n°13-20.891, Bull. 2015, V, n°23.

[4] C. trav., art. L. 3121-62.

[5] E. Peskine, C. Wolmark, *Droit du travail 2017*, Dalloz, 11e éd., p.293.

situations de surcharge de travail. En vertu de l'article L. 3131-1 du Code du travail, le temps de repos minimum par jour est de 11 heures, auxquelles s'ajoutent les 20 minutes de pause toutes les 6 heures mentionnées aux termes de l'article L.3121-16 du Code du travail. Au surplus, l'article L.3132-2 du Code du travail dispose que chaque salarié doit bénéficier d'un minimum de 35 heures de repos hebdomadaire. Ainsi, le législateur semble autoriser que le salarié, régit par une convention de forfait-jours, puisse être amené à travailler pendant 12h20 par jour[1]. Même si ce temps de travail, et donc la charge qui en découle, apparait déjà excessive, les articles D.3131-1 à D.3131-3 du Code du travail autorisent aussi à déroger à la durée minimale du temps de repos et à l'abaisser à 9 heures par jour, dès lors qu'une convention étendue ou d'entreprise le prévoit. Il est donc possible pour un employeur de demander au salarié soumis à une convention de forfait en jours de travailler pendant 14h40 par jour. Une semaine de travail peut donc atteindre 86 heures[2] pendant lesquelles le salarié fourni une charge (physique et mentale) de travail. Sachant que les salariés au forfait en jours peuvent travailler, en principe, jusqu'à 218 jours annuels, le législateur admet donc la possibilité pour ces derniers de travailler plus de 3000 heures par an, sans comptabiliser d'heures supplémentaires. Malgré cette charge excessive de travail, le Code du travail, aux termes de l'article L.3121-45, dispose qu'une dérogation au nombre maximal de jours travaillés peut être admise, dans la limite de 238 jours annuels, dès lors qu'une majoration d'au moins 10 % de la rémunération est prévue au contrat. Financiariser la surcharge de travail au détriment de la santé des salariés qui peuvent alors travailler jusqu'à près de 4000 heures annuelles peut-il être recevable ? En comparaison, un travailleur soumis à un contrat aux 35 heures peut travailler jusqu'à 1607 heures annuelles et toute heure de travail au-delà de ce seuil est majorée ou récupérée, avec une limite maximale de travail qui ne peut excéder en tout état de cause 48 heures par semaine. Il est évident que les salariés au forfait en jours sont confrontés à un risque important de surcharge de travail, pouvant avoir des effets délétères sur leur état physique et mental. Ainsi, il

---

[1] Ce résultat correspond à la soustraction des 11 heures de repos quotidien et de 40 minutes de pause par jour aux 24 heures quotidiennes.

[2] Ce résultat correspond à 5 jours de 14h20 de travail et une journée de 12h20 pour respecter les 35 heures de repos hebdomadaire.

est donc crucial d'analyser le cadre européen du temps de travail, afin d'analyser s'il existe des limites à ces règles.

Cadre européen du temps de travail des travailleurs autonomes. — Si la difficulté de mesurer le temps de travail des salariés autonomes en France touche fondamentalement la charge de travail et donc la santé de ces derniers, il apparait que la réglementation européenne sur le temps de travail ait été mise en œuvre dans une logique de préservation de la santé. La Directive 2003/88/CE est venue modifier substantiellement les « prescriptions minimales de sécurité et de santé en matière d'aménagement du temps de travail, applicables aux périodes de repos journalier, aux temps de pause, au repos hebdomadaire, à la durée maximale hebdomadaire de travail, au congé annuel ainsi qu'à certains aspects du travail de nuit, du travail posté et du rythme de travail »[1] de la Directive 93/104/CE. La Directive 2003/88/CE dispose que « tous les travailleurs doivent disposer de périodes de repos suffisantes »[2] et qu'il « convient de prévoir également un plafond pour la durée de la semaine de travail »[3]. La Cour de justice est venue qualifier ces règles comme ayant une importance particulière dans la protection de la santé des travailleurs[4]. La durée maximale hebdomadaire de travail imposée par la Directive poursuit les préconisations de l'OIT est fixe ainsi la durée maximale à 48 heures par semaine[5]. Néanmoins, malgré l'importance de ces règles, certaines dérogations à la durée maximale hebdomadaire de travail de 48 heures existent, notamment pour les travailleurs autonomes. Ce sont précisément ces dérogations qui peuvent être à l'origine d'une surcharge de travail des salariés et porter ainsi atteinte à leur santé. Ce risque est d'autant plus fort à l'ère du numérique car les nouvelles technologies accentuent la difficulté à distinguer le temps de travail et le temps extra-

---

[1] Directive du 4 novembre 2003 concernant certains aspects de l'aménagement du temps de travail, JOCE, L.299 du 13 novembre 2003, p.9.

[2] *Idem.*

[3] *Idem.*

[4]CJCE, 5 octobre 2004, *Pfeiffer*, C-397/01 à C-403/01 CJCE, 1er décembre 2005, *Dellas*, C-14/04 ; CJCE, 10 septembre 2005, *Tyco*, C-266/14 ; S. Robin-Olivier, « sous-titre II – La rébellion du temps de travail » in manuel de droit européen du travail, Bruxelles, Bruyant, 2016, p.427.

[5] Cf. OIT, C001 - Hours of Work (Industry) Convention, 1919 (n°1), article 2 ; C030 - Hours of Work (Commerce and Offices) Convention, 1930 (n° 30), article 3.

professionnel. Pourtant, la communication interprétative de la Directive 2003/88/CE du parlement européen et du conseil du 4 novembre 2003, relève que les travailleurs autonomes sont totalement exclus des règles aux durées maximales de travail[1]. Cela apparait donc contraire à l'objectif affiché par la commission européenne qui annonce que la finalité de la réglementation sur le temps de travail est de « protéger les travailleurs des excès en matière d'horaires de travail »[2], pouvant être à l'origine d'une surcharge de travail. Comment assurer une durée du travail et donc une charge travail raisonnable des salariés si aucune limitation du temps de travail n'est imposée pour ces travailleurs ?

Position du Comité des droits sociaux sur le temps de travail des travailleurs autonomes en France. — Sur ce point, le comité des droits sociaux qualifiait, dans une décision du 12 octobre 2004[3], non conformes les conventions de forfait en jours en France, notamment, au motif que la durée du travail est potentiellement excessive. Dans cette affaire, les juges relèvent qu'un salarié peut être amené à travailler jusqu'à 78 heures par semaine. Cette possibilité a été jugée contraire à la Charte sociale européenne par le Comité européen des droits sociaux, invoquant l'article 2, §1 de la Charte. Celui-ci impose de fixer une durée raisonnable au travail journalier et hebdomadaire, la semaine de travail devant être progressivement réduite pour autant que l'augmentation de la productivité et les autres facteurs entrant en jeu le permettent »[4]. Sous l'empire des dispositions antérieures à la loi n° 2016-1088 du 8 août 2016, le Comité des droits sociaux estimait que l'absence de suivi de durée du travail et de la charge de travail des travailleurs autonomes ne garantissait pas la conformité avec les dispositions de la Charte sociale. Quelle réponse a donc été apportée par le droit français ?

Le droit français face à la position du Comité européen des droits sociaux. — Dans un arrêt de principe en date du 29 juin 2011[5], la Cour de cassation est venue contredire l'approche linéaire du Comité européen. Premièrement, les juges ont appuyé leur décision sur l'alinéa 11 du

---

[1] Cf. COM 2017/C 165/01.

[2] COM (2010), 801 final. Révision de la directive sur le temps du travail.

[3] CEDS, 12 octobre 2004.

[4] Charte sociale européenne, art.2, §1.

[5] Cass. soc., 29 juin 2011, n°09-71. 107, Bull. 2011, V, n°181.

Préambule de la Constitution du 27 octobre 1946 ainsi que l'article 151 du Traité sur le fonctionnement de l'Union européenne qui se réfère à la Charte sociale européenne révisée ainsi qu'à la Charte communautaire des droits sociaux fondamentaux des travailleurs de 1989, garantissant le droit fondamental à la santé et au repos des salariés. Deuxièmement, la Haute juridiction a analysé l'article L. 3121-45 du Code du travail, dans sa rédaction antérieure à la loi n° 2008-789 du 20 août 2008, interprété à la lumière de l'article 17, paragraphes 1 et 4 de la Directive 1993-104 CE du Conseil du 23 novembre 1993, des articles 17, paragraphe 1, et 19 de la Directive 2003-88 CE du Parlement européen et du Conseil du 4 novembre 2003 et de l'article 31 de la Charte des droits fondamentaux de l'Union européenne. Plusieurs accords de branches ont ainsi été jugés non conformes[1], car ils ne garantissaient pas aux salariés visés au présent paragraphe, le respect des durées maximales de travail et de repos quotidien et hebdomadaire, comme le prévoit la Cour de cassation[2], caractérisant ainsi une surcharge de travail. Au surplus, afin de répondre aux exigences européennes, la loi n° 2016-1088 du 8 août 2016, dont est issu l'article L. 3121-64 du Code du travail, impose des modalités d'évaluation et un suivi régulier de la charge de travail des salariés soumis à une convention de forfait en jours.

Salariés autonomes et durée raisonnable de travail. — Malgré ces évolutions et notamment la volonté affirmée de la Cour de cassation de protéger la santé des salariés inscrite dans l'arrêt de principe du 29 juin 2011[3], un changement de paradigme émerge depuis la décision n°14-26.456 du 8 septembre 2016[4]. Les juges se réfèrent à une « durée maximale raisonnable »[5] puis dans un second arrêt en date du 8 novembre 2017[6] se bornent à une « durée raisonnable »[7]. Cette notion extrêmement subjective reprise plusieurs fois par la jurisprudence[8] interroge la limite du temps et

---

[1] M. Morand, *op. cit.*

[2] Cass. soc., 29 juin 2011, n°09-71.107, Bull. 2011, V, n°181.

[3] *Idem.*

[4] Cass. soc., 8 septembre 2016, n°14-26.456.

[5] *Idem.*

[6] Cass. soc., 8 novembre 2017, n°15-22.758.

[7] *Idem.*

[8] Cass. soc., 6 novembre 2019, n°18-19.752 ; cass. soc., 18 septembre 2019, n°18-11.277, Inédit ; cass. soc., 19 juin 2019, n°18-11.391, Inédit ; CA Versailles, 20 décembre 2018,

de fait la charge de travail. Cette limite peut alors être considérée à hauteur de 60 heures hebdomadaire (limite que ne peut dépasser l'autorité administrative)[1]. En tout état de cause, les juges apprécieront la charge de travail au prisme de la répartition du travail[2]. Si le temps de travail effectif doit être raisonnable, il incombe au chef d'entreprise d'assurer des amplitudes de travail raisonnables[3]. La Cour de cassation estime qu'aux fins de garantir celles-ci, l'accord instaurant la convention de forfait-jours : « doit impérativement mettre en place des mécanismes de surveillance, de contrôle et d'alerte par lesquels l'employeur doit, d'une part, s'assurer du suivi régulier de l'organisation du travail du salarié et du caractère raisonnable de son amplitude et de sa charge de travail et d'autre part, pouvoir remédier de lui-même, avec réactivité et sans que cela repose sur l'intervention du seul salarié, à un surcroît excessif d'activité »[4]. Au surplus, la Haute Juridiction souligne que c'est seulement en respect de ces conditions « qu'un point d'équilibre entre deux approches, l'une quantitative, l'autre qualitative, du temps de travail que le système des forfaits en jours peut satisfaire aux exigences constitutionnelles et européennes de santé et de sécurité »[5]. Ces exigences sont régulièrement rappelées par les juges comme l'illustre parfaitement l'arrêt du 19 juin 2019[6], dans lequel est déclaré conforme un accord prévoyant premièrement « un dispositif de contrôle des jours travaillés et non travaillés, la comptabilisation individualisée des horaires de travail par le biais d'un système déclaratif du temps de travail, le décompte en nombre de jours par an du temps de travail des cadres autonomes ainsi qu'un

---

RG n°17/009768 ; cass. soc., 13 juin 2018, n°17-14.589, Inédit ; cass. soc., 17 janvier 2018, n°16-15.124, Bull. 2018, V, n°2.

[1] C. trav., art. L. 3121-21.

[2] Cf. Rapport de la Cour de cassation, « Le temps », 2014, p.78.

[3] Cf. p. ex. cass. civ., 6 novembre 2019, n°18-19.752 ; 17 janvier 2018, n°16-15.124, Bull. 2018, V, n°2 ; cass. soc., 26 septembre 2012, n°11-14.540, Bull. 2012, V, n°250 ; S. Miara, « Durée du travail — Convention de forfait en jours : l'accord collectif doit garantir l'amplitude, la charge et la répartition équilibrée du travail du cadre », *La Semaine Juridique Sociale* n°41, 9 octobre 2012, p.430 ; cass. soc., 29 juin 2011, n°09-71.107, Bull. 2011, V, n°181.

[4] Rapport de la Cour de cassation, « Le temps », 2014, p.164.

[5] *Idem.*

[6] Cass. soc., 19 juin 2019, n°18-11.391, Inédit.

plafond de jours travaillés annuel, l'amplitude journalière maximale de travail et un dispositif d'alerte auprès du supérieur hiérarchique du salarié, deuxièmement, la comptabilisation individualisée du temps de travail par un document déclaratif mensuel, une durée maximale quotidienne du travail, un récapitulatif annuel du nombre de jours travaillés et un plafond en nombre de jours annuels et, troisièmement un dispositif d'alerte auprès du supérieur hiérarchique du salarié. Le respect des principes invoqués par la Cour de cassation est obligatoire pour assurer une charge de travail raisonnable adaptée à l'amplitude de travail. À l'évidence, l'évolution du temps de travail imposée par la transition numérique bouleverse l'appréciation de la charge de travail. Le souci de préservation de la santé des salariés est mis en danger par l'immixtion des nouvelles technologies dans les entreprises, rendant difficile l'équilibre entre le temps et la charge de travail.

1.2.2. Risques de l'autonomie liée à la forfaitisation du temps de travail

Exigence temporelle. — Le numérique impose de nouvelles exigences temporelles propres à l'évolution de la durée du travail et à l'organisation du temps de travail[1]. Toutefois, ces changements comportent des risques forts sur la charge du salarié qui se caractérisent notamment par une plus forte contrainte temporelle[2]. Le travail est régulièrement interrompu par des appels téléphoniques, des messages instantanés, des emails incessants, etc. Les salariés sont « toujours joignables et donc dérangeables partout »[3]. Les travailleurs sont aussi victimes d'une augmentation notable de leur amplitude de travail. La difficulté majeure réside dans la mesure du temps de travail des salariés soumis au régime de forfait-jours. Pourtant Jens Thoemmes tente de montrer que la mesure du temps de travail des cadres, mais plus largement des salariés soumis à une convention de forfait en jours constitue « une manière de mieux prendre en compte, voire de réduire,

---

[1] Cf. en ce sens M. Bodier, M. Gollac, Rapport « Mesurer les facteurs psychosociaux de risque au travail pour les maîtriser », 2011.

[2] *Ibid.*, p.85.

[3] J.- E. Ray, « La guerre des temps », *Droit social* n°01, 2006, p.3.

leur charge de travail »[1]. Il existerait donc une dualité entre les temporalités mesurables et celles qui ne le sont pas : « le sentiment que les activités quotidiennes échappent à la mesure et que les nouvelles règles du travail ne donnent pas lieu à une limitation de la charge de travail »[2]. Ainsi, quelles sont les activités qui n'entrent pas dans le champ des temporalités mesurables ? Pour répondre à cette interrogation il faut s'intéresser aux outils de connexion et à leurs effets, par exemple les emails. Jens Thoemmes, ayant dirigé une enquête collective pour l'Agence nationale de recherche scientifique de 2007 à 2010, établit que : « 86 % des cadres [...] estiment consacrer trop de temps au courrier électronique »[3]. Ce temps pris pour répondre aux emails est du temps non mesurable, car il est difficile de chiffrer le temps utilisé par le salarié pour répondre à ses emails, relancer les destinataires, etc. Ce temps créé donc une surcharge de travail réelle, d'autant plus que les activités qui y sont réalisées ne sont pas prescrites. Le salarié a donc une charge de travail supplémentaire qu'il est obligé d'assumer pour atteindre ses objectifs. C'est d'ailleurs ce qui ressort implicitement de l'enquête IFOP du 26 mai 2021 qui révèle que les cadres estiment avoir une charge de travail inadaptée[4]. Par ailleurs émerge un sentiment d'urgence directement corrélé aux contraintes temporelles. Selon Jens Thoemmes, « 37 % des cadres pensent travailler dans l'urgence »[5] et ces derniers considèrent qu'il s'agit d'une pression temporelle[6]. Celle-ci se caractérise principalement par des délais trop courts pour atteindre les objectifs et un dépassement systématique des durées de travail. Au regard de ces nouvelles exigences, il est légitime de rechercher les risques pour la santé du salarié.

Surcharge temporelle de travail sur écran, source de troubles musculosquelettiques. — Une amplitude importante de travail conduit nécessairement à un usage prolongé des outils informatiques. Cela peut

---

[1]J. Thoemmes, « La mesure des temps des cadres : une solution pour sortir des difficultés professionnelles ? », *Temporalités* n°16, 2012.

[2] *Idem.*

[3] *Idem.*

[4] Enquête IFOP réalisée à partir d'un échantillon de 1003 salariés cadres du secteur privé du 20 au 26 mai 2021.

[5] J. Thoemmes, *loc. cit.*

[6] *Idem.*

générer de nombreuses affections périarticulaires (lombalgies, cervicalgies, syndrome de canal carpien, etc.) — aussi nommées troubles musculosquelettiques — pouvant être requalifiées en maladies professionnelles. En 2014, la France annonce que 78,9 % des maladies professionnelles correspondent à ces pathologies[1]. Régulièrement, les juges mettent en lien l'usage du numérique et les troubles musculosquelettiques[2]. Il a été par exemple estimé que l'hyper sollicitation du poignet corrélative au maniement de la souris [induite par une surcharge temporelle de travail sur ordinateur] est à l'origine d'un syndrome de canal carpien[3]. Aussi, une surcharge de travail sur un poste informatique a eu pour conséquence la survenance d'une cervicalgie[4]. Le critère essentiel retenu pour qualifier ce rapport entre l'usage de l'outil et le dommage causé est la durée d'utilisation de l'outil. Les juges rechercheront notamment si le salarié était contraint à une posture ou un exercice prolongé, sans temps de repos. Au surplus, l'évolution du temps de travail peut générer des risques mentaux.

Surcharge temporelle, source de troubles anxieux. — Le stress est indissociable du temps de travail puisqu'il désigne littéralement la « pression du temps »[5]. Le Rapport Bodier-Gollac relève que « les problèmes de santé mentale, dont l'anxiété et la dépression constituent l'essentiel des troubles pour les populations au travail, ont, par leurs prévalences, un poids substantiel en termes de morbidité »[6], se justifiant notamment par une charge de travail élevée sur un temps de travail réduit. Les nouvelles technologies accentuent ce phénomène, car les salariés sont soumis à une disponibilité permanente (appels téléphoniques, email, etc.). Dans ce contexte, il existe un risque d'augmentation de troubles de

---

[1] J.- D. Combrexelle, « Les abords du rapport : La politique de travail », *Droit social* n°05, 2016, p.395.

[2] Cf. p. ex. CA Douai,10 mars 2016, RG n°16/245 ; cass. civ., chambre 2, 20 janvier 2012, n°10-26.895, Inédit ; CA Bordeaux, 13 janvier 2011, RG n°2011/n°09/01284.

[3] Cass. civ., chambre 2, 20 janvier 2012, n°10-26.895, Inédit.

[4] Cf. en ce sens CA Douai, 10 mars 2016, RG n°16/245 ; CA Bordeaux, 13 janvier 2011, RG n°2011/n°09/01284.

[5] M. Bodier, M. Gollac, Rapport « Mesurer les facteurs psychosociaux de risque au travail pour les maîtriser », 2011, p.56.

[6] *Ibid.*, p.22.

l'humeur, de troubles anxieux[1] et de stress *in fine.* Ce rapport numérique/temps/stress est régulièrement relevé par les juges. Par exemple, dans un arrêt de la Cour d'Appel de Versailles du 16 février 2016[2] est mise en évidence la surcharge de travail d'une salariée avec l'organisation du temps de travail. Les conséquences sont graves : « syndrome de stress post-traumatique avec tableau anxiodépressif réactionnel sévère... ce tableau étant décrit en lien direct avec les conditions de travail qui se sont dégradées »[3]. Les juges s'appuient d'une part, sur l'absence d'entretien sur la charge de travail et d'autre part, sur le caractère non exploitable de l'outil de déconnexion devant initialement assurer le contrôle du temps de travail[4]. Dans une autre décision prononcée par la Cour d'Appel d'Aix-en-Provence le 14 septembre 2018[5] est prouvée la réalité d'une disponibilité téléphonique permanente d'une salariée en soirée et pendant ses congés. Cette situation ne lui garantissant pas les temps de repos indispensables à la préservation de sa santé a eu pour effet la survenance de troubles anxieux[6]. Il est alors admis que les nouvelles technologies, à l'origine d'une intensification de la charge de travail, provoquent des troubles anxieux, voire du stress.

Surcharge temporelle, source d'épuisement professionnel (ou *burn-out*). — Par ailleurs, le numérique peut, selon le nombre d'heures réalisées, engendrer des risques plus forts pour la santé[7]. C'est donc une question de seuils qu'il est indispensable de définir pour comprendre les dommages causés. L'étude « *Health and safety problems associated with long working hours : a review of the current position* »[8] fait le constat suivant : travailler sur une durée supérieure à 50 heures hebdomadaires présente des risques forts pour la santé mentale, notamment la survenance de situation

[1] *Ibid.*, p.86.

[2] CA Versailles, 16 février 2016, RG n°15/01641.

[3] *Idem.*

[4] *Idem.*

[5] CA Aix-en-Provence, 14 septembre 2018, RG n°16/23402.

[6] *Idem.*

[7] Cf. en ce sens M. Bodier, M. Gollac, Rapport « Mesurer les facteurs psychosociaux de risque au travail pour les maîtriser », 2011, p.85.

[8] C. L. Cooper, J.-M. Harrington, A. Spurgeon, "Health and safety problems associated with long working hours: a review of the current position", *Occupational and Environmental Medicine* n°54, 1997, p.367-375.

de *burn-out*[1]. Plus récemment, le Rapport relatif au syndrome d'épuisement professionnel[2] met en lien direct cette situation de surcharge cognitive, l'usage des nouvelles technologies et le temps de travail[3], tout comme la Cour de cassation[4]. Dans le Rapport précité est mis en évidence que le numérique abolit la frontière entre la vie personnelle et la vie professionnelle, ne garantissant pas les temps de repos *in fine*. Les salariés restent connectés « à toute heure du jour et de la nuit »[5]. De plus, lorsque la situation perdure « les conséquences s'accroissent : culpabilité, difficultés relationnelles intrafamiliales, fatigue chronique, troubles du sommeil et de l'alimentation, troubles cardiovasculaires, épuisement »[6]. À l'évidence, les nouvelles technologies, modifiant en profondeur le rapport au temps, peuvent avoir des conséquences irrévocables sur la santé mentale.

Pression temporelle à distance comme indice de harcèlement moral. — L'usage répété des nouvelles technologies en dehors des heures de travail peut être un vecteur de harcèlement moral. Aux termes de l'article 1152-1 du Code du travail « aucun salarié ne doit subir les agissements répétés de harcèlement moral qui ont pour objet ou pour effet une dégradation de ses conditions de travail susceptible de porter atteinte à ses droits et à sa dignité, d'altérer sa santé physique ou mentale ou de compromettre son avenir professionnel »[7]. Suivant cette logique, la Cour de cassation considère que la récurrence d'appels téléphoniques d'un salarié en dehors des heures de travail est un indice fort de présomption de harcèlement moral[8]. Cette logique se poursuit dans un arrêt de la Cour de cassation en date du 22 septembre 2010[9] mettant en perspective l'envoi de nombreux emails à toute heure, l'accélération du rythme de travail, l'absence de repos avec la présomption de harcèlement moral. L'impératif de flexibilité des entreprises métamorphose le droit de la durée du travail

---

[1] *Ibid.*, p.369.

[2] G. Sebaoun, *loc. cit.*

[3] *Ibid.*, p.18.

[4] Cf. en ce sens cass. civ. 2ème, 29 mai 2019, n°18-15.624, Inédit.

[5] G. Sebaoun, *loc. cit.*, p.18.

[6] *Ibid.*, p.19.

[7] C. trav., art. L. 1152-1.

[8] Cf. en ce sens cass. soc., 23 mars 2011, n°08-45.140.

[9] Cass. soc., 22 septembre 2010, n°09-41.495.

et augmente par conséquent la charge de travail, menaçant ainsi la santé des salariés.

Conclusion de section

Incontestablement, les nouvelles technologies modifient la mesure du temps de travail, qui devient difficilement perceptible. La frontière entre la sphère professionnelle et la sphère personnelle devient confuse. Cela s'explique notamment par une disponibilité permanente rendue possible par les outils numériques. C'est vraisemblablement la cause d'une surcharge de travail, non sans risque pour la santé des salariés. Nonobstant ces transformations profondes de l'organisation du temps de travail, les nouvelles technologies et les besoins prégnants de flexibilité viennent aussi bouleverser l'organisation du travail dans l'espace.

2. Le numérique, source d'évolutions de l'espace de travail

L'ampleur de la réorganisation de l'espace de travail (2.1) induit par la numérisation peut comporter des risques (2.2) pour la santé.

2.1. L'ampleur de la réorganisation de l'espace de travail

Identifier les risques liés à la réorganisation de l'espace de travail requiert d'examiner le phénomène de décloisonnement (2.1.1) et l'introduction des outils numériques (2.1.2) dans l'espace de travail.

2.1.1. Le décloisonnement des espaces

Contexte. — Les entreprises ont été dans l'obligation d'introduire de nouvelles technologies dans leur organisation, en raison de la mondialisation de l'économie, qui les a contraintes d'effectuer un grand nombre d'échanges mondiaux et le « fonctionnement des marchés mondiaux est né de [la] technologie »[1]. Cette ouverture aux marchés a induit un accroissement de la concurrence et la mise en œuvre de stratégies impliquant la prise en compte

---

[1] X. Baron, « Repenser l'espace et le temps du travail intellectuel », *L'Expansion Management Review* n°142, mars 2011, p.100-108.

de la transition numérique. Dans cette perspective, « la capacité de l'Europe à rester compétitive sur ces marchés, aujourd'hui et demain, implique le développement constant et la mise en application des technologies de l'information »[1]. La conséquence, à la fin du XXe siècle, de ces évolutions est l'émergence d'un phénomène économique marqué par un besoin de flexibilité des entreprises pour répondre à la pression concurrentielle[2]. Face à cette situation, après avoir modifié l'organisation du temps de travail pour que les entreprises restent compétitives, s'est imposée une politique de réduction des coûts. La solution, souvent retenue, est « d'intensifier l'utilisation des locaux et de réduire les coûts afférents »[3]. L'illustre parfaitement l'entreprise Orange qui, confrontée à l'ouverture du marché à de nouveaux opérateurs, a décidé de réduire les espaces de travail. Bruno Mettling souligne, dans le Rapport Transformation numérique et vie au travail[4], le choc économique vécue par cette entreprise avec l'arrivée d'un quatrième opérateur et l'influence directe que ce bouleversement a entrainée sur la réduction des postes de travail. Bruno Mettling précise également que « l'accélération de la dématérialisation des processus de travail associée à la performance des outils mobiles et connectés modifie les équipements, les espaces de travail et les organisations du travail »[5]. Pour répondre aux impératifs économiques et de flexibilité, les firmes se recentrent sur leurs activités principales et externalisent celles qui restent accessoires. Ainsi de nouvelles organisations du travail émergent et transforment profondément la structure des entreprises. Ce phénomène de spécialisation de l'activité favorise le développement des produits et des services plus qualitatifs répondant précisément aux attentes des clients. Sur le lieu de travail, l'impact est immédiat : le nombre de salariés dans l'entreprise diminue au fur et à mesure de la sous-traitance des activités. Les entreprises ont alors été

---

[1] D. Frohlich, C. Gill, H. Krieger, *Implication du lieu de travail dans l'innovation technologique dans la communauté européenne*, Fondation européenne pour l'amélioration des conditions de travail, Luxembourg, 1993, p.23.

[2] G. Sebaoun, *op. cit.*, p.27.

[3] E. Léon, « Territorialité et bureaux virtuels : un oxymore ? », *Annales des Mines — Gérer et comprendre* n°99, janvier 2010, p.32-41.

[4] B. Mettling, *op. cit.*

[5] *Ibid.*, p.9.

tenues de [re]conceptualiser les espaces de travail, faisant émerger des espaces décloisonnés.

Phénomène de décloisonnement. — Le rapport *Digital Workplace 2030*[1] préconise, pour répondre aux exigences économiques et de flexibilisation, de concevoir des espaces de travail ouverts (*open-space*). L'objectif est d'améliorer la collaboration, de réduire les échanges conflictuels entre les salariés, d'accroître la créativité et l'innovation[2]. Ces améliorations sont possibles dès lors que les espaces de travail, grâce aux outils numériques, intègrent des systèmes d'information qui améliorent la communication entre les salariés. Le but est de générer une hyper collaboration entre ces derniers par l'utilisation de canaux de communication multiples. C'est pourquoi, la nature des échanges entre les travailleurs doit être intégrée dans la conception des nouveaux espaces pour optimiser la communication tout en préservant la santé des individus. Le Code du travail « fixe des exigences de sécurité et d'hygiène, qui reviennent à réserver un espace minimum (en hauteur et en surface) permettant au salarié de disposer d'une liberté de mouvement suffisante »[3]. Dans le cadre des *open-space*, la norme NF X 35-102 relative à la conception ergonomique des espaces de travail[4], précise les dimensions minimales des surfaces à savoir 11m² par personne (contre 10m² pour un bureau individuel) et de 15m² dès lors qu'il s'agit d'un environnement bruyant (si les tâches nécessitent des communications téléphoniques par exemple)[5]. Toutefois, cette organisation de l'espace de travail n'est pas la seule nouveauté, comme le démontre le

---

[1] P. Miller, Digital workplace 2030, URL : https://digitalworkplacegroup.com/2018/04/18/introducing-four-dimensions-digital-workplace-2030/.

[2] INRS, « Conception des lieux et des espaces de travail », Brochure n°ED950, septembre 2011.

[3] Sénat, Question écrite n°00683 de M. Daniel Gremillet (Vosges —Les Républicains), publiée dans le JO Sénat du 27/07/2017, page 2434.

[4] Cf. Circulaire DRT n°95-07 du 14 avril 1995 relative aux lieux de travail ; cass. civ., chambre 3, 16 janvier 2020, n°18-25.684, Inédit, cass. soc., 15 mai 2019, n°18-10.041, Inédit ; CA Versailles, 19 mars 2008, RG n°08/00892.

[5] Question écrite n°00683 de M. Daniel Gremillet (Vosges —Les Républicains), publiée dans le JO Sénat du 27/07/2017, p. 2434.

développement imperturbable du *flex-office*[1] correspondant à une « situation où les bureaux ne sont pas attribués personnellement aux salariés »[2]. Cette forme de dépersonnalisation et de déshumanisation de l'espace de travail est parfois dénoncée[3]. L'INRS précise que « ce sont les nouvelles technologies de l'information et de la communication qui ont le plus influencé la conception des espaces et l'évolution des organisations de travail »[4]. La conception de ces nouveaux espaces est susceptible de modifier chacune des composantes de l'activité[5] touchant ainsi frontalement la charge de travail et la santé des salariés *in fine*.

Utilisation de l'espace privé comme espace de travail. — Bien plus qu'une modification de l'espace de travail dans l'entreprise, le numérique est venu imposer au salarié, par la mise en œuvre du télétravail, une utilisation de son domicile pour exercer son activité professionnelle. Même si la pandémie liée à la Covid-19 a accéléré la mise en place du télétravail et que ce mode d'organisation du travail a été imposé aux travailleurs, il n'en demeure pas moins que le télétravail peut avoir des effets délétères sur l'équilibre vie privée - vie professionnelle et peut être source d'isolement social. L'étude « confinement et télétravail »[6] menée en juin 2020 atteste d'un manque important de lien social vécu par les télétravailleurs. 40 % des salariés interrogés éprouvent un manque de lien avec leurs collègues ou leur hiérarchie et 30 % soulèvent un risque d'isolement social[7]. Ces situations ne sont sans risque pour la santé mentale. En outre, le télétravailleur peut être confronté à des difficultés techniques (problèmes de connexion internet, problèmes de connexion à certains services de l'entreprise, etc.) pouvant engendrer une surcharge de travail. D'après l'étude susvisée, 39 % des personnes questionnées évoquent ces obstacles. Cela se confirme lorsque ces

---

[1] C. Wolmark, « Quelle place pour le travail dans le droit du travail ? », *Droit social* n°05, 2016, p.439.

[2] CA Versailles, 13 décembre 2018, RG n°18/01104.

[3] *Idem.*

[4] E. Lierhmann, Dossier « Travailler au bureau : des risques à ne pas sous-estimer », *Hygiène et sécurité du travail* n°248, INRS, septembre 2017.

[5] Ministère de l'Économie, des Finances, de l'Action et des Comptes publics, « Quelles évolutions pour l'espace de travail du service public ? », Les Thématiques du Conseil de l'immobilier de l'État, Fiche 3, juin 2015.

[6] Étude menée par Opinionway en juin 2020 sur un échantillon de 1008 salariés.

[7] Étude « confinement et télétravail », Opinionway, juin 2020, p.22.

dernières sont consultées sur l'impératif d'améliorer l'équipement mis à leur disposition pour exercer leur prestation de travail à domicile. 45 % des sondés requièrent un matériel informatique plus performant et 41 % d'entre eux demandent un meilleur équipement en termes d'installation (fauteuil, bureau, etc.). D'un manque d'outils numériques et matériel de travail peut surgir une charge de travail excessive. L'utilisation de l'espace privé dans le cadre du télétravail « forcé » pendant la période de pandémie a mis en avant un impact majeur du télétravail à domicile : l'atteinte à l'équilibre entre la vie professionnelle et la vie personnelle et familiale. Cela n'est pas sans conséquence sur la santé des salariés. L'étude « crise de la Covid-19 : un retour en arrière pour la parité hommes-femmes ? »[1] confirme l'augmentation de cette charge mentale provoquée par le télétravail. 39 % des salariés interrogés travaillent plus pendant leur temps de pause du midi et 31 % travaillent plus tard le soir et le week-end. Les cadres sont encore plus fortement touchés avec près de 43 % d'entre eux confrontés à une surcharge temporelle de travail. 70 % des personnes sondées indiquent par ailleurs que le télétravail augmente leur stress et provoque des problèmes de sommeil. 32 % des télétravailleurs évoquent même un risque fort d'épuisement professionnel. Enfin, selon cette étude, les femmes en télétravail seraient plus fortement touchées par une surcharge mentale du fait notamment des injonctions sociales très fortes relatives à leur rôle de mère que vivent certaines d'entre elles et à l'absence d'un espace de travail isolé au sein de leur domicile (62 % des femmes en bénéficient contre 71 % des hommes). Certes ces études ont été menées dans le cadre du télétravail « forcé » et non pas « choisi », mais l'évolution de la charge de travail dans le cadre du télétravail à domicile « choisi » peut également être admise. Outre la réorganisation de l'espace de travail, l'exigence de numérisation de cet espace est également centrale dans l'évolution de la charge de travail puisque cela oblige une numérisation du poste de travail s'imposant au salarié.

2.1.2. L'introduction des outils numériques

Évolution de l'équipement numérique. — Introduire des outils numériques au cœur de l'espace de travail s'impose car, d'une part, cela répond au besoin de réactivité des entreprises pour faire face à une

---

[1] Étude menée conjointement par le Boston Consulting Group et Ipsos à partir d'un échantillon de 2000 personnes, mars 2021.

concurrence de plus en plus intense et, d'autre part, pour répondre à l'obligation de diligence faite à l'employeur de donner les moyens adaptés et nécessaires au salarié pour exécuter sa prestation de travail[1]. Ainsi, les outils choisis devront garantir le respect de ces deux exigences. Pour y parvenir, il est essentiel de favoriser des systèmes assurant l'échange d'informations[2]. Suivant cette logique, la Dares relève une progression de l'équipement numérique des salariés depuis la fin des années 90 dans le secteur tertiaire[3]. En 2018, l'INSEE confirme que 100 % des entreprises françaises de plus de 10 salariés sont équipées d'au moins un ordinateur et d'un téléphone. Les salariés voient donc leurs espaces de travail modifiés avec de plus en plus d'outils (ordinateurs, tablettes, logiciels, internet, intranet, messageries, etc.). En 2013, plus de 70 % d'entre eux déclarent utiliser un « matériel informatique pour des besoins professionnels »[4] (ordinateur fixe ou portable, relié ou non à un réseau, internet, intranet, messagerie professionnelle), soit une augmentation de 30 % par rapport à l'année 2005[5]. Près de 27 % des personnes utilisent leur matériel quotidiennement pendant plus de 3 heures et force est de constater que 45 % des salariés sont concernés en 2013[6]. À l'origine, ces équipements étaient majoritairement réservés à la population des cadres, mais aujourd'hui les professions intermédiaires (plus de 90 %) et certains employés (plus de 60 %) sont aussi concernés par le phénomène de numérisation de l'espace de travail[7].

Nature des outils numériques. — Pour exercer ses fonctions, le salarié se voit attribuer, dans la majorité des cas, un ordinateur contenant un ou plusieurs logiciels et un téléphone. Selon Jean-Emmanuel Ray, « une partie de plus en plus importante — parfois la totalité — du temps de travail

---

[1] Cf. en ce sens A. Mazeaud, *Contrat de travail – exécution*, Répertoire de droit du travail, janvier 1993 (actualisation : mars 2020).

[2] INSEE, « L'économie et la société à l'ère du numérique, édition 2019 », INSEE Références, p.104.

[3] Dares, « Quels liens entre les usages professionnels des outils numériques et les conditions de travail ? », *Dares Analyses* n°29, juin 2018, p.2-3.

[4] E. Algava, L. Vinck, « Intensité du travail et usages des technologies de l'information et de la communication », *Synthèse. Stat'* n°14, Dares, juin 2015, p.211.

[5] *Idem.*

[6] *Idem.*

[7] Dares, *loc. cit.*

d'un nombre de plus en plus important de salariés (en moyenne 60 % avec des taux proches de 95 % dans les banques ou assurances) est passée devant leur écran »[1]. De nouvelles règles sont d'ailleurs apparues, notamment celles relatives au « travail sur des équipements à écran de visualisation »[2] à travers la Directive n° 90-270 du 29 mai 1990 transposée en droit français par le Décret n° 91-451 du 14 mai 1991 et éclairée par la Circulaire DRT n°91-18 du 4 novembre 1991 et désormais codifiée aux articles R. 4542-1 et suivants du Code du travail, complétés par des normes nationales (NF X35-102). Cependant, les entreprises recherchent une collaboration plus forte entre les salariés, afin de gagner en efficacité dans le travail[3]. Accroître les échanges d'informations entre les différents acteurs de l'entreprise est la priorité de l'employeur, c'est pourquoi le choix initial de l'ordinateur et du téléphone est une évidence. Ces outils assurent : « rapidité de la consultation et de l'échange, qualité des messages, fiabilité et commodité des appareils »[4]. Il s'agit certes d'un « facteur de progrès considérable, tant en termes de délais que de coûts »[5], mais ces nouvelles modalités d'échange font apparaître de nouvelles manières de travailler, accès sur la collaboration. Cette transformation se confirme par la mise en place de multiples messageries instantanées, réseaux sociaux d'entreprises, etc. assurant des échanges plus rapides entre les travailleurs. Toutefois, l'évolution des outils, mis à la disposition du salarié, touche inévitablement leur charge de travail et leur santé.

2.2. Les risques liés à la réorganisation de l'espace de travail

Dans cette perspective, l'examen se concentrera sur l'hypothèse selon laquelle l'espace de travail numérisé génère de nouvelles nuisances visuelles

---

[1] J.- E. Ray, Le droit du travail à l'épreuve des NTIC, Liaisons, 2001, p.159.

[2] Directive CEE n°90-270 du 29 mai 1990 concernant les prescriptions minimales de sécurité et de santé relatives au travail sur écran de visualisation (JOCE du 29 juin 1991).

[3] V. en ce sens M. Aubry, P.- L. Rémy, « Le droit du travail à l'épreuve des nouvelles technologies », *Droit social* n°06, 1992, p.522.

[4] P. Waquet, « Droit du travail et nouvelles technologies de l'information et de la communication », *Droit social* n°01, 2002, p.10.

[5] J.- C. Sciberras, « L'irrigation de l'entreprise par les nouvelles technologies de l'information et de la communication : le point de vue d'un praticien », *Droit social* n°01, 2002, p.93.

et sonores (2.2.1) ayant des conséquence physiques et mentales (2.2.2) sur le salarié.

2.2.1. Progression des nuisances visuelles et sonores

Nuisances visuelles. — L'implantation du poste informatique dans l'espace de travail est sans conteste un facteur de risque important pour la santé du salarié, car il peut être à l'origine de gênes visuelles. Suivant cette logique, l'éclairement de l'espace de travail est fondamental, car un manque de lumière peut être source d'éblouissement de l'écran[1]. Cependant, si la lumière de l'espace est trop vive alors que l'écran de visualisation est sombre, un déséquilibre des luminances peut être constaté, engendrant une gêne visuelle pour le salarié[2]. Par ailleurs, plusieurs formes d'éblouissement peuvent se manifester, dès lors que le champ lumineux sur l'écran est trop important. Il faut alors distinguer l'éblouissement direct, induit par des sources lumineuses (lampes, etc.) et celui de nature indirecte, provoquée par une réverbération du champ lumineux des surfaces (bureau, mur, etc.) sur l'écran[3]. La nuisance visuelle se manifeste alors par une diminution du contraste de l'écran et un fort déséquilibre des luminances[4].

Nuisances sonores. — Bien que l'espace de travail numérisé puisse occasionner des nuisances visuelles au salarié, le décloisonnement de ces espaces comporte un autre facteur de risque très important pour la santé : le bruit[5]. Il faut alors dissocier trois sources de bruits : (i) le bruit lié au poste, c'est-à-dire à celui relatif à l'usage du téléphone et aux conversations de courte durée, à proximité du salarié ; (ii) le bruit provenant des bureaux adjacents et (iii) le bruit produit par réverbération d'une multitude de sources en même temps (voix, téléphone, ordinateur, etc.)[6]. La Directive

[1] INRS, « Travail sur écran », Brochure n°ED924, INRS, septembre 2017.

[2] *Idem.*

[3] *Idem.*

[4] *Idem.*

[5] P. Chevret, J. Chatillon, J.-N. Amato, P. Ottaviani, « Réduction de la nuisance sonore dans les bureaux ouverts : un exemple d'utilisation de la norme NF S31-199 en entreprise », *Références en santé au travail* TF247, INRS, septembre 2017.

[6] AFNOR, NF S31-199 : Acoustique — Performances acoustiques des espaces ouverts de bureaux, mars 2016.

n°90/270/CEE du Conseil du 29 mai 1990[1] précise que « le bruit émis par les équipements appartenant au(x) poste(s) de travail doit être pris en compte lors de l'aménagement du poste de travail de façon, en particulier, à ne pas perturber l'attention et la parole »[2], confirmant la perturbation sonore pouvant être occasionnée par les outils présents dans l'espace de travail. Enfin, selon l'INRS, les conversations intelligibles entre personnes ou par téléphone sont généralement les sources de bruit les plus gênantes[3], pouvant mettre en péril la santé des salariés.

2.2.2. De la fatigue à l'épuisement professionnel

Surcharge visuelle, source de fatigue. — Le travail prolongé sur écran peut provoquer de la fatigue visuelle. Outre le fait que ce risque peut être lié à une pathologie individuelle (myopie, etc.)[4], l'INRS estime qu'il peut aussi trouver son origine dans « la conception du poste de travail : présence de reflets sur l'écran, éclairement inapproprié, écran mal positionné, distance œil – écran trop courte, mauvaise qualité de l'image »[5], ou dans l'organisation du travail, par exemple lorsqu'aucune pause visuelle n'est prévue[6]. Dans une décision de la Cour d'Appel d'Orléans du 15 avril 2015[7], a été relevée une fatigue visuelle causée par l'exécution d'un travail sur écran. Un arrêt de la Cour d'Appel de Versailles en date du 28 mai 2015[8] apporte toutefois un éclairage sur les critères nécessaires à la détermination d'un risque de fatigue visuelle. Dans cette affaire était jointe au dossier une attestation rédigée par une ophtalmologue qui précisait que « travailler devant un écran pendant plusieurs heures d'affilée peut entraîner une fatigue visuelle se traduisant par : lourdeur des paupières, picotements, rougeurs, brûlures… Le travail sur écran est révélateur de

---

[1] Directive n°90/270/CEE du Conseil du 29 mai 1990 concernant les prescriptions minimales de sécurité et de santé relatives au travail sur des équipements à écran de visualisation (cinquième directive particulière au sens de l'article 16 paragraphe 1 de la directive 89/391/CEE) (JOCE n° L 156, 21 juin 1990).

[2] *Idem.*

[3] P. Chevret, J. Chatillon, J.- N. Amato, P. Ottaviani, *op. cit.*

[4] INRS, *op. cit.*

[5] *Idem.*

[6] *Idem.*

[7] CA Orléans, 15 avril 2015, RG n°13/00304.

[8] CA Versailles, 28 mai 2015, RG n°13/04146.

petits défauts visuels, car il est très sollicitant pour la vue et ce d'autant plus que le poste de travail est peu ergonomique. [...] La décompensation d'une exophorie avec insuffisance de convergence est directement liée au travail intensif sur écran »[1]. Il ressort de cette déclaration deux critères, non cumulatifs, caractérisant la fatigue visuelle : l'exposition prolongée devant un écran (limite de 4 heures par jour préconisé par l'INRS)[2] et le manque d'ergonomie du poste de travail. La numérisation de l'espace de travail touche donc à la santé physique, mais peut dans certains cas porter également atteinte à la santé mentale.

Surcharge auditive, source d'épuisement professionnel. — L'exposition prolongée au bruit peut avoir des conséquences sur « les performances psycho-sensorielles »[3] du travailleur. Dans cette perspective, la surcharge auditive : « entraîne, une moindre résistance au stress, altère la vigilance, nécessite des efforts de concentration plus grands pour la même tâche, limite le champ d'exploration spatiale et réduit le champ d'exploration des possibles. Il peut être source de troubles du sommeil et au-delà de certains seuils, déclenche des réactions de stress, de l'hypertension et des troubles psychiques »[4]. Le bruit provoque aussi une surcharge informationnelle qui se caractérise lorsque « l'individu est surchargé d'informations parasites : conférences avec haut-parleur d'un voisin ou conversations des uns et des autres, et il est indisposé par des bruits intempestifs de sonneries de téléphone ou d'imprimante »[5]. Ce risque de surcharge est donc amplifié par les nouvelles technologies[6] et 70 % des managers estiment être concernés par ce phénomène[7]. En tout état de cause, le bruit peut amener à un épuisement professionnel[8]. Toutefois, sur ce point, une recherche d'occurrence au 1er janvier 2023 sur

---

1 *Idem.*

2 INRS, « Le travail sur écran en 50 questions », Brochure n°ED923, INRS, octobre 2012.

3 M. Bodier, M. Gollac, *op. cit.*, p.94.

4 *Idem.*

5 G. Sebaoun, *op. cit.*, p.30.

6 S. Fantoni-Quinton, C. Leborgne-Ingelaere, « Informatique et libertés — L'impact des TIC sur la santé au travail », *La semaine juridique sociale* n°48, 26 novembre 2013, p.1452.

7 P. Berjaud et A., Bounedjoum et M. Van-Labeke, « Travail — Le management 2.0 et la santé au travail », *La Semaine Juridique Générale* n°18, 4 mai 2015, p.549.

8 M. Bodier, M. Gollac, *loc. cit.*

les décisions de justice, entre « espace de travail », « bruit » et « santé », révèle seulement six arrêts dont un seul, de la Cour d'Appel de Basse-Terre du 3 octobre 2016,[1] confirmant le lien entre l'*open-space*, le bruit et la dégradation des conditions de travail, qualifiant ainsi un préjudice moral.

Conclusion de section

À l'évidence, le numérique transforme les espaces de travail tant en matière de conception que d'équipements, dont la principale finalité est de répondre aux enjeux économiques, oubliant ainsi la prise en compte de la charge de travail des salariés qui progresse. Cela est le résultat d'un environnement de plus en plus bruyant et mal adapté pour exécuter un travail sur écran de manière prolongée. Les effets de ce [nouvel] espace de travail sur la santé sont incontestables.

Conclusion de chapitre

Constats sur l'évolution de la charge de travail. — L'analyse démontre que l'évolution du cadre spatio-temporel du travail inhérente à l'introduction du numérique dans l'entreprise touche inéluctablement les conditions de travail du salarié et donc sa charge notamment cognitive. Le premier constat est celui d'une évolution du temps de travail au contexte économique [de mondialisation]. Cet impératif d'adaptation et de flexibilité dans un monde où l'hyper connexion devient la norme impose une disponibilité permanente des travailleurs, rendue possible par les outils numériques de plus en plus sophistiqués et performants. En conséquence, les temporalités classiques d'exécution de la prestation du salarié changent et une surcharge temporelle s'installe dans la relation moderne de travail. Au surplus, l'organisation du travail dans l'espace est profondément touchée par la [r]évolution numérique. Cela se traduit tout d'abord par des espaces de travail « flexibles », ouverts, favorisant la collaboration entre les travailleurs. Toutefois, ces [nouveaux] espaces offrent un environnement bruyant, ce qui vient naturellement créer une surcharge informationnelle. Enfin, la numérisation des espaces de travail oblige les

[1] CA Basse-Terre, 3 octobre 2016, RG n°14/01252.

salariés à exercer leur activité sur écran de visualisation qui, selon l'emplacement dans l'espace de travail, peut être source de surcharge visuelle. Ces situations ne sont pas sans risque pour la santé du travailleur, c'est pourquoi il est crucial de prendre en compte ces évolutions pour protéger ce dernier.

Si la numérisation du cadre spatio-temporel du travail touche frontalement la charge des salariés et leur santé, il est alors indispensable d'examiner l'impact du numérique sur l'évolution du contenu de la prestation de travail.

CHAPITRE 2.

Numérisation du contenu de la prestation de travail

Contenu de la prestation de travail. — Il s'agit de « l'activité humaine, manuelle ou intellectuelle, exercée en vue d'un résultat utile déterminé »[1]. En d'autres termes, le contenu de la prestation de travail est la tâche que le salarié accomplit à la demande de l'employeur.

Hypothèses avancées. — La charge de travail correspond à l'effort physique et mental nécessaire pour exécuter la prestation. Ainsi, dès lors que numérique modifie les modes de production et de collaboration, alors la charge de travail est impactée. Parvenir à identifier l'évolution de la charge de travail à l'ère du numérique implique donc d'analyser l'ampleur de la numérisation des métiers (1) pour ensuite identifier les risques (2) attachés à l'évolution de la charge de travail.

1. L'ampleur de la numérisation des métiers

Préserver la santé des salariés implique d'apprécier le plus justement possible le travail et donc sa charge. Il est alors essentiel d'analyser la numérisation des métiers de production (1.1) et de service (1.2).

1.1. Numérisation des métiers de production

Métiers de production. — Sur l'évolution du travail physique, les nouvelles technologies, notamment les machines intelligentes et les robots,

[1] G. Cornu, *op.cit.*

peuvent être perçues comme un progrès social majeur. Il est important de rappeler que le monde industriel est celui qui « abîmait le corps », en écho aux écrits de Simone Weil sur « La condition ouvrière »[1]. La notion de pénibilité existait déjà à cette période au travers des expressions telles que « métiers difficiles », « usure » ou « certaines conditions de travail ». C'est pourquoi, dès l'introduction des régimes de retraite professionnels, fixant un âge d'accès aux pensions de retraite, l'état de santé des salariés a eu toute son importance[2]. La loi du 30 décembre 1975, relative aux conditions d'accès à la retraite de certains travailleurs manuels[3] montre la volonté du législateur de considérer l'impact du travail sur la santé physique des salariés. Traduction faite par la possibilité pour le salarié de partir à la retraite à taux plein dès 60 ans, sous certaines conditions liées à son état de santé physique, dégradé par le travail manufacturier (travail en continu, en semi-continu, à la chaîne, au four et aux intempéries)[4]. L'évolution légale sur le sujet de la pénibilité se poursuit avec la promulgation de la loi du 21 août 2003[5]. Celle-ci dispose que « dans un délai de trois ans après la publication de la présente loi, les organisations professionnelles et syndicales représentatives au niveau national sont invitées à engager une négociation interprofessionnelle sur la définition et la prise en compte de la pénibilité »[6]. À la lecture de ce texte, il n'y a toujours pas de définition de la pénibilité. Il faudra donc attendre la loi du 9 novembre 2010 portant réforme des retraites[7] pour circonscrire cette notion. Deux conditions cumulatives, fixées aux termes de l'article L. 4121-3-1 du Code du travail, caractérisent la pénibilité au travail. Dans cette perspective, le Code du travail dispose que : « pour chaque travailleur exposé à un ou plusieurs facteurs de risques professionnels déterminés par décret et liés à des contraintes physiques marquées, à un environnement physique agressif ou à certains rythmes de travail susceptibles de laisser des traces durables

---

[1] S. Weil, *La condition ouvrière*, Gallimard, 2002 (1re éd. 1951).

[2] A. Cottereau, « Usure au travail, destins masculins et destins féminins dans les cultures ouvrières en France au XIXe siècle », *Le mouvement social* n°124, 1983, p.71-112.

[3] Loi n°75-1279 du 30 décembre 1975 relative aux conditions d'accès à la retraite de certains travailleurs manuels.

[4] *Idem.*

[5] Loi n°2003-775 du 21 août 2003 portant réforme des retraites.

[6] *Idem.*

[7] Loi n°2010-1330 du 9 novembre 2010 portant réforme des retraites.

identifiables et irréversibles sur sa santé, l'employeur consigne dans une fiche, selon des modalités déterminées par décret, les conditions de pénibilité auxquelles le travailleur est exposé, la période au cours de laquelle cette exposition est survenue ainsi que les mesures de prévention mises en œuvre par l'employeur pour faire disparaître ou réduire ces facteurs durant cette période »[1]. Cet article vient compléter les principes généraux de la prévention des risques professionnels inscrits aux termes de l'article L. 4121-1 et suivants du Code du travail et impose une obligation de moyen pour l'employeur, à travers la mise en place d'actions de prévention. Il en découle que, dans certaines conditions particulières, la soutenabilité de la charge de travail physique, intrinsèque aux métiers de production, est pénible. Comment le numérique bouleverse-t-il alors la nature de la prestation de travail et donc la charge du salarié ?

Vers une numérisation des métiers de production. — Le développement du numérique, de la robotique et de l'intelligence artificielle, dans un contexte fort de mondialisation, remet en question les modes de production, afin de répondre aux nouvelles exigences de consommation[2], bouleversant ainsi la nature du travail de production. Historiquement touchée par la mécanisation puis par des outils de contrôle numérique de la bonne exécution de la prestation de travail[3], la progression fulgurante des nouvelles technologies apporte des fonctionnalités extrêmement avancées « dans la connaissance des mécanismes de fonctionnements intimes de chacun »[4]. Subséquemment, quel est l'impact de la transition numérique sur la charge physique des travailleurs ?

Numérisation du travail de production, source de réduction de la pénibilité physique. — Le Rapport *Villani* publié le 28 mars 2018[5] relatif à l'impact de l'intelligence artificielle sur la politique économique, la recherche, l'éthique, la cohésion sociale et l'emploi, précise que « nous allons

---

[1] C. trav., art. L. 4121-3-1.

[2] N. Maggi-Germain, « L'accompagnement des travailleurs », *Droit social* n°12, 2018, p.999.

[3] H. Bouchet, « À l'épreuve des nouvelles technologies : le travail et le salarié », *Droit social* n°01, 2002, p.78.

[4] *Idem.*

[5] C. Villani, Rapport « Donner un sens à l'intelligence artificielle ; Pour une stratégie nationale et européenne », France Stratégie, 28 mars 2018.

au-devant d'une transformation d'ampleur du marché du travail, de la distribution entre le travail humain et le travail de la machine et des modes de production de la valeur »[1]. La conséquence majeure de cette [r]évolution est certainement l'automatisation des tâches. Pour cette raison, repenser le travail à partir de « modes alternatifs de production et de redistribution de la valeur »[2] devient incontournable. La priorité est d'équilibrer la relation Homme-machine, afin de réduire la charge physique de travail[3]. Quels sont les métiers « automatisables » ? Le Rapport *Villani* relève quatre critères cumulatifs justifiant l'automatisation : (i) l'absence de flexibilité en termes de cadence et de répétition des gestes ; (ii) l'absence de capacité d'adaptation avec l'impossibilité d'interrompre une tâche ; (iii) l'absence de capacité à résoudre des problèmes et (iv) l'absence d'interactions sociales[4]. Depuis l'ordonnance n° 2017-1389 du 22 septembre 2017[5], les facteurs de risques d'exposition à la pénibilité sont : le travail de nuit, le travail en équipes successives alternantes, le travail répétitif, les activités exercées en milieu hyperbare, les températures extrêmes et le bruit[6]. L'automatisation est donc fondamentale dans la réduction de la charge physique de travail. Dans le Rapport du Parlement européen en date du 30 janvier 2019[7] est confirmé le rôle indiscutable des technologies dans l'amélioration des conditions de travail[8]. Il est précisé que « l'IA et la robotique devraient être développées et déployées de manière centrée sur l'Homme en vue de soutenir les personnes dans le cadre de leur travail [...] et que l'IA peut également être utilisée pour éviter que les personnes n'aient à effectuer des tâches dangereuses »[9]. Au

---

[1] *Ibid.*, p.102.

[2] *Idem.*

[3] Cf. A. Supiot, Le travail n'est pas une marchandise. Contenu et sens du travail au XXIe siècle, Collège de France, 2019, p.18.

[4] C. Villani, *loc. cit.*

[5] Ordonnance n°2017-1389 du 22 septembre 2017 relative à la prévention et à la prise en compte des effets de l'exposition à certains facteurs de risques professionnels et au compte professionnel de prévention.

[6] *Idem.*

[7] Cf. Parlement européen, Rapport « sur une politique industrielle européenne globale sur l'intelligence artificielle et la robotique 2018/2088 (INI) », n°A8-0019/2019, 30 janvier 2019.

[8] *Idem.*

[9] *Ibid.*, p.6.

surplus, est inscrit que l'usage de ces technologies devra « réduire l'exposition de l'Homme à des conditions de travail nocives et dangereuses contribuant à créer davantage d'emplois de qualité et décents »[1]. La pénibilité est donc clairement dénoncée et l'intelligence artificielle et la robotique présentées comme des solutions pour réduire, en partie, la charge physique de travail. Suivant cette logique, il est utile d'analyser dans quelle mesure l'industrie prend en compte ces évolutions technologiques pour limiter les risques de pénibilité. L'objet de la recherche se concentrera sur le secteur pharmaceutique.

Numérisation de la pénibilité dans l'industrie pharmaceutique. — Certaines branches et entreprises négocient avec les organisations syndicales représentatives un accord collectif portant sur la prévention des facteurs de risques d'exposition à la pénibilité. Mais, dans quelle mesure ces accords prévoient-ils l'utilisation des outils numériques comme régulateurs de la charge de travail ? L'analyse, effectuée à partir de la base de données Légifrance au 1er janvier 2023, révèle que seuls trois accords sur le thème de la pénibilité ont été négociés, dont un seul mettant en lien les outils numériques avec la pénibilité[2]. Il s'agit de celui signé par le laboratoire *Sophartex* « relatif à la prévention des effets de l'exposition à certains facteurs de risques professionnels relatifs au compte de prévention et à l'amélioration de la qualité de vie au travail[3] ». Dans un premier temps, l'accord visé renvoie dans son préambule aux dispositions de l'accord du 16 octobre 2002 relatif aux mutations technologiques[4]. Celui-ci aborde notamment l'organisation et les conditions de travail aux termes de l'article 3, qui précise que : « l'entreprise en concertation avec les instances représentatives du personnel et les organisations syndicales présentes dans l'entreprise doit tendre à : [...] Améliorer les conditions de travail. En particulier, les entreprises veilleront à

---

[1] Parlement européen, Rapport « sur une politique industrielle européenne globale sur l'intelligence artificielle et la robotique 2018/2088 (INI) », n°A8-0019/2019, 30 janvier 2019, p.8.

[2] Analyse réalisée depuis la base de données Légifrance. Recherche des accords publiés relatifs à la pénibilité, dans l'industrie pharmaceutique.

[3]Accord relatif à la prévention des effets de l'exposition à certains facteurs de risques professionnels relatifs au compte de prévention et à l'amélioration de la qualité de vie au travail, Société Sophartex, 21 mars 2019.

[4] Accord relatif aux mutations technologiques, Société Sophartex ,16 octobre 2002.

ce que les nouvelles formes de travail et les nouvelles tâches rendues possibles par la modernisation tendent à diminuer la pénibilité du travail »[1]. Dans un second temps, l'accord portant sur la pénibilité au travail évoque une limitation du port des charges par l'aménagement du poste ou par l'acquisition « d'outils d'aide à la manutention » ou « d'une machine aménagée »[2]. Ces dispositions marquent une prise de conscience de l'évolution technologique en cours et du rôle incontestable de celle-ci dans l'amélioration des conditions de travail. Pour parvenir à une absorption de la charge physique de travail dans les métiers de production, il semble impératif d'intégrer dans les accords collectifs sur ce sujet, un arsenal d'outils technologiques, classés en fonction de leur utilité et de leurs potentialités en termes d'amélioration des conditions d'exécution de la prestation.

Les technologies nouvelles bouleversent le monde du travail et attestent une forme d'optimisme dans la régulation de certains facteurs de risques professionnels inhérents à une surcharge physique de travail. Toutefois, à l'emprise physique du travail sur le salarié, « s'ajoute dorénavant une emprise cérébrale »[3], dans l'exécution des métiers de production. Toutefois, il semble que le numérique touche aussi frontalement les métiers de services.

1.2. Numérisation des métiers de service

Métiers de service. — Attachés au secteur tertiaire et regroupant l'ensemble des métiers pour lesquels les travailleurs assurent un service à la personne ou aux entreprises, ils sont frontalement touchés par l'intrusion des nouvelles technologies. Les métiers du secteur privé et du service public sont ainsi modifiés en profondeur, touchant naturellement la charge de travail.

Automatisation, source d'éviction des tâches répétitives dans les métiers de service. — La décision pour les entreprises d'automatiser certaines tâches, notamment répétitives, repose très souvent sur une

---

[1] *Idem.*

[2]Accord relatif à la prévention des effets de l'exposition à certains facteurs de risques professionnels relatifs au compte de prévention et à l'amélioration de la qualité de vie au travail, Société Sophartex, 21 mars 2019.

[3] A. Supiot, *op.cit.*, p.16.

recherche de réduction drastique des frais de personnel[1]. La recherche d'optimisation continue des coûts est la priorité de cette transition, comme le démontre, par exemple, la Circulaire du 16 septembre 1996 relative aux schémas directeurs ministériels des systèmes d'information et de télécommunication[2]. Il est clairement identifié que « les administrations disposent d'équipements et d'applications qui ont généré d'incontestables gains de productivité et ont permis d'améliorer leur efficacité, principalement par l'automatisation des tâches répétitives »[3]. Cette automatisation des tâches au sein des juridictions atteste de l'impact de cette métamorphose de la nature du travail sur la charge mentale des salariés. Certaines missions telles que l'enregistrement des requêtes, la communication des mémoires et des productions des parties seraient automatisables[4], réduisant ainsi le nombre de tâches « simples ». Ces changements peuvent également se traduire par une automatisation des tâches administratives de planification touchant ainsi le cœur de certains métiers de service[5].

Intelligence artificielle, source d'éviction des tâches programmables et mesurables. — Si l'automatisation de certaines tâches répétitives est rendue possible par les nouvelles technologies, celles dotées d'intelligence artificielle, dans l'hypothèse d'une domestication des outils, garantiraient la concentration de la charge mentale sur « l'incalculable et l'inprogrammable, c'est-à-dire la part proprement, poïétique du travail »[6]. Dans ces conditions, l'intelligence artificielle admet alors trois changements majeurs de l'action du salarié. Premièrement, cette technologie exécute « des tâches autrefois impossibles à réaliser, car trop

---

[1] Cf. p. ex. cass. soc., 17 octobre 2018, n°17-15.523 ; CA Aix-en-Provence, 22 décembre 2017, RG n°2017/576 ; CA Paris, 21 octobre 2016, RG n°13/03216 ; CA Dijon, 28 avril 2016, RG n°14/01356 ; CA Amiens, 5 juin 2013, RG n°12/02341 ; CA Versailles, 13 septembre 2012, RG n°11/00991.

[2] Circulaire du 16 septembre 1996 relative aux schémas directeurs ministériels des systèmes d'information et de télécommunication, NOR : PMRX9601677C, JO, 21 septembre 1996.

[3] *Idem.*

[4] J.-B. Duclercq, « les algorithmes en procès », *RFDA* n°01, p.131.

[5] Cf. en ce sens CA Versailles, 11 avril 2019, RG n°16/0529 ; cass. soc., 4 mai 2017, n°15-24.398, Inédit ; CA Dijon, 28 avril 2016, RG n°14/01356.

[6] A. Supiot, *op.cit.*, p.18.

fastidieuses ou économiquement non rentables »[1] (analyses radiologiques, détection d'anomalies dans les procédures, etc.), poursuivant de cette manière la volonté initiée dans le cadre de l'automatisation. Deuxièmement, cette technique moderne réorganise le travail vers des fonctions de supervision[2]. Troisièmement, ces avancements interviennent dans l'assistance à la prise de décision (dispositif d'assistance au diagnostic ou à la proposition thérapeutique dans le domaine médical, etc.)[3].

Robotisation des métiers de service. — L'impact indéniable de l'intelligence artificielle sur la nature des métiers de service se confirme par la mise en place de robots intelligents présents, par exemple, dans le domaine de la médecine. Ces technologies nouvelles, à la disposition des chirurgiens, sont capables d'exécuter des gestes simples tels que la suture[4]. L'avantage de cette technologie est sa grande précision dans la réalisation de l'acte médical.

Manifestement, les progrès dans le champ des techniques modernes transforment inexorablement les métiers de production et de service. Il est évident que leur usage accentue l'aliénation cognitive des salariés à ces outils, c'est pourquoi il est essentiel d'analyser les risques liés à la numérisation des métiers.

2. Risques liés à la numérisation des métiers

Il est alors nécessaire de distinguer la progression évidente des TMS (2.1) des risques de stress chronique jusqu'à l'épuisement psychologique (2.2).

2.1. Progression évidente des Troubles musculosquelettiques

Troubles musculosquelettiques. — L'usage répété de nouvelles technologies dans le cadre de l'exécution des tâches peut être à l'origine de

[1] C. Villani, *op.cit.*, p. 66-67.
[2] *Idem.*
[3] *Idem.*
[4] C. Villani, *op.cit.*, p.58.

pathologies évolutives[1]. Dans cette hypothèse, les possibilités de survenance de troubles musculosquelettiques « sont plus manifestes aux postes ou dans des métiers ennuyeux et monotones qu'à des activités plus absorbantes qui mobilisent davantage l'attention du travailleur »[2]. Les juges confirment régulièrement le lien causal entre les outils numériques et la survenance de troubles musculosquelettiques[3]. La Cour de cassation a par exemple considéré qu'une pathologie au niveau du canal carpien et une tendinite sont le résultat d'une activité régulière et continue devant l'ordinateur provoquant « des gestes et pressions prolongés et répétés du talon de la main »[4]. Dans une autre affaire, la Haute juridiction estime que la saisie de données impose la répétition de mouvements, en particulier par l'utilisation de la souris et du clavier, caractérisant une tendinite des avant-bras[5]. La répétition du travail à l'ère du numérique génère des pathologies périarticulaires, enregistrées au tableau n° 57 des maladies professionnelles[6]. Aux termes de celui-ci, les pathologies intrinsèques au travail répétitif se caractérisent seulement dans l'hypothèse où la tâche à réaliser comporterait de manière habituelle des mouvements répétés[7].

2.2. Du stress chronique à l'épuisement psychologique

Augmentation des exigences cognitives de travail. — Incontestablement, les nouvelles technologies réduisent [dans les métiers de service] le travail à faible valeur ajoutée, laissant ainsi place à une complexification des tâches. Ainsi, l'évolution du contenu du travail doit être prise en compte selon une approche collective, intégrant

[1] L. Milet, « Sécurité sociale. Accident du travail. Notion. Nécessité d'une lésion corporelle résultant d'événements survenus à des dates certaines. Présomption d'imputabilité quelle que soit la date d'apparition de la lésion », *Droit social* n°06, 2003, p.673.

[2] BIT, encyclopédie de santé et de sécurité au travail, chapitre 34.

[3] Cf. p. ex. CA Amiens, 30 juin 2016, RG n°13/01706 ; CA Toulouse, 24 octobre 2008, RG n°07/05016 ; cass. civ, chambre 2, 1er juin 2011, n°10-16 571, Inédit.

[4] Cass. civ., chambre 2, 1er juin 2011, n°10-16.571, Inédit.

[5] CA Toulouse, 24 octobre 2008, RG n°07/05016.

[6] CSS. R. 461-3, annexe II, Tableau n°57, Affections périarticulaires provoquées par certains gestes et postures de travail.

[7] *Idem.*

l'organisation du travail « d'une telle façon que le travailleur ne soit pas soumis à une tension physique (*physical strain*) ou à un stress mental (*mental stress*) qui puisse provoquer une maladie ou des accidents »[1]. Par ailleurs, les robots intelligents sont immanquablement venus absorber une part du travail de production[2], mais sont aussi à l'origine d'une évolution de la charge mentale de travail[3]. Cette logique s'inscrit dans l'hypothèse selon laquelle l'opérateur doit « contrôler le robot et doser l'effort nécessaire pour la réalisation correcte de la tâche »[4] produisant *in fine* une trop forte demande de concentration et une augmentation du nombre de missions[5]. En outre, d'autres facteurs de surcharge cognitive peuvent émerger comme la dépendance à la machine, la sensation de diminution du degré d'autonomie, etc.[6] De même, la numérisation de l'environnement de travail de production impose au salarié d'utiliser de nombreux outils connectés aux machines et robots intelligents (capteur d'ambiance, bracelets mesurant l'activité physique de l'opérateur, machine connectée pour analyser le degré d'usure des composants, etc.)[7], ce qui peut générer une surcharge informationnelle, dans le seul but de répondre aux exigences de « l'usine 4.0 »[8]. Ces nouvelles exigences comportent des risques pour la santé mentale.

Stress chronique. — La numérisation des postes, notamment de production, « exige généralement une très grande vigilance de la part de l'opérateur qui doit se tenir prêt à intervenir à tout moment en dépit de la monotonie de la tâche, ce qui est incompatible avec le besoin qu'a le cerveau d'un afflux raisonnablement varié de stimuli s'il veut pouvoir

[1] L. Lerouge, « Les risques psychosociaux en droit : retour sur un terme controversé », *Droit social* n°04, 2014, p.152.

[2] Cf. en ce sens P. Santelmann, « Formation professionnelle et emplois non qualifiés », *Droit social* n°04, 2002, p.437.

[3] P. Charpentier, A. Sghaier, « L'Homme au travail et le robot : une relation à inventer », *Hygiène et sécurité du travail* n°231, INRS, juin 2013, p.84.

[4] *Idem.*

[5] Cf. en ce sens cass. soc., 24 juin 2009, n°08-42.790, Inédit.

[6] P. Charpentier, A. Sghaier, *loc. cit.*

[7] G. Brasseur, K. Delaval, C. Ravallec, « l'industrie du futur », *Travail & sécurité* n°806, INRS, juin 2019, p.13.

[8] Cf. sur cette expression O. Leclerc, « La technologie au service du travail décent » *Droit social* n°01, 2020, p.33.

conserver le niveau de vigilance requis »[1]. Par ailleurs, « l'aptitude à déceler les signaux critiques diminue rapidement dès la première demi-heure d'un travail lorsque celui-ci est monotone »[2], augmentant ainsi la tension nerveuse du salarié, qui doit maintenir en continu un niveau de vigilance très élevé pour éviter tout accident de l'outil numérique[3]. La monotonie du travail peut ainsi engendrer un stress chronique, dès lors que les deux conditions suivantes sont réunies : (i) l'outil numérique rythme le travail (ii) la tâche exige une très forte attention[4].

Épuisement professionnel. — Dans des cas plus graves de stress, le travail répétitif et monotone peut être à l'origine d'épuisement professionnel[5]. Aussi, dans une décision de la Cour de cassation en date du 20 mai 2019[6], il a été relevé qu'une latitude décisionnelle relativement importante et une forte autonomie peuvent exposer un salarié à l'isolement social. Mais, dès lors que cet isolement implique un salarié non préparé à assumer des responsabilités, alors un stress important peut surgir[7]. Dans certains cas extrêmes, de faibles marges de manœuvre combinées à des exigences fortes de travail amènent le salarié à une situation d'épuisement professionnel[8]. Dans une décision de la Cour d'Appel de Grenoble,[9] il a été constaté que la modification des responsabilités et des conditions de travail, notamment la réduction des missions et responsabilités caractérisée par une mise à l'écart du salarié et la suppression des outils numériques, est un indice quant à la dégradation de l'état de santé de celui-ci, qui se trouve alors en situation de sous-charge de travail. Toutefois, des responsabilités trop fortes peuvent quant à elles être à l'origine d'épuisement professionnel[10].

---

[1] BIT, encyclopédie de santé et de sécurité au travail, chapitre 34.

[2] *Idem.*

[3] *Idem.*

[4] *Idem.*

[5] Cf. en ce sens CA Paris, 30 mars 2016, RG n°15/03350 ; CA Paris, 16 février 2016, RG n°13/05436 ; G. Sebaoun, *op.cit.*, p.17.

[6] Cass. Civ. 2ème, 29 mai 2019, n°18-15.624, Inédit.

[7] *Idem.*

[8] G. Sebaoun, *op. cit.*, p.17,36.

[9] CA Grenoble, 26 avril 2018, RG n°16/01715.

[10] G. Sebaoun, *op. cit.*

Syndromes dépressifs. — Enfin, le fait pour les salariés d'être limités dans l'utilisation de leurs compétences peut être source d'une « dévalorisation progressive de leurs qualifications scolaires et professionnelles, ce qui entraîne angoisse et dépréciation de soi[1] ». Ainsi, au regard de l'évolution permanente des nouvelles technologies, il est crucial de mettre en œuvre « une rapide montée en compétences pour des millions de salariés risquant de devenir "inutiles au monde" »[2]. Cet impératif est confirmé par le Parlement européen qui précise que l'automatisation combinée à l'intelligence artificielle va profondément transformer la vie et les pratiques professionnelles, nécessitant un renouvellement des compétences[3]. Ces nouvelles exigences sont d'autant plus essentielles que les juges relèvent que la dévalorisation du travail et des compétences peut avoir des impacts certains sur la santé mentale des salariés pouvant engendrer de graves syndromes dépressifs[4].

Conclusion de section

À l'évidence, le numérique touche frontalement le contenu du travail de production et de service, ce qui génère des risques forts pour la santé notamment mentale des salariés (stress chronique, épuisement professionnels, syndromes dépressifs).

Conclusion de chapitre

Réduction de la charge physique et augmentation de la charge cognitive des salariés. — Incontestablement, le numérique modifie en profondeur la prestation de travail pouvant avoir des effets délétères sur la santé, notamment mentale, des travailleurs. C'est pourquoi, la relation Homme-machine doit nécessairement être prise en compte dans la mesure

---

[1] M. Bodier, M. Gollac, *op. cit.*, p.119.

[2] J.-E. Ray, « De la question sociale au XXIe siècle au télétravail », *Droit social* n°01, 2018, p.52.

[3] Parlement européen, Rapport « sur une politique industrielle européenne globale sur l'intelligence artificielle et la robotique 2018/2088 (INI) », n°A8-0019/2019, 30 janvier 2019, p.8.

[4] CA Aix-en-Provence, 21 février 2020, RG n°2020/75.

de la charge de travail. Certes, les nouvelles technologies peuvent réduire la pénibilité au travail des salariés exerçant des métiers de production, mais l'employeur doit nécessairement mesurer les possibilités offertes par celles-ci pour réduire les facteurs de risques d'exposition à la pénibilité. Les partenaires sociaux ont la faculté de négocier un accord sur ce thème afin d'y définir des plans d'action concrets. Dans ce cadre, la mise en place de nouveaux outils, classés par métier et par degré de réduction des tâches difficiles peut être prévue dans les dispositions de l'accord collectif. Toutefois, la transition numérique touche frontalement la charge cognitive des travailleurs exerçant des métiers de production ou de service. Cette aliénation moderne du travail s'explique notamment par une augmentation du niveau de concentration imposée par les outils numériques et par le retrait de tâches à faible valeur ajoutée, laissant place à un phénomène de complexification du travail. Les risques pour la santé sont extrêmement forts (épuisement professionnel, syndrome dépressif, stress, etc.), c'est pourquoi il est crucial de prendre en compte le facteur de variabilité de la charge de travail : la prévisibilité.

Conclusion du Titre I

Numérisation de la prestation de travail, source de surcharge de travail. — L'évolution de la charge du salarié liée à la numérisation de la prestation de travail est incontestable. Premièrement, la recherche démontre que le cadre spatio-temporel confronte le salarié à des exigences fortes, touchant frontalement sa charge de travail. Cela se caractérise par un sentiment d'urgence qui devient la norme dans le travail et par une disponibilité continue (rendue possible par les nouvelles technologies). Ces situations sont source de dommages importants sur la santé (stress, etc.). Au surplus, l'environnement numérisé dans lequel le salarié évolue peut être source d'une surcharge auditive (appels téléphoniques, etc.) et visuelle (luminosité insuffisante pour le travail sur écran, etc.). Cet environnement numérique est vecteur de risques pour la santé (épuisement professionnel, troubles musculosquelettiques, etc.). Deuxièmement, l'analyse met en évidence que les nouvelles technologies peuvent notamment servir à réduire la charge physique, mais requiert une plus forte exigence cognitive des salariés sur les outils. Enfin, est mise en évidence une nouvelle forme d'aliénation mentale qui trouve son origine dans la réduction voire la suppression des tâches à faible valeur ajoutée pour laisser place à un phénomène de complexification du travail créant inévitablement une surcharge mentale pour le salarié.

Numérisation de la prestation de travail, source de sous-charge de travail. — Toutefois, l'immixtion des nouvelles technologies dans la sphère professionnelle peut également faire naître un risque de sous-charge de travail. Ce constat repose sur le principe selon lequel un manque de variété des taches (traitement de données, etc.) accentue la monotonie et créé de fait une sous-charge cognitive. Suivant cette logique l'évolution des métiers peut contraindre le salarié à exercer une prestation de travail ne lui garantissant pas l'utilisation de l'ensemble de ses compétences, ce qui peut faire surgir un risque de sous-charge de travail, non sans risque pour la santé. Enfin, le retrait ou l'insuffisance d'outils numériques pour réaliser la tâche attendue peut avoir les mêmes effets.

Au regard de l'impact du numérique sur la prestation de travail et par conséquent la santé du salarié, il est crucial d'examiner l'impact de la numérisation du lien de subordination (Titre II) sur la charge de travail.

TITRE II.

Numérisation du lien de subordination

Lien de subordination. — Critère fondamental de reconnaissance du contrat de travail, il se définit par « l'exécution d'un travail sous l'autorité d'un employeur qui a le pouvoir de donner des ordres et des directives, d'en contrôler l'exécution et de sanctionner les manquements de son subordonné »[1]. Trois éléments en découlent : le pouvoir de direction, de contrôle et de sanction de l'employeur.

Hypothèses avancées. — La recherche repose sur l'hypothèse selon laquelle la charge de travail est liée au pouvoir de direction et de contrôle de l'employeur. Cela se motive par le fait qu'au travers de ces pouvoirs ce dernier assigne chaque salarié à un poste de travail et leur donne les ordres et directives indispensables à l'exécution de la prestation de travail puis en contrôle la réalisation[2]. Il est donc nécessaire de rechercher dans quelle mesure le numérique est source d'évolution du pouvoir de direction (chapitre 1) et du pouvoir de contrôle (chapitre 2), afin d'identifier l'impact sur la charge de travail des salariés.

---

[1] Cass. soc., 13 novembre 1996, n°94-13.187, Bull. 1996, V, n°386.

[2] Cf. en ce sens L. Dauxerre, *Conclusion du contrat de travail*, Jurisclasseur Travail Traité, 23 mai 2019.

CHAPITRE 1.

Numérisation du pouvoir de direction

Pouvoir de direction. — L'employeur dispose du pouvoir de donner des ordres et des directives, d'en contrôler l'exécution et de sanctionner les manquements de ses subordonnés[1]. Son contenu est extrêmement large, rendant parfois difficile sa caractérisation. Les nouvelles technologies modifient en profondeur l'exercice de ce pouvoir, ayant pour conséquence l'évolution de la charge de travail, ce qui peut être source de risques pour la santé des travailleurs.

Hypothèses avancées. — Le premier changement marquant est certainement celui relatif à l'évolution de l'expression du pouvoir (section 1) qu'il convient d'analyser pour appréhender les impacts sur la charge de travail. L'hypothèse avancée est celle selon laquelle les outils numériques deviennent centraux dans l'exercice du pouvoir de direction et dans ses modalités d'expression. Le second changement majeur que rencontre le pouvoir de direction est l'évolution de son périmètre (section 2) rendu possible par le télétravail. Suivant cette logique, l'analyse soulèvera la difficile question de l'exercice du pouvoir de direction à distance et de ses effets sur la charge et la santé des salariés *in fine*.

1. Évolution de l'expression du pouvoir

Les nouvelles technologies métamorphosent sans conteste l'expression du pouvoir de direction touchant ainsi frontalement la charge de travail.

---

[1] L. Rozès *Entreprise — Organisation sociale de l'entreprise*, Répertoire de droit du travail, Dalloz, avril 1991 (actualisation : mars 2012).

Comprendre cette évolution implique d'analyser, dans un premier temps, l'impact de la numérisation sur le contenu du pouvoir (1.1) puis, dans un second temps, l'impact de la numérisation sur les modalités du pouvoir (1.2).

1.1. L'impact de la numérisation sur le contenu du pouvoir

Charte informatique. — L'émergence des chartes informatiques dans l'entreprise est certainement un des éléments les plus révélateurs de l'impact de la numérisation sur le contenu du pouvoir. Le numérique suppose de réguler les usages pour défendre les intérêts des firmes[1]. C'est pourquoi, l'employeur, dans le cadre de son pouvoir de direction, a la possibilité d'instaurer une charte informatique. En entreprise, elle se caractérise comme « un outil permettant, à l'inverse du règlement intérieur dont le champ est légalement limité, de réunir en un document, selon un contenu et un degré de précision variables, les engagements et obligations respectives de l'employeur et des salariés dans le cadre de l'exécution du contrat de travail »[2]. Il est donc légitime de s'interroger sur les impacts pour le salarié. Selon la Cour de cassation, dès lors que le comportement du travailleur est contraire aux dispositions de la charte informatique, alors ce dernier peut être qualifié de fautif[3]. Toutefois, pour que le manquement du salarié puisse être caractérisé, la charte doit impérativement être annexée au règlement intérieur[4] ou remise au salarié à la condition unique qu'il émarge, validant ainsi sa prise en compte[5]. À par exemple été

[1] Cf. en ce sens Y. Chalaron, J. Mouly, *Règlement intérieur et notes de service*, Répertoire de droit du travail, Dalloz, avril 2015 (actualisation : janvier 2019) ; J.-E. Ray, « Actualités des NTIC », *Droit social* n°12, 2013, p.978.

[2] Circulaire DGT n°2008/22, 19 novembre 2008, BO Emploi, travail, formation professionnelle, cohésion sociale n°12, 30 nov. 2008 ; R. Quenaudon (de), M.-J. Gomez Mustel, « Un code de conduite des affaires en quête de statut juridique », *Revue de Droit du Travail* n°05, 2009, p311.

[3] Cass. soc., 6 février 2019, n°17-18.829 ; n°17-18.939, Inédits, CA Grenoble, 16 janvier 2008, RG n°07/1119 ; cass. soc., 21 décembre 2006, n°05-41.65, Inédit ; J.-E. Ray, « Droit du travail et TIC (I) », *Droit social* n°02, 2007, p.140.

[4] Cass. soc., 12 septembre 2008, n°16-22.330, Inédit ; L. Casaux-Labrunée, « Vie privée des salariés et vie de l'entreprise », *Droit social* n°04, 2012, p.331.

[5] Cf. par ex. CA Grenoble, 16 janvier 2008, RG n°07/1119.

confirmée la faute commise par le salarié pour non-respect des dispositions de la charte informatique dont le règlement intérieur de l'entreprise en faisait expressément référence[1]. Cependant, l'employeur n'a aucune obligation d'être couvert par une charte pour sanctionner le salarié, dès lors que l'usage fait du matériel informatique par ce dernier fait encourir un risque d'une particulière gravité à l'entreprise[2] ou que l'usage est qualifié comme abusif[3]. À l'évidence, la mise en place d'un tel outil garantit à l'employeur une protection minimale des intérêts de l'entreprise. Néanmoins, il semble impératif d'introduire un champ sur l'usage du numérique dans le règlement intérieur pour renforcer cette protection.

Introduction de l'usage des nouvelles technologies au cœur des actes réglementaires. — Le règlement intérieur est la première traduction du pouvoir de direction[4]. Le contenu de cet acte réglementaire de droit privé[5] a notamment pour objet de fixer « des règles de discipline, les prescriptions relatives à l'hygiène et à la sécurité [...] »[6]. Il tient donc, dans un contexte fort de digitalisation de la société, une place centrale dans la régulation de la charge de travail. Il est alors urgent de rechercher si son contenu reste adapté au phénomène de numérisation de l'entreprise. Dans cette perspective, le Conseil d'État admet qu'une clause relative au matériel informatique mis à la disposition des salariés peut être introduite dans le champ de la discipline dudit règlement[7]. Sont cependant occultés les risques inhérents aux nouvelles technologies. Parce que répondre à l'insuffisance des dispositions du règlement intérieur en matière de régulation de la charge de travail est essentiel, deux solutions peuvent alors être envisagées. Premièrement, faire évoluer son contenu en imposant à l'employeur de créer une section sur l'usage des nouvelles technologies au prisme de la protection de la santé des salariés dans le chapitre éponyme.

---

[1] Cass. soc., 6 février 2019, n°17-18.829 ; n°17-18.939, Inédits.

[2] Cass. soc., 17 juin 2009, n°08-40.274, Bull. 2009, V, n°153.

[3] Cass. soc., 16 mai 2007, n°05-43.455, Inédit ; J.-E. Ray, « Actualités des TIC », *Droit social* n°09-10, 2007, p.951 ; J.-E. Ray, « Actualités des TIC », *Droit social* n°11, 2008, p.1072 ; J.-E. Ray, « Actualités des TIC », *Droit social* n°03, 2010, p.267 ; J.-E. Ray, « Actualités des TIC », *Droit social* n°09-10, 2011, p.933.

[4] Loi n°82-689 du 4 août 1982 relative aux libertés des travailleurs dans l'entreprise.

[5] Cass. soc., 25 septembre 1991, n°87-42.396, Bull. 1991, V, n°381 p.237.

[6] P. Durand, R. Jaussaud, *Traité de droit du travail,* Tome 1 : Dalloz, 1947, p.145.

[7] CE, 1 / 4 SSR, 8 juillet 1988, n°71484 71542, mentionné aux tables du recueil Lebon.

Deuxièmement, édicter une note de service intégrant des règles de conduite à adopter face aux risques induits par les technologies nouvelles utiles à l'exécution de la prestation de travail. Dans cette seconde solution, ces dispositions répondent à la problématique de sécurité, venant ainsi adjoindre, de fait, ces notes au règlement intérieur[1]. Le salarié devra donc y être attentif, car ces notes peuvent être diffusées par voie numérique (mail, intranet, etc.) : modalité moderne d'expression du pouvoir de direction. À l'évidence, le numérique touche frontalement le contenu du pouvoir. Néanmoins, la numérisation impacte également les modalités du pouvoir.

1.2. L'impact de la numérisation sur les modalités du pouvoir

Comprendre l'impact de la numérisation sur les modalités du pouvoir suppose d'analyser l'impact de la numérisation sur la décentralisation (1.2.1) et sur les modes de *management* (1.2.2).

1.2.1. L'impact de la numérisation sur la décentralisation des pouvoirs

Exigences numériques, source de décentralisation des pouvoirs. — La « gouvernance par les nombres »[2] et la généralisation de l'entreprise réseau, issues de la domination sociétale par les algorithmes, se traduit par « une redistribution des lieux de pouvoir et par une transformation profonde de ses formes d'exercice »[3]. Ces changements obligent les entreprises à réorchestrer les pouvoirs, souvent de façon décentralisée, ce qui frappe directement les conditions de travail et donc la charge de travail des salariés. Dans cette perspective, les dirigeants nomment des managers de proximité pour faciliter les échanges et la supervision des tâches et des personnes. Ils ont pour rôle de transmettre les ordres et les directives de l'employeur, c'est pourquoi il est essentiel que ces derniers ne communiquent pas d'ordres contradictoires, afin de ne pas créer une charge informationnelle excessive sur l'ensemble des salariés subordonnés. Or, ce n'est pas le seul effet de la décentralisation des pouvoirs. Elle peut aussi troubler et rendre imprécis le rôle de chacun, impactant ainsi

---

[1] Loi n°82-689 du 4 août 1982 relative aux libertés des travailleurs dans l'entreprise.

[2] A. Supiot, *La gouvernance par les nombres*, Fayard, 2015.

[3] A. Supiot, « les nouveaux visages de la subordination », *Droit Social* n°02, 2000, p.131.

frontalement la charge mentale, puisque le manque de clarté des rôles est un facteur de risque psychosocial[1]. Dans cette hypothèse, il a été par exemple relevé, par la partie demanderesse dans une décision de la Cour de cassation en date du 19 février 2019[2], que le manque de clarté des rôles est source de mal-être au travail et de dégradation des conditions d'exercice de la prestation. Manifestement, cette situation se traduit par des violences verbales réactionnelles et une dégradation de l'état de santé mentale de la salariée. Suivant cette logique le Rapport Bodier-Gollac[3] relève qu'une « organisation qui fonctionne mal peut créer [...] de mauvaises conditions de travail, notamment psychologiques »[4]. Cette désorganisation émerge du manque de définition des rôles, c'est pourquoi il est essentiel d'y porter une attention particulière, dès lors qu'un projet de décentralisation est à prévoir. Si l'impact de la numérisation sur la décentralisation apparaît évident, il semble nécessaire d'analyser l'impact de la numérisation sur les modes.

1.2.2. L'impact de la numérisation sur les modes de *management*

Comprendre cette évolution et ses effets sur la charge de travail implique de mettre en perspective les modes (I) et les risques (II) attachés à ces derniers.

Modes de mangement à l'ère du numérique

Les ordres et directives émis par voie numérique. — L'employeur peut aujourd'hui donner des ordres et des directives par de nombreux moyens numériques : emails, messageries instantanées, plateformes numériques, etc. Cette évolution des modalités d'expression du pouvoir hiérarchique peut générer une surcharge informationnelle, comme le relève régulièrement la doctrine[5]. La Cour de cassation confirme cette

---

[1] C. Bocéréan, E. Dupret, M. Feltrin, M. Teherani, « Le COPSOQ : un nouveau questionnaire français d'évaluation des risques psychosociaux », *Santé publique* n°03, vol. 24, 2012, p.189.

[2] Cass. soc., 18 février 2019, n°18-12.603, Inédit.

[3] M. Bodier, M. Gollac, *op.cit.*

[4] *Ibid.*, p.142.

[5] C. Leborgne-Ingelaere, « Le harcèlement *via* les TIC dans les relations de travail », *JurisTourisme* n°228, 2020, p.21 ; J.-E. Ray, « À propos de la révolution numérique », *Droit social* n°10, 2012, p.934.

logique[1]. A été ainsi considéré comme harcèlement moral, et donc portant atteinte à la santé mentale du salarié, l'envoi par l'employeur de nombreux emails, appels téléphoniques, messages sur le téléphone personnel rappelant « sans cesse les chiffres à réaliser »[2]. La surcharge informationnelle, provoquée par l'usage compulsif des outils de communication numérique par le manager, est clairement identifiable, comme le démontre la décision de la Haute juridiction en date du 2 octobre 2019[3]. Dans cette affaire, un employeur a envoyé par *Skype* 13 messages le 17 février 2014, 8 le 18 février 2014, 10 messages le 21 février 2014, 13 le 24 février 2014, et atteignant le chiffre de 33 le 3 juin 2014. À l'aune de cette décision, il est alors possible de distinguer deux indicateurs de mesure de la charge informationnelle : (i) le nombre de messages et (ii) la fréquence des messages et appels téléphoniques. La substance des messages peut aussi être, à elle seule, source de surcharge informationnelle, dès lors que l'employeur donne des ordres contradictoires comme le confirme la Cour de cassation.

Prescription numérisée, source de surcharge mentale. — L'employeur, dans le cadre de son pouvoir de direction, ordonne le travail et peut ainsi utiliser des systèmes de prescription automatisée du travail, comme l'illustre parfaitement le modèle du *Lean management*. Instauré dans les années 1980, selon le « Toyota Production System », il se définit comme un « système informatisé recherchant la performance »[4]. L'objectif du *Lean management* est double avec d'une part, l'assurance « d'éliminer les gaspillages de diverses natures, maîtriser la variabilité de la demande, supprimer la surcharge des employés et des équipements, tout en cherchant la qualité »[5] et d'autre part, de « mieux répondre aux besoins des clients avec moins d'efforts, de stress, de charge de travail et de

[1] Cf. p. ex. cass. soc., 27 novembre 2019, n°17-31.258, Inédit ; cass. soc., 2 octobre 2019, n°18-17.972, Inédit ; cass. soc., 22 septembre 2010, n°09-41.495, Inédit.

[2] Cass. soc., 27 novembre 2019, n°17-31.258, Inédit.

[3] Cass. soc., 2 octobre 2019, n°18-17.972, Inédit.

[4] E. Bourdu, M.-M. Péretié, M. Richer, Rapport « La qualité de vie au travail : un levier de compétitivité, Refonder les organisations du travail », Terra Nova, Fabrique de l'industrie, Réseau Anact-Aract, octobre 2016, p.119.

[5] *Idem.*

ressources »[1]. Le *Lean management* pourrait être source de réduction de la charge de travail, mais l'Agence européenne pour la santé et la sécurité au travail dénonce les dangers de ce système sur la santé des salariés, dans l'hypothèse d'une « mauvaise mise en œuvre »[2]. Le rapport *Dupuis-Lecocq-Forest*[3] confirme cette logique en précisant que : « le Lean management [...] peut induire des effets négatifs sur la santé au travail et par répercussion sur la performance économique de l'entreprise. Et cela, à plus forte raison que la rapidité des évolutions technologiques et l'essor de l'intelligence artificielle, conjugués à de nouvelles formes de travail et des parcours professionnels fluctuants, pousseront les entreprises à constamment remettre en question leur mode d'organisation »[4].

L'impact de ce modèle de gestion sur la santé des salariés, caractérisé notamment par la suppression des temps « morts »[5] nécessaires au repos du corps, est donc fort. La gestion à flux tendu ne laisse pas le temps au corps de se reposer, ce qui est source d'intensification du travail[6]. Ce modèle génère « une augmentation générale des facteurs de pénibilité mentale et psychologique [...] »[7]. La Dares poursuit cette logique en relevant que les salariés, dont le travail est prescrit par un outil de déplacement automatique de pièces ou d'une machine, sont exposés à un risque d'intensification du travail qualifié par une absence de variété des tâches et de faibles marges de manœuvre. Ce mode de pouvoir impacte donc fortement la charge de travail, même si le développement de l'intelligence artificielle semble aussi jouer un rôle fondamental.

Avantages de l'intelligence artificielle dans le travail. — Le progrès rapide de l'intelligence artificielle offre de nouvelles opportunités pour l'emploi et particulièrement sur la productivité et donc la charge de travail. Il est raisonnable de considérer que l'intelligence artificielle comporte des

[1] *Idem.*

[2] *Idem.*

[3] B. Dupuis, C. Lecocq, H. Forest., avec l'appui de H. Lanouzière H., Rapport « Santé au travail : vers un système simplifié pour une prévention renforcée », 28 août 2018, p.22.

[4] *Idem.*

[5] E. Bourdu, M.-M. Pérétié, M. Richer, *loc. cit.*

[6] Le concept d'intensification au travail correspond à une forte demande sur un délai court.

[7] S. Hamon-Cholet, C. Rougerie, « La charge mentale au travail : des enjeux complexes pour les salariés », *Économie et statistique* n°339/340, 2000, p.243.

avantages pour les travailleurs. Par exemple, il est démontré que les agriculteurs « s'en sortent nettement mieux et sont plus productifs que s'ils utilisaient des outils qu'ils ont eux-mêmes fabriqués pour labourer leurs champs »[1]. Le transfert des tâches à faible valeur ajoutée et répétitives vers les outils numériques offre la possibilité aux salariés de se concentrer sur des activités uniquement réalisables par l'Homme. Ce changement de paradigme doit être entendu comme un progrès majeur. Il s'agit ici d'utiliser l'intelligence artificielle pour qu'existe un « travail réellement humain »[2]. Suivant cette logique, la déclaration de Philadelphie du 10 mai 1944[3] dispose que l'OIT a pour obligation de seconder les nations dans le Monde pour mettre en place des programmes propres à réaliser « l'emploi des travailleurs à des occupations où ils aient la satisfaction de donner toute la mesure de leur habileté et de leurs connaissances et de contribuer le mieux au bien-être commun »[4]. C'est précisément par la suppression des tâches « automatisables » que le travailleur pourra se concentrer sur des tâches et activités répondant à ce principe de travail réellement humain.

Intelligence artificielle comme outil d'assistance à la prise de décision. — Cette nouvelle technologie, qui prend place au cœur du pouvoir décisionnel de l'employeur, peut influer sur la charge de travail. La décision de la Cour de cassation en date du 12 avril 2018[5] confirme cette évolution en relevant que le logiciel *Watson*, utilisant l'intelligence artificielle, a pour objet d'aider les chargés de clientèle de la banque Crédit Mutuel, « en les réorientant à partir des mots clés qu'ils contiennent vers le guichet où ils pourront être directement traités »[6]. C'est en ces termes que l'évolution du pouvoir de direction se dessine. L'employeur ne transmet plus directement les tâches au salarié ; c'est l'application programmée par l'employeur qui le fait. Cependant, le pouvoir de

---

[1] E. Ekkehard, « L'intelligence artificielle : une opportunité ou un destructeur d'emplois ? », OIT, 27 février 2019.

[2] Cf. A. Supiot, *Le travail n'est pas une marchandise. Contenu et sens du travail au XXIe siècle*, Collège de France, 2019.

[3] Déclaration concernant les buts et objectifs de l'Organisation Internationale du Travail (Déclaration de Philadelphie).

[4] *Ibid.*, Titre III, §b.

[5] Cass. soc., 12 avril 2018, n°16-27.866, Inédit.

[6] *Idem.*

direction de l'employeur ne disparait pas ; il devient implicite. Dans ce contexte, le chef d'entreprise définit préalablement les compétences de chaque membre de son équipe afin que l'application puisse distribuer les mails aux interlocuteurs ayant les compétences requises pour répondre aux demandes. Cette définition des compétences est déterminante dans la mesure de la charge de travail et peut être un outil de régulation de celle-ci. Aussi, l'application offre la possibilité de traiter les mails « par ordre de priorité en raison de l'urgence qu'ils présentent »[1]. En gérant de cette manière l'urgence, l'intelligence artificielle vient jouer un rôle central dans la régulation de la charge de travail et donc dans la préservation de la santé des salariés. Toutefois, une attention particulière doit être portée sur la programmation du logiciel, afin de ne pas supprimer l'ensemble des tâches à faible valeur ajoutée. Celles-ci assurent un équilibre de la charge de travail, notamment en évitant de transmettre des tâches ayant uniquement un haut degré de complexité et en supprimant les marges de manœuvre des salariés. À défaut d'une répartition raisonnable de ces tâches, une surcharge cognitive peut surgir[2]. Cette question de l'automatisation des données selon une approche prédictive bouleverse le pouvoir de direction, car ce sont les droits fondamentaux qui peuvent être mis en danger par l'usage, volontairement ou involontairement, abusif de cette technologie moderne. L'usage de l'intelligence artificielle dans le cadre du pouvoir de direction de l'employeur exige de respecter les lignes de conduite posées par la Commission européenne, qui sont les suivantes : le respect du facteur humain et contrôle humain, le respect de la vie privée et gouvernance des données, la transparence, la diversité, la non-discrimination et l'équité, le bien-être sociétal et environnemental et la responsabilisation[3]. Désormais, l'employeur qui met en œuvre un outil d'aide à la décision doit s'assurer de respecter ces principes essentiels issus des droits fondamentaux et éthiques. Une atteinte à ces droits peut avoir des effets délétères sur l'intégrité mentale des travailleurs, dans l'hypothèse selon laquelle, par exemple, la charge cognitive du travailleur serait trop

---

[1] *Idem.*

[2] M. Bodier, M. Gollac, *op. cit.*, p.94.

[3] Commission européenne, Livre blanc « Intelligence artificielle : une approche européenne axée sur l'excellence et la confiance », 19 février 2020, COM (2020) 65 final, p.11.

importante ou par une exclusion automatique d'un candidat à l'embauche[1]. Par principe, l'intelligence artificielle est considérée comme à risques, c'est pourquoi la Commission européenne préconise certaines exigences pour protéger les individus. Dans le cadre de la régulation de la charge de travail, pourraient être retenues d'une part, l'exigence d'utilisation de données raisonnables et d'autre part, l'impératif de contrôle humain sur l'outil numérique[2]. La détermination du caractère raisonnable des données reposerait, pour l'employeur, sur trois conditions essentielles : (i) l'impératif d'utiliser un éventail de données suffisamment large ; (ii) une représentativité suffisante des données ; (iii) une garantie certaine de protection des données. Sur le contrôle humain l'employeur devrait également respecter trois conditions : (i) l'impératif de vérification du système préalablement à son utilisation ; (ii) la possibilité pour le salarié et l'employeur de suivre l'intelligence artificielle pendant son fonctionnement ; (iii) la capacité pour l'employeur d'intervenir en temps réel et de désactiver le système en cas de charge de travail excessive. Sans cadre précis sur l'usage de l'intelligence artificielle au travail il est certain que des risques subsistent.

L'intelligence artificielle : une approche européenne fondée sur les risques. — La commission européenne, dans sa proposition de règlement sur l'harmonisation des règles relatives à l'intelligence artificielle publiée le 21 avril 2021, après avoir définit les contours de cette technologie, base son règlement sur les risques liés à son utilisation. Le projet distingue trois niveaux de risques : faible, élevé, inacceptable. L'objectif du règlement visé est de garantir la sécurité et le respect des droits fondamentaux des personnes. Dans le champ du travail, l'intelligence artificielle est considérée comme ayant un risque élevé[3]. Cette technologie nouvelle comporterait donc des risques d'atteinte aux droits fondamentaux des travailleurs, ce qui n'est pas sans effet sur la santé mentale.

[1] Cf. Commission européenne, Livre blanc « Intelligence artificielle : une approche européenne axée sur l'excellence et la confiance », *op. cit.*, p.12 ; L. Malfettes, « Gestion du personnel par algorithmes et droits du salarié », *Droit social* n°07, p.591.

[2] Commission européenne, op. cit., p.23-24.

[3] Commission européenne, 21 avril 2021, COM(2021) 206 final, Artificial Intelligence Act, art. 6, §2.

Il est par conséquent légitime de rechercher les risques liés à la numérisation des modes de pouvoir de direction.

Risques liés à la numérisation des modes de management

Risques physiques. — L'intensification du travail imposé par les systèmes informatisés augmente le sentiment d'urgence des salariés[1], à l'origine de certains accidents de travail. L'hypothèse retenue est la suivante : l'urgence accentue le risque d'erreur et rend difficile l'exécution de certains gestes, puisque les travailleurs sont dans l'impossibilité de respecter rigoureusement les procédures, par manque de temps[2].

Risques mentaux. — Outre les risques pour la santé physique, une surcharge de travail imposée par les prescriptions numérisées peut causer des dommages sur la santé mentale du salarié. Le sentiment d'urgence créé par une prescription numérisée trop forte peut être source de stress[3]. Dans une décision de la Cour de cassation[4] est mis en relation le stress du salarié avec « des conditions de travail complètement dégradées : utilisation abusive de mails les week-ends et jours fériés, avec des questions posées le dimanche et l'exigence de réponses pour le lundi »[5]. Au surplus, dans l'hypothèse d'un stress prolongé, des pathologies plus graves peuvent émerger : syndrome métabolique, maladies cardiovasculaires, syndrome dépressif, épuisement professionnel, etc.[6] Il est donc incontestable qu'une prescription numérisée trop forte des ordres et directives de l'employeur peut avoir des conséquences notables sur la santé des travailleurs.

---

[1] P. Sarnin, « Santé des salariés : une urgence lourde de conséquences », *JurisAssociations* n°484, 2013, p.26.

[2] ANACT, « Les méthodes d'organisation du travail : le Lean en question », avril 2013, p.5, URL : https://www.anact.fr/sites/anact/files/note_lean_.pdf.

[3] Cf. p. ex. cass. soc., 6 février 2019, n°17-28.744, Inédit.

[4] *Idem.*

[5] *Idem.*

[6] Cf. en ce sens G. Sebaoun, *op. cit.* ; G. Dériot, Rapport d'information n°642 (2009-2010) fait au nom de la Mission d'information sur le mal-être au travail et de la commission des affaires sociales, déposé le 7 juillet 2010, p.10 ; ANI du 2 juillet 2008 sur le stress au travail.

Conclusion de section

Il ressort de cette analyse que les nouvelles technologies modifient en profondeur les expressions du pouvoir de direction. Cela s'explique notamment par le fait que le numérique est aujourd'hui un objet central du pouvoir normatif, dont l'employeur peut se servir pour sanctionner les travailleurs. En outre, le rôle de chacun dans l'organisation de travail devient plus confus. Ces changements génèrent incontestablement une surcharge mentale. Ce risque se confirme par la prescription numérisée du travail participant à la progression de la charge informationnelle. Enfin, la recherche relève que la montée en puissance de l'intelligence artificielle dans le champ de l'assistance aux prises de décisions de l'employeur est également source de surcharge cognitive.

2. Évolution du périmètre du pouvoir

Si l'impact du numérique sur l'expression du pouvoir de direction est avéré, il semble que l'émergence du télétravail remette en cause le périmètre du pouvoir. Suivant cette logique, il est crucial d'analyser la mise en place du télétravail (2.1) et les risques liés au télétravail (2.2).

2.1. Mise en place du télétravail

Parvenir à cette identification oblige, dans un premier temps, à analyser le cadre (2.1.1) puis, dans un second temps, le régime (2.1.2) du télétravail.

2.1.1. Cadre

Le télétravail est apparu sous l'égide d'un cadre européen avant d'être retranscrit dans un cadre national.

Cadre européen

Contexte. — Le 23 juillet 1997, la Commission européenne estimait que la transition numérique marquait un tournant majeur dans la société, nécessitant d'instaurer un cadre à la flexibilité des entreprises et la sécurité dans la vie professionnelle, notamment en ce qui concerne la mise en œuvre du télétravail[1]. En mars 2000, Le Conseil européen de Lisbonne dressait des lignes de conduite pour répondre à ces nouvelles exigences, afin de combiner l'amélioration la qualité de vie des individus et la compétitivité des entreprises[2]. Les partenaires sociaux ont décidé de négocier un accord-cadre européen le 10 juillet 2002 portant sur le télétravail[3].

Accord-cadre européen. — Son objectif est « d'établir un cadre général à l'échelon européen pour les conditions de travail des télétravailleurs et de concilier les besoins de flexibilité et sécurité commune aux employeurs et aux travailleurs »[4]. L'accord-cadre visé définit le télétravail comme une « forme d'organisation et/ou de réalisation du travail utilisant les technologies de l'information, dans le cadre d'un contrat ou d'une relation d'emploi, dans laquelle un travail, qui aurait également pu être réalisé dans les locaux de l'employeur, est effectué hors de ces locaux de façon régulière »[5]. À l'évidence, le télétravail modifie le périmètre d'exécution du pouvoir de direction, qui s'exprime à présent à l'extérieur de l'entreprise. Ce changement de paradigme doit nécessairement être pris en compte pour protéger la santé des télétravailleurs, car « ceux-ci ont droit à la même protection globale qu'aux travailleurs qui exercent leurs activités dans les locaux de l'entreprise »[6]. La volonté des partenaires sociaux est donc de combiner les besoins de flexibilité de l'employeur et la protection de la santé des télétravailleurs.

Contenu de l'accord-cadre européen. — L'employeur est responsable de la santé des télétravailleurs au même titre que les autres salariés, en respect de la Directive 2007/30/CE du 28 juin 2007[7] et des législations

---

[1] COM (97) 390 Final, Bruxelles, 23 juillet 1997, Communication de la Commission sur la dimension sociale et du marché du travail de la société de l'information, priorité à la dimension humaine —Les prochaines étapes.

[2] Le Conseil européen extraordinaire de Lisbonne (mars 2000) : vers une Europe de l'innovation et de la connaissance, URL : https://eur-lex. europa. eu/legal-content/FR/TXT/ ? uri=LEGISSUM:c10241.

[3] Accord-cadre européen du 10 juillet 2002, 24 mai 2005.

[4] *Idem.*

[5] *Idem.*

[6] *Idem.*

[7] Directive 2007/30/CE du Parlement européen et du Conseil du 20 juin 2007 modifiant la directive 89/391/CEE du Conseil, ses directives particulières ainsi que les directives du

nationales et des conventions collectives en vigueur[1]. Doit par ailleurs être organisée une formation appropriée du télétravailleur sur l'usage des outils et cette organisation du travail[2]. Cela correspond en droit français à l'obligation d'adaptation au poste qui incombe à l'employeur pour assurer la préservation de la santé physique et mentale des salariés[3]. Outre cette obligation de sécurité, « le télétravailleur gère l'organisation de son temps de travail. La charge de travail et les critères de résultats du télétravailleur sont équivalents à ceux de travailleurs comparables dans les locaux de l'employeur »[4]. Le télétravailleur doit donc avoir une autonomie qui s'apparente à celle des cadres au forfait-jours en droit français[5]. Toutefois, le chef d'entreprise doit s'assurer que la charge de travail est identique à celle des autres salariés, soulevant ainsi la difficile question du contrôle de l'activité à distance.

L'accord-cadre sur le télétravail prévoit des dispositions fondamentales dans la préservation de la santé des télétravailleurs, notamment en confirmant le maintien du pouvoir de direction à distance. Quel est le cadre national du télétravail ?

Cadre national

Cadre conventionnel. — L'accord-cadre du 10 juillet 2002[6] a été transposé en droit français à travers l'accord national interprofessionnel signé le 19 juillet 2005[7] substitué par l'ANI du 26 novembre 2020[8] et étendu par arrêté le 2 avril 2021. Les partenaires sociaux ont une approche extensive de la définition européenne. Ils ajoutent que les travailleurs nomades peuvent

---

Conseil 83/477/CEE, 91/383/CEE, 92/29/CEE et 94/33/CE, en vue de la simplification et de la rationalisation des rapports relatifs à la mise en œuvre pratique (Texte présentant de l'intérêt pour l'EEE).

[1] Accord-cadre européen du 10 juillet 2002, 24 mai 2005.

[2] *Idem.*

[3] Cf. en ce sens C. trav., art. L. 4121-1.

[4] Accord-cadre européen du 10 juillet 2002, 24 mai 2005.

[5] *Supra* p.39-43.

[6] Accord-cadre européen du 10 juillet 2002, 24 mai 2005.

[7] Accord national interprofessionnel du 19 juillet 2005, étendu par arrêté du 30 mai 2006, JO 9 juin 2006.

[8] Accord national interprofessionnel du 26 novembre 2020 pour une mise en œuvre réussie du télétravail

être qualifiés de télétravailleurs dès lors qu'ils répondent aux critères du télétravail posés au présent accord — (i) l'exécution à distance du travail aux moyens d'outils de communication ; (ii) le caractère régulier et volontaire de ce mode de travail (iii) le caractère réversible, assurant au salarié de revenir sur son poste dans les locaux de l'entreprise — dans le champ de la protection de la santé, il est tout d'abord étonnant de lire aux termes de l'article 3.4 que « si les dispositions légales et conventionnelles relatives à la santé et la sécurité au travail sont applicables aux salariés en télétravail, il doit être tenu compte du fait que l'employeur ne peut avoir une parfaite maitrise du lieu dans lequel s'exerce le télétravail et de l'environnement qui relève de la sphère privée. Certes, l'employeur dans le cadre de son pouvoir de direction ne doit pas porter atteinte à la vie privée des travailleurs, néanmoins il n'est pas admissible de prétexter sur ce motif un affaiblissement de l'obligation de sécurité qui pèse sur le chef d'entreprise. Ensuite, l'article 7.4 de l'ANI se borne à rappeler que « considérant les éventuelles difficultés que le télétravail en cas de circonstances exceptionnelles ou de force majeure peut occasionner pour les salariés, l'employeur porte une attention particulière à l'application des règles légales et conventionnelles relatives à la santé et la sécurité des salariés concernés »[1]. Aucune mesure concrète de protection de la santé des télétravailleurs n'est mentionnée. Seule une information du salarié sur « la politique de l'entreprise en matière de santé et de sécurité au travail, en particulier les règles relatives à l'utilisation des écrans de visualisation et de recommandations en matière d'ergonomie »[2] s'impose. Au surplus, l'ANI visé propose des actions afin de prévenir le risque d'isolement social notamment par « des règles de fonctionnement communes intégrant des repères relatifs aux activités, aux responsabilités individuelles et collectives, à la marge de manœuvre et à l'autonomie de chacun des salariés en télétravail, aux interlocuteurs et personnes ressources et aux modalités de leur interpellation sont autant de garants face au risque d'isolement. Les temps de travail collectif réguliers sont indispensables »[3]. Enfin, l'ANI met en avant l'importance d'instaurer un système d'alerte spécifique aux télétravailleurs. Il s'agit de préconisations

---

[1] *Ibid.*, art.7.3.

[2] *Ibid.*, art.3.4.2.

[3] *Ibid.*, art. 5.2.

nouvelles qui n'étaient pas inscrites aux termes de l'ANI du 19 juillet 2005. Les partenaires sociaux reprennent les dispositions de l'ANI précité rappelant l'obligation pour l'employeur d'assurer « au télétravailleur de respecter la législation relative à la durée du travail et particulièrement la durée maximale du travail et les temps de repos »[1]. La volonté est donc de maintenir l'obligation de sécurité qui pèse sur l'employeur, dans le cadre de son pouvoir de direction, en dehors de l'entreprise. Enfin, les partenaires sociaux imposent la mise en place d'entretiens réguliers entre la hiérarchie et le télétravailleur pour prévenir l'isolement social, c'est pourquoi l'organisation des entretiens d'évaluation prévus pour l'ensemble des salariés de l'entreprise doit être maintenue[2]. À l'évidence, la charge et l'organisation du travail sont à prendre en compte dans le cadre du télétravail pour préserver la santé des salariés. L'ANI pose ainsi le cadre des conditions d'exercice de ce mode d'organisation du travail.

Cadre légal. — En 2012 est promulguée la loi n° 2012-387 du 22 mars 2012[3] qui apporte, quant à elle, des précisions sur le régime du télétravail avec l'inscription dans le Code du travail des articles L. 1222-9 et suivants. Pour lever les freins éventuels à la mise en œuvre du télétravail et l'adapter à l'évolution des outils numériques, l'ordonnance du 22 septembre 2017[4] est venue préciser le cadre juridique du télétravail. Pour y parvenir, le législateur s'est inspiré du rapport commun des partenaires sociaux rendu le 7 juin 2017. Avant la promulgation de l'ordonnance visée, la réglementation sur le télétravail concernait celui exercé de manière régulière. En théorie, cette définition excluait de cette réglementation le télétravail occasionnel, pouvant être mis en œuvre dans certaines situations particulières (enfant malade, préconisation du médecin du travail, etc.). Le caractère régulier a été supprimé de la définition émergente de l'ordonnance n° 2017-1387, article 21. L'objectif était de clarifier cette notion, car elle était souvent

---

[1] *Ibid.*, art. 3.1.2.

[2] Accord national interprofessionnel du 19 juillet 2005, étendu par arrêté du 30 mai 2006, JO 9 juin 2006, art. 9.

[3] Loi n°2012-387 du 22 mars 2012 relative à la simplification du droit et à l'allégement des démarches administratives.

[4] Ordonnance n°2017-1387 du 22 septembre 2017 relative à la prévisibilité et la sécurisation des relations de travail.

interprétée comme « une obligation de fixité des jours de télétravail »[1]. Ainsi, pour échapper à la réglementation, les employeurs privilégiaient le recours au télétravail occasionnel[2]. Désormais, le télétravail occasionnel comme le télétravail régulier est soumis à la réglementation sur le télétravail. Une exception subsiste néanmoins : la mise en place du télétravail occasionnel reste allégée et nécessite seulement la mise en œuvre d'un avenant au contrat de travail pour lequel il n'y a plus de précisions sur son contenu depuis l'ordonnance du 22 septembre 2017. Toutefois, il semble indispensable de préciser le cadre sur les modalités de suivi de la charge de travail, afin de ne pas mettre en péril la santé du télétravailleur. Un accord commun par tout moyen peut aussi être envisagé[3] et dans ce cas de figure, il est également impératif de donner un cadre précis. Le télétravail régulier implique, quant à lui, d'engager une négociation d'un accord d'entreprise ou la mise en place d'une charte. L'avantage de négocier un accord collectif ou d'édicter une charte sur le télétravail serait de limiter les risques liés à une charge de travail excessive et d'isolement social, tout en encadrant le télétravail pour qu'il soit adapté aux besoins de l'entreprise et qu'il réponde aux aspirations du salarié. Au surplus, dans l'hypothèse où l'employeur opposerait un refus il devrait impérativement le motiver au salarié sans que ce soit basé sur des arguments discriminatoires ou abusifs. Il s'agit donc d'un « droit au télétravail » très relatif, car le salarié peut se voir refuser par son employeur la mise en place de ce mode d'organisation du travail. À l'inverse, l'employeur ne peut pas imposer le télétravail au salarié ; Ce dernier doit obligatoirement donner son accord[4]. Une autre particularité de l'ordonnance du 22 septembre 2017 est la suppression de l'obligation de consultation des représentants du personnel sur la mise en place effective du télétravail, dès lors qu'un accord collectif a été conclu[5]. C'est pourquoi, il est crucial que les partenaires sociaux définissent précisément les modalités de mise en œuvre du télétravail au sein de l'accord collectif pour encadrer cette pratique et protéger la santé des

---

[1] A. Lyon-Caen, *Ordonnances Macron*, Dalloz, 2018, p.343.

[2] Cf. rapport de conclusions de la concertation sur « le développement du télétravail et du travail à distance » rendu par les partenaires sociaux au Ministère du travail, le 7 juin 2017.

[3] C. trav., art. L. 1222-9.

[4] *Idem.*

[5] C. trav., art. L. 2312-14, al.3.

télétravailleurs *in fine*. En tout état de cause, l'absence d'accord collectif ou de charte rend impossible le recours au télétravail régulier. Au surplus, l'ordonnance visée supprime l'obligation pour l'employeur de prendre en charge « les coûts découlant directement de l'exercice du télétravail, notamment le coût des matériels, logiciels, abonnements, communications et outils ainsi que de la maintenance de ceux-ci »[1]. Cette disposition semblait obsolète, car certains frais comme l'utilisation de la connexion internet en situation de télétravail n'augmente pas le coût des forfaits. Nonobstant le retrait de cette prise en charge, reste l'obligation générale de l'employeur « de prendre en charge les frais occasionnés par l'exercice des fonctions »[2]. Enfin, une évolution importante de la réglementation est celle relative au régime de l'accident du télétravail qui est clairement identifié comme étant présumé être « un accident de travail au sens de l'article 411 du Code de la sécurité sociale »[3]. À ces évolutions légales s'ajoutent des dispositions nouvelles depuis la promulgation de la loi n° 2018-771 du 5 septembre 2018[4], imposant désormais à l'employeur de motiver son refus pour chaque demande émanant d'un travailleur en situation de handicap et de préciser dans l'accord collectif ou la charte les modalités d'accès à ces mêmes salariés à une organisation en télétravail. Malgré les évolutions légales, le cadre du télétravail reste trop faible pour assurer la protection de la santé des salariés[5], car il ne précise pas les modalités pratiques d'exécution du télétravail. Il est donc impératif de prendre en compte à la fois les dispositions conventionnelles et celles de nature légale pour protéger le salarié. Dans cette perspective, il est indispensable de respecter le régime juridique du télétravail.

2.1.2. Régime

Il est alors nécessaire de distinguer le régime de mise en œuvre de celui relatif à l'organisation.

---

[1] C. trav., art. L.1222-10.

[2] A. Lyon-Caen, *op.cit.*, p.350.

[3] C. trav., art. L.1222-9.

[4] Loi n°2018-771 du 5 septembre 2018 pour la liberté de choisir son avenir professionnel, art. 68.

[5] Cf. en ce sens Y. Lafargue, P.-Y. Verkindt, « Loi sur le télétravail : une avancée ? », *Revue de droit du travail* n°01, 2013, p.9.

Accord collectif. — Par principe, le télétravail doit être prévu par accord collectif précisant : « 1° les conditions de passage en télétravail, en particulier en cas d'épisode de pollution [...], et les conditions de retour à une exécution du contrat de travail sans télétravail ; 2° les modalités d'acceptation par le salarié des conditions de mise en œuvre du télétravail ; 3° les modalités de contrôle du temps de travail ou de régulation de la charge de travail ; 4° la détermination des plages horaires durant lesquelles l'employeur peut habituellement contacter le salarié en télétravail ; 5° les modalités d'accès des travailleurs handicapés à une organisation en télétravail »[1]. Toutefois, il est impossible de déroger à de nombreuses dispositions de l'ANI en vigueur[2]. L'avantage d'instaurer un accord collectif est donc d'apporter des améliorations au dispositif existant pour assurer une meilleure protection des travailleurs. En 2020, étaient recensés plus de 1300 accords collectifs sur le télétravail[3]. Même si l'évolution fulgurante du nombre d'accords sur le sujet est certainement dû à la pandémie de la Covid-19, il semble que les employeurs aient pris conscience des avantages de mettre en place ce mode d'organisation du travail. Les motivations relevées au sein des accords collectifs sont multiples : réduction des temps de transport, respect de l'équilibre vie privée vie professionnelle, attractivité de l'entreprise pour les candidats, transformation numérique et organisationnelle, amélioration de la performance, accès à l'emploi des travailleurs en situation de handicap, etc. Est ainsi mis en évidence une volonté des employeurs d'offrir des conditions de travail satisfaisantes aux salariés.

Charte. — Outre les accords collectifs, pour favoriser le télétravail, l'ordonnance du 22 septembre 2017[4] est venue assouplir les conditions de mise en place, en autorisant l'employeur à instaurer cette organisation du travail « dans le cadre d'une charte élaborée par l'employeur après avis du

[1] C. trav., art., L. 1222-9.

[2] Cf. en ce sens G. Dedessus-Le-Moustier, *Travail à domicile et télétravail – Le régime juridique du télétravail*, Répertoire de droit du travail, octobre 2013.

[3] Accords recensés sur Légifrance avec une recherche par thème « télétravail » entre le 1er janvier 2020 et le 31 décembre 2020.

[4] Ordonnance n°2017-1387 du 22 septembre 2017 relative à la prévisibilité et la sécurisation des relations de travail.

comité social et économique, s'il existe »[1]. En revanche, le contenu de la charte doit impérativement respecter les dispositions minimales imposées pour un accord collectif sur le sujet et notamment celles relatives à la charge de travail[2].

Accord par tout moyen. — En l'absence d'un accord collectif ou d'une charte, l'entreprise peut, malgré tout, mettre en place le télétravail par tout moyen[3]. Pour autant, il semble impératif d'impliquer les représentants du personnel dans cette démarche, afin de sécuriser sa mise en œuvre et ne pas porter atteinte à la santé des salariés.

Organisation

Impératif d'information des télétravailleurs. — En tout état de cause, les télétravailleurs doivent être informés sur l'utilisation des outils numériques, notamment en termes de confidentialité des données[4], mais aussi sur les restrictions et les sanctions en cas d'abus[5]. C'est pourquoi, la mise en place d'une charte informatique[6] tient toute son importance. Cependant, il est essentiel de distinguer les télétravailleurs des autres salariés, car les risques sont plus forts en dehors des locaux de l'entreprise[7]. Enfin, il incombe à l'employeur d'informer le télétravailleur sur les conditions d'organisation du télétravail, pour qu'il puisse prévoir sa charge de travail dans le temps. La simple formalisation du télétravail est insuffisante pour prendre en compte la charge de travail, c'est pourquoi il est nécessaire de l'organiser.

Obligation de formation préalable. — L'organisation du télétravail implique de former les télétravailleurs, mais aussi « le supérieur hiérarchique et les collègues directs »[8] à ce mode de travail, en respect de l'ANI du 27 novembre 2020. L'impératif de formation répond aux

---

[1] C. trav., art. L. 1222-9.

[2] *Supra* p.91.

[3] C. trav., art. L. 1222-9.

[4] Accord national interprofessionnel du 19 juillet 2005, étendu par arrêté du 30 mai 2006, JO 9 juin 2006, art. 3.4.1.

[5] C. trav. art. L. 1222-10, 1°.

[6] *Supra* p.76.

[7] G. Dedessus-Le-Moustier, *op. cit.*

[8] Accord national interprofessionnel du 27 novembre 2020 pour une mise en œuvre réussie du télétravail, art. 4.2.

exigences d'adaptation au poste qui incombent au chef d'entreprise[1]. Sur le contenu de cette formation, l'ANI visé distingue la formation de nature technique, relative à l'usage des nouvelles technologies et celle de nature organisationnelle, portant sur la manière d'exercer le travail[2]. La doctrine relève la nécessité de porter une attention particulière sur la question de l'autonomie du salarié[3]. L'objectif est de s'assurer que le salarié peut gérer seul son temps de travail et qu'en cas de problème technique sur ses outils de travail, il sait comment agir face à la situation, limitant ainsi les risques de perte de temps et donc de surcharge de travail.

Obligation d'organisation du temps de travail. — Toutefois, aux termes de l'article L. 1222-9 du Code du travail, l'employeur doit préciser dans l'accord ou la charte de télétravail, « les modalités de contrôle du temps de travail ou de régulation de la charge de travail »[4]. Le contrôle ne doit cependant pas être attentatoire à la vie privée du salarié, dans l'hypothèse où celui-ci télétravaillerait à son domicile. De plus, est imposée à l'employeur la détermination avec le salarié des plages de joignabilité[5], afin d'organiser la charge de travail dans le temps. Ces règles impératives limitent ainsi le pouvoir de direction dans le cadre du travail à distance. En cas de non-respect des obligations susvisées, il est légitime de rechercher les risques les liés au télétravail.

2.2. Risques liés au télétravail

Télétravail, source d'hyperconnexion. — Le télétravail interroge l'exercice du droit à la déconnexion prévu aux termes de l'article L. 2242-17 du Code du travail. Dans l'hypothèse où l'employeur n'imposerait pas de coupure réseau à partir d'une certaine heure, cela suppose que le salarié peut se connecter à tout moment, sans contrôle possible de sa hierarchie puisqu'il doit respecter la vie personnelle et familiale du salarié. Le risque d'une hyperconnexion et donc d'une surcharge temporelle de travail est

[1] Cf. M.-J. Gomez-Mustel, « Les enjeux de l'obligation d'adaptation », *Droit social* n°05, 2004, p.499.

[2] Accord national interprofessionnel du 27 novembre 2020 pour une mise en œuvre réussie du télétravail, art. 4.2.

[3] G. Dedessus-Le-Moustier, *op. cit.*

[4] C. trav., art. L. 1222-9, 3°.

[5] C. trav., art. L. 1222-9, 4°.

évident. C'est pourquoi les accords ou chartes de télétravail doivent préciser les modalités de déconnexion[1]. Désormais, certains accords mettent le sujet de déconnexion et du télétravail en perspective comme, par exemple, l'accord AXA France relatif au télétravail qui prévoit explicitement le droit à la déconnexion des télétravailleurs. À ce titre, l'accord précise que « les sollicitations par mail/SMS/contacts téléphoniques sont à éviter hors des heures habituelles de travail, le week-end et pendant les congés, et, en tout état de cause, les salariés ne sont pas tenus d'y répondre. Les collaborateurs disposent ainsi d'un droit à la déconnexion qui vise à préserver leur vie privée et à favoriser la meilleure articulation entre l'activité professionnelle et la vie personnelle et familiale »[2]. Cette disposition montre le lien intrinsèque entre le télétravail et le droit à la déconnexion, essentiel à la préservation de la santé des télétravailleurs.

Télétravail, source d'isolement social. — C'est aux termes de l'article 5 de L'ANI sur le télétravail du 27 novembre 2020 que le risque d'isolement social est mis en lien avec le télétravail. Il est précise aux termes de l'article 5 dudit ANI qu'« une attention particulière doit être portée non seulement aux salariés en télétravail, mais également à ceux qui travaillent sur site »[3]. Le télétravail comporte donc des risques pour le télétravailleur, mais aussi pour le salarié sur site qui peut se retrouver isolé du fait de cette distance dans les relations de travail. L'ANI évoque enfin que « la prévention de l'isolement participe (...) à la santé au travail »[4] car les salariés peuvent voir leur charge mentale et émotionnelle augmenter du fait d'une insuffisance, voire absence, de relations interpersonnelles. Comment qualifier une situation d'isolement ? Il faut distinguer les critères objectifs et les critères subjectifs. Sur les critères objectifs, il est possible de retenir,

---

[1] Cf. en ce sens J.-E. Ray, « Grande accélération et droit à la déconnexion » *Droit social*, n°11, 2016, p.912.

[2] Accord du 29 janvier 2020 relatif au télétravail dans AXA France, 29 janvier 2020, T09220016044 (Date de la publication sur Légifrance : 28/04/2020).

[3] Accord national interprofessionnel du 27 novembre 2020 pour une mise en œuvre réussie du télétravail, art. 5.

[4] *Idem.*

par exemple, le nombre de contacts par jour, la durée de l'isolement[1]. Sur les critères subjectifs, il est nécessaire de rechercher le niveau de soutien social professionnel et émotionnel de la hiérarchie[2]. L'objectif est de déterminer si le manager aide le salarié à réaliser sa tâche et à favoriser la collaboration[3]. Il y a donc une notion de moyens qui ressort de cette exigence, c'est pourquoi des éléments tels que l'accompagnement pratique, matériel et financier[4] peuvent être retenus pour déterminer le lien de causalité avec le dommage, en cas d'accident. L'isolement social traduit donc une sous-charge cognitive importante pouvant avoir des effets délétères sur la santé. Ce risque est d'autant plus important en période de pandémie, comme le relève une étude menée sur plus de 1000 personnes[5]. 40 % d'entre elles évoquent que le télétravail peut être source d'isolement social.

Analyser l'impact du télétravail sur la santé des salariés implique, dans un premier temps, de déterminer les risques physiques (2.2.1) et dans un second temps, les risques mentaux (2.2.2).

2.2.1. Risques physiques

Troubles musculosquelettiques. — À l'évidence, l'exercice prolongé de la prestation de travail sur écran de visualisation peut provoquer des troubles musculosquelettiques[6]. Ainsi, dans l'hypothèse d'une hyperconnexion, ce risque est fort. Néanmoins, si une telle situation peut être à l'origine de ces TMS, l'isolement social peut avoir des conséquences irrévocables sur la santé physique.

Maladies cardiovasculaires et suicide. — Dans certains cas extrêmes d'isolement social, des pathologies cardiovasculaires peuvent émerger et le

---

[1] M. Favaro, J. Marc, « Isolement et solitude au travail », *Références en santé au travail* n°160, INRS, décembre 2019, p.176.

[2] Dares, « les facteurs psychosociaux au travail une évaluation par le questionnaire de Karasek dans l'enquête Sumer 2003 », *Premières informations et premières synthèses* n°22. 1, mai 2008.

[3] *Idem.*

[4] M. Bodier, M. Gollac, *op. cit.*, p.126.

[5] Etude menée par opinionway en juin 2020 sur le « confinement et télétravail ».

[6] *Supra* p.49.

suicide est également un risque lié à une telle situation[1]. Ce constat est relevé depuis les années 70 par les épidémiologistes qui attestent des « effets délétères de l'isolement social et de l'absence de soutien social pour la santé physique »[2], c'est pourquoi l'employeur doit impérativement prévenir ces situations pour répondre à son obligation de sécurité qui pèse sur lui, même dans le cadre du télétravail. En conséquence, il est donc admis que le télétravail comporte des risques physiques. Toutefois, il existe également des risques mentaux.

2.2.2. Risques mentaux

Hyperconnexion, source de troubles anxieux voire d'épuisement professionnel. — En cas de non-respect des temps de repos et d'allongement des amplitudes de travail, des troubles anxieux peuvent émerger[3], pouvant amener le salarié à un épuisement professionnel[4].

Isolement social, source de syndrome dépressif. — Au surplus, dans l'hypothèse selon laquelle le télétravailleur serait en situation d'isolement social provoqué par un manque cruel de soutien social de sa hiérarchie, alors le salarié peut être victime de dépression[5]. Incontestablement, le télétravail comporte des risques forts pour la santé mentale des salariés.

Conclusion de section

À l'évidence, le télétravail remet en cause le périmètre d'exécution du pouvoir de direction. La distance s'installe dans le rapport hiérarchique imposant de respecter un formalisme spécifique qu'il est indispensable de sécuriser pour garantir un *minimum* de protection aux salariés. Par ailleurs, il est essentiel d'accompagner les télétravailleurs notamment en termes d'information et de formation sur l'organisation du travail selon ce modèle. Ces impératifs sont d'autant plus importants, que le télétravail

---

[1] L. Lerouge, « Les "risques psychosociaux" en droit : retour sur un terme controversé », *Droit social* n°02, 2014, p.152.

[2] M. Bodier, M. Gollac, *op. cit.*

[3] *Supra* p.49.

[4] *Supra* p.50.

[5] P. Berjaud, A. Bounedjoum, M. Van-Labeke, « Le management 2.0 et la santé au travail », *La Semaine Juridique Générale* n°18, 4 mai 2015, p.549.

peut générer des risques forts pour la santé physique et mentale du travailleur.

Conclusion de chapitre

La distance du rapport hiérarchique comme élément d'appréciation de la charge mentale. — Il est indéniable que le numérique réinterroge le pouvoir de direction à la fois dans son contenu et son périmètre, dont les impacts sur la charge mentale du salarié sont forts. La mesure de la charge de travail doit nécessairement prendre en compte ces évolutions afin de ne pas laisser le salarié dans une situation de sous-charge ou surcharge de travail. C'est précisément la distance introduite par le numérique dans le rapport employeur-salarié qui est la cause d'une charge de travail inadaptée.

Indices d'un rapport hiérarchique numérisé, ayant des effets néfastes sur la santé du salarié. — À l'évidence, l'absence d'une charte informatique et de télétravail, dont le rôle est de réguler les usages du numérique et les comportements nocifs pour la santé du salarié, peut être un indice sur le risque de survenance d'une sous-charge ou surcharge de travail. Au surplus, l'absence de formation et d'information est aussi un indice. En tout état de cause, la nocivité du pouvoir de direction se traduit par le manque de soutien social du manager. Enfin pour déterminer si la charge de travail est raisonnable, doivent être pris en compte les moyens mis en œuvre pour éviter l'hyperconnexion. En revanche, apprécier la charge de travail à l'ère du numérique, impose de prendre en compte l'évolution de la surveillance et du contrôle de l'activité des salariés, inhérent au lien de subordination et donc associé au pouvoir de direction.

CHAPITRE 2.

Numérisation du pouvoir de contrôle

Pouvoir de contrôle. — Indispensable à la caractérisation du lien de subordination, le pouvoir de surveillance et de contrôle est une prérogative de l'employeur, ayant pour finalité de vérifier la bonne exécution de la prestation de travail et les résultats[1]. À ce titre, « l'employeur tient à sa disposition des procédés allant de la surveillance physique par le patron ou un supérieur hiérarchique à la biométrie [...] »[2]. Les méthodes de surveillance ont évolué concomitamment à l'émergence des nouvelles technologies, ce qui n'est pas sans impact sur la charge de travail et la santé des salariés *in fine*.

Hypothèses avancées. — Afin de comprendre l'impact du numérique sur la charge de travail des salariés, il est nécessaire d'analyser dans un premier temps l'ampleur de la numérisation des procédés de contrôle (1) et dans un second temps, les risques liés à la numérisation des procédés de contrôle (2).

1. L'ampleur de la numérisation des procédés de contrôle

L'usage des nouvelles technologies dans l'exercice du pouvoir de contrôle est certainement un marqueur important de l'évolution du lien

---

[1] Cf. p. ex. cass. soc., 14 mars 2000, n°98-42.090, Bull. civ. V, n°101 ; cass. soc., 18 mars 2008, n°06-45.093, Bull. 2008, V, n° 64 ; Semaine sociale Lamy n°1348, 2008, note P. Waquet.

[2] G. Auzero, D. Baugard, E. Dockès, *Droit du travail*, Dalloz, Précis, 2019.

de subordination. Cette évolution se traduit par un contrôle numérique de la prestation (1.1) et un contrôle numérique du corps (1.2).

1.1. Contrôle numérique de la prestation

Il faut distinguer les méthodes utilisées pour contrôler l'activité (1.1.1) de celles mises en place afin de contrôler les usages numériques (1.1.2).

1.1.1. Contrôle de l'activité par les technologies

Vidéosurveillance. — L'un des premiers moyens de contrôle numérique de l'employeur est la vidéosurveillance, ayant pour finalité d'assurer la protection des biens et des personnes de l'entreprise[1],ce qui vient accroître incontestablement la cybersurveillance des salariés[2]. Le numérique offre au chef d'entreprise une alternative de mesure, à distance, de l'activité et de la qualité du travail exécuté. Néanmoins, cette méthode n'est pas sans risque pour la charge mentale des travailleurs[3], comme le relève la CNIL qui estime que la vidéosurveillance « constitue toujours un facteur d'inquiétude pour les salariés »[4]. Cela s'explique par le visionnage, par l'employeur, des images à distance, depuis un ordinateur ou un smartphone, mais aussi par l'enregistrement des sons associés à ces images[5]. La doctrine s'est très largement emparée du sujet, relevant incontestablement les abus de l'employeur sur l'usage massif de ce moyen de contrôle augmentant, *de facto*, la charge cognitive des travailleurs[6]. Dans

[1] CNIL, Rapport « La vidéosurveillance – vidéoprotection au travail », La Documentation française, 23 juillet 2018.

[2] M. Grivy, « Vidéosurveillance dans l'entreprise : un mode normal de contrôle ? », *Droit social* n°04, 1995, p.329.

[3] Cf. en ce sens A. Supiot, « Travail, droit et technique », *Droit social* n°01, 2002, p.13.

[4] CNIL, Rapport d'activité de l'année 2018, La Documentation française, 2019, p.44.

[5] *Idem.*

[6] Cf. en ce sens J.-E. Ray, « Tous connectés partout, tout le temps », *Droit social* n°06, 2015, p.516 ; C. Radé, « Nouvelles technologies de l'information et de la communication et nouvelles formes de subordination, *Droit social* n°01, 2002, p.26 ; A. Supiot, « Travail, droit et technique », *Droit social* n°01, 2002, p.13 ; H. Bouchet, « Droit du travail et NTIC », *Droit social* n°01, 2002, p.78 ; J.-C. Sciberras, « L'irrigation des nouvelles technologies de l'information et de la communication : point de vue d'un praticien », *Droit social* n°01, 2002, p.93 ; M. Grivy, « Vidéosurveillance dans l'entreprise : un mode normal de contrôle ? », *Droit social* n°04, 1995, p.329.

cette perspective, la CNIL constate l'utilisation excessive de ces dispositifs dans certaines entreprises, les condamnant ainsi, la plupart du temps, à une mise en demeure (école 42, Institut des techniques informatiques et commerciales, etc.)[1]. Toutefois, la surcharge mentale se caractérise uniquement en présence de deux critères cumulatifs : (i) la disproportion au but recherché[2], ainsi attentatoire au respect la vie privée[3] et (ii) lorsque la vidéosurveillance est mise en place de manière constante et permanente[4], sauf dans certaines circonstances, par exemple pour les métiers nécessitant la manipulation d'argent (banque, etc.), comme l'a confirmé récemment la Cour Européenne des Droits de l'Homme[5], ou pour des salariés travaillant dans des entrepôts de produits et de biens de valeur[6]. Plusieurs cas d'espèce[7] établissent un lien direct entre l'usage du procédé visé et la surcharge cognitive, engendrant du stress[8]. Le lien intrinsèque entre l'exercice du pouvoir de contrôle par la vidéosurveillance et l'augmentation certaine de la charge mentale des salariés, impose d'interroger les autres moyens de surveillance.

Logiciel espion utilisé aux fins de surveiller l'activité des salariés. — Certains employeurs n'hésitent pas à mettre en œuvre des outils de contrôle de l'activité des salariés, extrêmement intrusifs dans la vie privée de ces derniers, par exemple les logiciels espions, touchant ainsi

[1] CNIL, *loc. cit.*

[2] Cf. p. ex. CE, 10e/9e SSR, 18 novembre 2015, n°371196, Inédit au Recueil Lebon ; CNIL, 23 octobre 2014, délibération n°2014-426 ; CNIL, 17 juillet 2014, délibération n°2014-307.

[3] Cf. en ce sens C. trav., art. L. 1121-1 ; Sur l'atteinte à la vie privée du salarié cf. notamment cass. soc., 23 juin 2021 (arrêt n° 804), n° 19-13-856, FS-B.

[4] Cf. en ce sens cass. soc., 20 novembre 1991, n°88-43.120, Bull. 1991, V, n°519, p.323 ; CA, Paris, Pôle 6, chambre 4, 17 octobre 2018, RG n°14/12617 ; CNIL, La vidéosurveillance – vidéoprotection au travail, 27 novembre 2019, URL : https://www.cnil.fr/fr/la-videosurveillance-videoprotection-au-travail ; CNIL, communiqué, 23 janvier 2013.

[5] CEDH, Grande Chambre, 17 octobre 2019, Aff. 1874/13 et 8567/13.

[6] CNIL, *loc. cit.*

[7] Cf. en ce sens CA, Amiens, 16 janvier 2018, RG n°15/03456 ; CA, Lyon, 10 juin 2015, RG n°14/07056 ; CA, Toulouse, 8 février 2019, RG n°16/02625.

[8] Cass. soc., 2 juillet 2014, n°13-19.990.

frontalement leur charge mentale[1]. Certes, certains abus des salariés peuvent être dénoncés quant à l'usage fait d'internet, mais cela ne justifie pas une telle atteinte à la santé. Ces logiciels peuvent, par exemple, enregistrer toutes les saisies de clavier, le nombre de clics de souris, les sites internet consultés, etc.[2] Ces logiciels sont illicites comme le rappelle la Cour de cassation[3], s'appuyant sur l'article 323-1 du Code pénal sanctionnant tout accès ou maintien frauduleux dans tout ou partie d'un système automatisé[4]. Suivant cette logique, la CNIL juge illicite le contrôle d'activité du salarié par ce moyen numérique, sauf « à l'exception d'impératifs forts de sécurité, et d'une information spécifique des personnes concernées des outils dénommés »[5]. Il est flagrant que la mise en place d'un tel logiciel peut impacter la charge cognitive du salarié. Toutefois, d'autres méthodes de surveillance de l'activité, pourtant licites, touchent frontalement la charge mentale des travailleurs.

Système de badge électronique. — Considéré comme un moyen de contrôle ancien[6], le système de badge électronique peut être mis en place sans autorisation spécifique de la CNIL, dès lors que les données récoltées ne sont pas sauvegardées[7]. Cependant, une absolue vigilance est de mise lorsque le badge a pour objet de vérifier les entrées et sorties du salarié, car il enregistre les données du travailleur et rend obligatoire la déclaration auprès de la CNIL et l'information des salariés[8]. Toutefois, un tel système peut avoir des incidences sur la charge mentale des salariés, dès lors qu'il

---

[1] L. Casaux-Labrunée, « Vie des salariés et vie de l'entreprise », *Droit social* n°04, 2012, p.331.

[2] *Idem.*

[3] Cass. crim., 10 mai 2017, n°16-81.822, Inédit.

[4] C. pén., art. 323-1.

[5] CNIL, « les outils informatiques au travail », 25 juillet 2018 ; CNIL, communiqué, 20 mars 2013.

[6] J.-E. Ray, « Nouvelles technologies et nouvelles formes de subordination », *Droit social* n°06, 1992, p.525.

[7] CNIL, Rapport « La cybersurveillance sur les lieux de travail », La Documentation française, 5 février 2002.

[8] Loi n°2004-801 relative à la protection des personnes physiques à l'égard des traitements de données à caractère personnel et modifiant la loi n°78-17 du 6 janvier 1978 relative à l'informatique, aux fichiers et aux libertés, 6 août 2004 ; Loi n°78-17 relative à l'informatique, aux fichiers et aux libertés, 6 janvier 1978.

ne serait pas fiable et infalsifiable[1]. Suivant cette théorie il est prohibé d'apporter « les correctifs *a posteriori* des enregistrements réalisés » et ils ne doivent pas contenir de « système d'écrêtage, de forfaitisation ou de suppression des heures »[2]. Par ailleurs, l'impact sur la santé se confirme, dans l'hypothèse où la badgeuse serait éloignée des vestiaires, et que le temps de déplacement des salariés entre les salles de repos et les vestiaires n'est pas comptabilisé comme du temps de travail effectif, augmentant donc les amplitudes sur lieu de travail[3].

Système de géolocalisation. — La surveillance de la durée du travail et de l'activité du salarié est facilitée par l'utilisation des systèmes de géolocalisation, notamment pour les salariés itinérants. Cet accès simplifié aux données relatives à la position géographique du travailleur peut, en revanche, avoir des effets significatifs sur la santé psychique de ce dernier, qui est « tracé » par son employeur, même en dehors des locaux de l'entreprise. C'est pourquoi, afin d'éviter les dérives, la CNIL a édicté des préconisations (finalité des données, contenu des données, etc.)[4], s'appuyant notamment sur les dispositions de la loi « informatique et libertés »[5]. La Cour de cassation rappelle, quant à elle, qu'un contrôle du temps de travail [par la géolocalisation] d'un salarié disposant d'une liberté dans l'organisation de son travail n'est pas autorisé[6]. Il est donc interdit d'utiliser la géolocalisation pour contrôler l'activité des cadres dirigeants et des salariés en convention de forfait-jours. Mais, la Haute juridiction est venue ajouter un deuxième motif d'illicéité portant, cette fois-ci, sur les autres salariés, dans un arrêt du 19 décembre 2018[7]. Dans cette affaire, les juges estiment que le contrôle de la durée du travail par un tel dispositif n'est licite qu'à la condition unique que le contrôle ne peut être fait par un

[1] C. trav., art. L. 3171-4, al. 3.
[2] G. Vachet, *op. cit.*
[3] Cf. en ce sens cass. soc.13 juillet 2004, n°02-15.142, Bull. 2004, V, n°205 p.190.
[4] Délibération n°2006-066 du 16 mars 2006 portant adoption d'une recommandation relative à la mise en œuvre de dispositifs destinés à géolocaliser les véhicules automobiles utilisés par les employés d'un organisme privé ou public.
[5] Loi n°78-17 relative à l'informatique, aux fichiers et aux libertés, 6 janvier 1978.
[6] Cf. en ce sens cass. soc., 3 nov., 2011, n° 10-18.036, Bull. 2011, V, n°247 ; D. Boulmier, « Surveillance des salariés : licéité d'une surveillance des salariés de l'entreprise par d'autres salariés », *Droit social* n°01, 2015, p.81.
[7] Cass. soc., 19 décembre 2018, n°17-14. 631, Publié au bulletin.

autre moyen[1]. Ils appuient notamment leur décision au principe qu'un système de géolocalisation crée incontestablement une surcharge mentale, pouvant avoir des effets délétères sur la santé, puisque l'employeur est immédiatement informé de l'activité du salarié et peut ainsi le sanctionner sans délai[2].

Contrôle de l'activité par un traitement en temps réel de l'information. — Outre les systèmes de géolocalisation, il existe des systèmes informatiques ayant pour finalité de contrôler en temps réel l'activité des travailleurs pouvant générer du stress. Dans une décision de la Cour de cassation en date du 7 décembre 2016[3] sont dénoncées de graves atteintes à la santé des salariés « du fait que les salariés travaillaient sous contrôle permanent de leur activité, résultant de la gestion informatisée du centre d'appels et du traitement en temps réel de l'information, laquelle était relayée par les bandeaux d'affichage placés en hauteur dans l'open-space, permettant à chacun de connaître l'état du flux des appels et le niveau de disponibilité de chaque intervenant »[4]. Néanmoins les juges estiment que cette atteinte n'est pas fondée au motif que le Rapport Technologia rendu en février 2012 démontre que ces panneaux n'étaient pas perçus comme des moyens de pression et que « ce panneau ne contenait aucune référence à l'atteinte « d'objectifs », aucune référence à une quelconque cadence de travail, aucun comparatif par rapport à des statistiques relatives à des périodes antérieures mais uniquement le flux d'appels en cours à un instant donné »[5]. En d'autres termes, dès lors que le contrôle en temps réel de l'activité n'impose pas aux salariés d'atteindre des objectifs de performance, alors la santé de ces derniers n'est pas touchée. Incontestablement, les nouvelles technologies métamorphosent l'exercice du pouvoir de contrôle, ayant pour conséquence une augmentation de la charge mentale. Ainsi, il est

---

[1] *Idem.*

[2] G. Vachet, Durée du travail : fixation et aménagement du temps de travail – Contrôle de la durée du travail, Répertoire de Droit du travail, Septembre 2014 (actualisation : Octobre 2019).

[3] Cass. soc., 7 décembre 2016, n° 15-16.769, Punlié au bulletin.

[4] *Idem.*

[5] *Idem.*

nécessaire de rechercher l'évolution des moyens contrôles utilisés pour surveiller les usages numériques des travailleurs.

1.1.2. Contrôles des usages numériques

Usage d'internet à des fins personnelles au travail. — Certains salariés peuvent être tentés d'utiliser internet à des fins personnelles sur leur temps de travail de façon immodérée[1] puisqu'en « quelques secondes, un salarié peut, sur son instrument de travail, quitter sa vie professionnelle pour développer une vie personnelle au travail avec une offre de produits extrêmement variée (s'informer, faire ses courses, réserver un billet de train, d'avion, communiquer...) »[2]. Cette facilité de passer de la sphère professionnelle à la sphère personnelle sur ses temps et lieux de travail, en cas d'abus manifeste d'utilisation d'internet à des fins personnelles, engendre une surcharge informationnelle clairement identifiable. Nonobstant ce risque de surcharge cognitive, il est évident qu'une restriction totale d'internet est irréaliste à l'ère du numérique et porterait atteinte aux libertés du travailleur[3] qui a le droit au respect de sa vie personnelle au travail[4]. La Cour Européenne des Droits de l'Homme a d'ailleurs rappelé dans une décision du 5 septembre 2017[5] que l'accès aux emails privés par l'employeur est strictement interdit.

Contrôle de la messagerie professionnelle. — Si l'usage d'internet au travail implique un contrôle *minimum* de l'employeur pour réguler la charge de travail du salarié, il est alors légitime de questionner l'étendue de ce pouvoir lorsqu'il s'agit de l'usage de la messagerie professionnelle. Une utilisation déraisonnable de celle-ci à des fins personnelles peut aussi ajouter une surcharge informationnelle. Pour autant, la réception et l'envoi de courriels personnels sont admis[6], c'est pourquoi la jurisprudence[7] est venue encadrer l'étendue du pouvoir de contrôle, afin de ne pas porter

---

[1] Cf. en ce sens cass. soc., 18 mars 2009, n°07-44.247, Inédit.

[2] P.-H. Antonmattei, « NTIC et vie personnelle au travail », *Droit social* n°01, 2002, p.37.

[3] CNIL, *op.cit.*

[4] P. Waquet, « La vie personnelle du salarié », *Droit social* n°01, 2004, p.23 ; P. Waquet, « Vie personnelle et vie professionnelle du salarié », *CSBP* n°64, 1994, p.289.

[5] CEDH, 5 septembre 2017, Bàrbulescu c. Roumanie, req. n° 61496/08. Cette décision est la réponse en appel de l'arrêt n° 61496/08 de la CEDH du 12 janvier 2016.

[6] CNIL, *op. cit.*

[7] Cass. soc., 2 octobre 2001, n°99-42.942, Bull. 2001, V, n° 291, p.233.

atteinte à la vie personnelle du salarié. Le célèbre arrêt *Nikon*[1] interdit formellement l'employeur à prendre connaissance du contenu des échanges à caractère personnel, c'est donc naturellement que se pose la question de la distinction entre la nature professionnelle et la nature personnelle des courriels. Les juges qualifient, par principe, l'ensemble des emails envoyés ou reçus depuis le poste informatique de travail, ne comportant pas d'indications claires et non équivoques du caractère personnel, comme étant professionnels. Dans l'hypothèse où ce courriel n'aurait pas la mention « personnel » ou « privé » dans son objet, mais qu'il serait enregistré dans un répertoire qualifié comme tel, alors cela conférerait aux messages le caractère non professionnel, les protégeant ainsi par le secret des correspondances[2]. Ce socle protecteur est un corollaire du droit fondamental de la « libre communication des pensées et des opinions »[3], mais aussi un droit de la personnalité au principe qu'il « garantit non seulement l'intérêt individuel, mais également l'intérêt général »[4], en lien étroit avec le droit au respect de la vie privée[5]. La Cour régulatrice est d'ailleurs venue réaffirmer ce principe dans un arrêt du 26 janvier 2016[6]. Manifestement, le non-respect de ce droit peut créer un préjudice moral au salarié. À l'évidence, les technologies classiquement utilisées pour contrôler les salariés peuvent impacter leur charge cognitive, mais les systèmes biométriques toujours plus performants prennent une place centrale dans le pouvoir de direction.

1.2. Contrôle numérique du corps

Caractéristiques de la biométrie. — La biométrie correspond aux « techniques permettant d'identifier une personne à partir de l'un ou plusieurs de ses caractères biologiques ou comportementaux »[7]. Les données

---

[1] *Idem.*

[2] Cass. soc., 2 oct. 2001, n°99-42.942, Bull. civ. V, n°291.

[3] Y. Favier, *Correspondance – Messages électroniques*, Répertoire de droit civil, octobre 2019 (actualisation : décembre 2019).

[4] *Idem.*

[5] C. civ., art. 9.

[6] Cass. soc., 26 janvier 2016, n°14-15.360, FS-P+B.

[7] C. Cabal, Rapport « sur les méthodes scientifiques d'identification des personnes à partir de données biométriques et les techniques de mise en œuvre », Office parlementaire

biométriques se définissant par leur rattachement unique à l'individu sont donc des données personnelles. Ce système utilise des caractéristiques mesurables du corps humain, par exemple, l'empreinte digitale, la géométrie de la main, l'iris, la rétine, la reconnaissance faciale, le réseau veineux, la thermographie du visage, etc.[1] À l'évidence, un pareil dispositif de contrôle des salariés, qui s'identifient alors « corporellement »[2], peut être à l'origine d'une surcharge cognitive puisque cela implique l'intrusion de la vie intime du salarié, alors source de préjudice moral. Suivant cette logique, pourquoi l'employeur utilise-t-il cette technologie si intrusive ?

Objet du contrôle biométrique. — Le choix d'installer un système biométrique a pour finalité de surveiller les accès de l'entreprise et d'assurer ainsi la préservation de ses intérêts légitimes[3]. Cette sécurisation est rendue possible par la traçabilité des données personnelles, recensées et stockées. Le suivi de la circulation des personnes, dans un cadre spatio-temporel très large à l'aide de ces données personnelles optimise la surveillance. Cela repose sur l'idée que leur caractère unique identifie incontestablement la personne ayant accédé à l'entreprise et à ces outils, dans l'hypothèse où la biométrie serait également utilisée pour déverrouiller les systèmes informatiques. Par ailleurs, l'avantage majeur de la biométrie au travail serait de « libérer » la personne de ses mouvements. C'est ainsi que l'annonce le projet de recherche européen *Humabio*[4], confirmé ensuite par la CNIL dans une décision en date du 10 mars 2016[5] précisant que « le dispositif bimodal apporte un niveau de sécurité additionnel au contrôle d'accès par rapport, d'une part, au moyen de la seule empreinte digitale, et d'autre part, à la simple présentation d'un

d'évaluation des choix scientifiques et technologiques, session ordinaire de 2002-2003, p.7.

[1] *Ibid.*, p.16-23.

[2] C. cass., Rapport annuel 2005 de la Cour de cassation, « L'innovation technologique », La Documentation française, 2006.

[3] H. Bouchet, Rapport de la CNIL « la cybersurveillance sur les lieux de travail », La Documentation française, 5 février 2002 ; CNIL, 12 mai 2011, délibération n°2011-141 ; CNIL, 21 septembre 2011, délibération n°2011-283 ; CNIL, 21 septembre 2011, délibération n°2011-284 ; CNIL, 1 décembre 2011, délibération n°2011-385 ; CNIL, 1 décembre 2011, délibération n°2011-386.

[4] Human Monitoring and Authentication using Biodynamic Indicators and Behavioural Analysis, URL: http://www.humabio-eu. org/.

[5] CNIL, 10 mars 2016, délibération n°2016-063.

badge individuel. Il répond à la nécessité de garantir la fluidité des accès, *y* compris dans les situations d'urgence, qui seraient impossibles en présence d'une barrière d'accès avec un contrôle humain »[1]. Certes, cet outil a vocation à protéger les salariés en cas de risque grave et imminent imposant de quitter immédiatement les locaux de l'entreprise (incendie, etc.), mais utilise leurs données personnelles en continu ; le corps du travailleur devient alors une clé d'accès aux locaux et aux outils de l'entreprise[2]. Outre cette « liberté », le projet de recherche *Humabio* relève que cette solution technologique pourrait assurer la vérification du taux d'alcool ou de stupéfiants dans le corps et garantir la vérification du nombre d'heures de sommeil du salarié avant qu'il commence sa prestation de travail[3]. Même si cette solution semble vouloir protéger la santé des travailleurs, elle reste clairement intrusive dans la vie privée et intime de ce dernier, touchant frontalement sa charge mentale.

Critères de mise en œuvre. — Le contrôle biométrique est intrusif au corps humain ce qui peut, dans certains cas, être source de surcharge cognitive. C'est pourquoi, d'après le rapport sur *les méthodes scientifiques d'identification des personnes à partir de données biométriques et les techniques de mise en œuvre*[4], le respect de deux critères cumulatifs est essentiel lors de la mise en place de ce système de surveillance : (i) l'accessibilité et (ii) l'apprentissage[5]. Pour caractériser l'accessibilité, il faut analyser le degré de réticences du salarié, se traduisant notamment par « la peur de la technique, la crainte d'une atteinte à la vie privée, l'aversion du contact physique avec un objet [...] ou l'image négative que peut avoir telle technique dans l'opinion publique »[6]. Mais ces caractéristiques psychologiques restent difficiles à appréhender, car elles sont variables[7], d'où l'impératif de rechercher le consentement du travailleur. Dans la supposition où la mise en place d'un contrôle biométrique n'est pas consentie, alors il est qualifié de contraignant

[1] CNIL, 10 mars 2016, délibération n°2016-063.

[2] CNIL, 21 septembre 2011, délibération n°2011-284 ; CNIL, 1 décembre 2011, délibération n°2011-385.

[3] Comité Consultatif National d'Ethique pour les Sciences de la Vie et de la Santé, avis n°98, *Biométrie, données identifiants et droits de l'homme*, 26 avril 2007, p.2, accessible sur : https://www.ccne-ethique.fr/sites/default/files/publications/avis098.pdf.

[4] C. Cabal, *op. cit.*

[5] *Ibid.*, p.28-29.

[6] *Idem.*

[7] *Idem.*

pour le salarié. Cette contrainte se mesure à partir du niveau d'intrusion de la vie privée. Sur le critère d'apprentissage, les personnes étant plus ou moins habiles et enclines à utiliser les nouvelles technologies, il est crucial de vérifier que les salariés ont été informés et formés à l'usage de ces outils, afin de ne pas générer une surcharge mentale.

Le respect de ces deux conditions est irréfragable, car cette évolution des procédés de contrôle et de surveillance des salariés remet en cause sa nature passant d'un contrôle instantané à un contrôle *a posteriori*[1], comportant des risques pour la santé de ces derniers. Suivant cette logique, la CNIL relève que « pour les salariés, la différence de nature entre les TIC et tout ce qui précède réside en la capacité nouvelle de la technologie de conserver toutes les traces laissées par la personne »[2]. Il est alors légitime de mettre en dialogue ce changement de nature du contrôle avec l'évolution de sa temporalité.

Changement de temporalité induit par la conservation numérique des données. — La possibilité pour l'employeur de conserver numériquement les données des salariés rend possible un contrôle du travail *a posteriori* et c'est précisément sur cet aspect que se mesure l'impact de la biométrie sur la charge cognitive des salariés, car à la suite de l'exécution de la prestation, l'employeur, qui aura accès aux données enregistrées, pourra ainsi constater une faute à tout moment et, *in fine,* sanctionner le travailleur, ce qui n'est pas sans risque pour l'état psychologique. Ces données stockées posent la question de la traçabilité dans le temps et l'espace.

Traçabilité du salarié par les données personnelles. — La conservation des données et l'accès à celles-ci par l'employeur, lui donne la possibilité de « tracer » l'activité du salarié, comme avec les systèmes de géolocalisation[3], qui peuvent être coupés à tout moment par le travailleur. Néanmoins, il semble moins évident d'empêcher l'employeur d'accéder aux données issues d'un système biométrique. Le fait pour le salarié de devoir garder son badge avec lui pour accéder aux locaux et activer (ou désactiver) ses outils numériques de travail, impose à ce dernier de les avoir sur soi de manière permanente, interrogeant, en conséquence, le droit au respect de la vie personnelle, attendu que l'employeur pourrait prendre connaissance de la localisation de son salarié lors de ces moments de vie personnelle au travail et hors travail,

[1] H. Bouchet, *op. cit.*, p.3.

[2] *Idem.*

[3] *Supra* p.100.

en admettant que ce dernier garde constamment son badge sur lui. La traçabilité du travailleur apparaît donc sans frontière. Nonobstant cette violation notable de la vie personnelle, l'immixtion de la puce sous-cutanée dans la sphère professionnelle est encore plus préoccupante.

Puce sous-cutanée : incarnation de la suprématie du pouvoir de contrôle. — Certains systèmes biométriques intégrés à des puces RFID (*Radio Frequency Identification*) peuvent, dans certains cas excessifs, être intégrés sous la peau, comme cela a pu être relevé au sein de certaines sociétés[1]. Si le salarié peut se séparer de son badge, il est impossible de se détacher de manière autonome d'une puce sous-cutanée. Ainsi, l'éventualité d'un abus de pouvoir de l'employeur, qui géolocaliserait de manière continue ses salariés, semble une voie d'accès rendue possible par cette nouvelle technologie, non sans risque pour la santé.

Conclusion de section

À l'évidence, l'utilisation des données personnelles dans l'exercice du pouvoir de contrôle devient la norme. Elles sont utilisées comme voie d'accès à l'entreprise et à ses outils, mais aussi pour contrôler l'activité du travailleur. Ce contrôle illimité implique de rechercher les risques liés à la numérisation des procédés de contrôle.

2. Les risques liés à la numérisation des procédés de contrôle

Contrôle illimité du salarié, source de risques. — L'employeur peut certes contrôler l'activité et les comportements du salarié par l'usage d'outils numériques variés, toutefois il est impératif qu'il soit limité dans le temps. Les dispositifs émergents assurent un contrôle instantané du travailleur[2]. Dans l'hypothèse d'un usage abusif de l'employeur des

---

[1] Cf. p. ex. Société *Three square Market* URL : //kstp.com/news/wisconsin-company-to-implant-microchips-in-employees-three-square-market/4549459/ ; Société *Epicenter* : https://www.ibtimes. co. uk/stockholm-office-workers-epicenter-implanted-microchips-pay-their-lunch-1486045.

[2] Cf. en ce sens J.-E. Ray, « Nouvelles technologies et nouvelles formes de subordination », Droit social n°06, 1992, p.525.

technologies de surveillance à distance, le pouvoir de contrôle numérique du chef d'entreprise peut alors s'exercer en continu. Il est certain que l'évolution des moyens de contrôle est vectrice d'une pression mentale plus importante sur les salariés[1]. Cela se justifie par le fait que l'employeur peut accéder à leurs données, même pendant les périodes « hors travail », car ces outils « laissent des traces »[2] dans le temps. Ainsi, la frontière entre vie personnelle et vie professionnelle est rompue, ce qui peut comporter des risques pour la santé des travailleurs[3]. Ce décloisonnement du pouvoir de contrôle modifie également le cadre spatial dans lequel la surveillance des salariés s'exerce ce qui peut également être source de risque. La géolocalisation[4] illustre parfaitement cette évolution puisque « "l'ADN" des techniques de géolocalisation réside dans la traçabilité géographique »[5]. Le risque est que le chef d'entreprise abuse de ce moyen de contrôle et l'utilise de façon continue, pouvant ainsi porter atteinte à la vie privée et la liberté d'aller et venir du travailleur, puisqu'une précision sur leur itinéraire est accessible. Cette évolution des procédés de contrôle comporte des risques mentaux (2.1) et des risques physiques (2.2).

2.1. Des risques psychosociaux liés à la violation de l'intimité

Violation de la vie personnelle au regard du risque psychosocial. — Le Code civil prévoit une protection de la vie privée de chaque individu qui s'étend aux travailleurs[6]. C'est un droit pour lequel « aucune raison de principe ne permet d'exclure les activités professionnelles ou commerciales de la notion de vie privée »[7]. La Cour de cassation est venue réaffirmer ce principe dans son célèbre arrêt *Nikon* du 2 octobre 2001[8] qui précise que

---

[1] Cf. en ce sens E. Dockès, « Le pouvoir dans les rapports de travail », *Droit social* n°06, 2004, p.620.

[2] Rapport d'étude et de consultation publique de la CNIL La Cybersurveillance des salariés dans l'entreprise.

[3] *Infra* p.107.

[4] *Supra* p.100.

[5] A. Gardin, « Géolocalisation du véhicule du salarié : quand finalité, proportionnalité et fiabilité font loi », *Revue de droit du travail* n°09, 2015, p.544.

[6] C. civ., art. 9.

[7] CEDH, 4 mai 2000, Affaire Rotaru C. Roumanie n°28341/95.

[8] Cass. soc., 2 octobre 2001, n°99-42.942, Bull. 2001, V, n°291, p.233.

« le salarié a droit, même au temps et au lieu de travail, au respect de l'intimité de sa vie privée »[1]. Les juges sont venus élargir ce droit au respect de la vie personnelle. Néanmoins, cette violation est admise lorsque le motif est légitime. Une attention particulière doit cependant être portée sur le pouvoir de contrôle de l'employeur, car le recueil des données personnelles des salariés risque de porter atteinte au respect de leur vie privée, même intime, comme l'annonce la CNIL dans son rapport d'activité de l'année 2001[2]. Le salarié, comme tout individu, a l'entière maîtrise de son corps ce qui implique nécessairement des droits de la personnalité. La doctrine vient d'ailleurs s'inscrire en ce sens, précisant que ces droits peuvent s'entendent comme « des droits au respect d'informations identifiantes »[3]. Une interprétation en ce sens confirme l'impact de la « biométrisation »[4] de l'Homme sur sa santé morale, car ce système utilise les données identifiantes du travailleur, qui sont stockés dans une base de données centralisée, hors du contrôle et de la possession du salarié, et susceptible d'être accessible à tous »[5]. Ces systèmes interrogent par ailleurs la question du respect de la dignité des travailleurs. La violation de la vie personnelle du salarié impacte le corps moral de ce dernier. Le contrôle abusif de l'employeur peut, par exemple, être source de stress[6] constituant ainsi risque psychosocial fort. Toutefois, pour caractériser cette violation et donc le rapport intrinsèque entre l'outil de contrôle utilisé et l'état de santé du salarié, il est nécessaire de distinguer trois critères : (i) la proportionnalité au but recherché ; (ii) la nécessité impérieuse ; (iii) la limitation spatio-temporelle du contrôle numérique[7].

Atteinte à la dignité humaine, source d'altération de la santé mentale du salarié. — Manifestement, ce principe fondamental impose

---

[1] *Idem.*

[2] CNIL, 22e rapport d'activité, 2001.

[3] L. Marino, obs. sous cass. civ. 1re, 14 juin 2007, n°06-13.601, Bull. civ. I, n°236, D. 2007.

[4] Comité Consultatif National d'Ethique pour les Sciences de la Vie et de la Santé, avis n°98, Biométrie, données identifiants et droits de l'homme, 26 avril 2007, accessible sur : https://www.ccne-ethique.fr/sites/default/files/publications/avis098.pdf.

[5] L. Dauxerre, « Informatique et libertés — Le corps, carte d'identité du salarié », *La Semaine Juridique Sociale* n°46, 11 novembre 2008, 1578.

[6] Cf. en ce sens ANI du 2 juillet 2008 sur le stress au travail.

[7] Cf. sur ce point CEDH, 17 octobre 2019, n°1874/13.

de distinguer la personne humaine de la propriété inaliénable[1]. Le pouvoir de contrôle numérique de l'employeur ne saurait justifier le renoncement par le salarié de son humanité. C'est dans ce cadre que l'obligation de consentement prend tout son sens, car, à défaut, une atteinte à la dignité est caractérisée. Cette hypothèse repose sur le principe que « le consentement garantit l'inviolabilité de ce droit fondamental et donc à une irréductibilité du travailleur à une somme de données quantifiables protégeant la personnalité unique de chacun malgré la similarité des tâches à accomplir sur le lieu de travail »[2]. Toutefois, au-delà du consentement, le simple usage des données personnelles dans le cadre de l'exercice du pouvoir de contrôle du chef d'entreprise peut altérer l'identité même du salarié. Cette atteinte « identitaire » peut exister si l'employeur ne respecte pas le principe fondamental de protection des données personnelles selon lequel il lui est interdit de faire un fichage généralisé des informations relatives aux salariés. Paul Ricœur relève que « c'est sur ce trajet de la référence identifiante que nous rencontrons pour la première fois la personne, en un sens très pauvre du mot qui distingue généralement cette entité des corps physiques. Identifier, à ce stade élémentaire, ce n'est pas encore s'identifier soi-même, mais identifier « quelque chose »[3]. C'est précisément cette déshumanisation provoquée par le contrôle numérique (biométrie, géolocalisation) qui touche à l'ipséité du salarié et à sa dignité humaine *in fine*[4]. Cette logique est également attestée par la Commission nationale consultative des droits de l'Homme déclarant que par « l'extraction du patrimoine biologique »[5], la collecte de données biométriques est inhérente à la dignité humaine et qu'un usage abusif de ces informations est attentatoire à ce droit fondamental. L'impact du pouvoir de contrôle numérique sur la dignité du salarié a pour effet

---

[1] C. Dupré, « Le respect de la dignité humaine : principe essentiel du droit du travail », *Revue de droit du travail* n°11, 2016, p.670.

[2] C. Dupré, *loc. cit.*

[3] P. Ricœur, *Soi-même comme un autre*, Seuil, 1990, p.39.

[4] Cf. en ce sens P. Adam, « La "dignité du salarié" et le droit du travail », *Revue de droit du travail* n°03, 2014, p.244.

[5] C. Byk, « Biométrie et Constitution : est-il déjà trop tard pour les libertés publiques ? », *JCP* G 2008, I, 154, §6.

d'altérer sa santé psychique[1]. C'est précisément la « circulation » des données inhérentes au corps du salarié qui est à l'origine de ce risque[2]. Aux termes de l'article 1152-1 du Code du travail, « aucun salarié ne doit subir les agissements répétés de harcèlement moral qui ont pour objet ou pour effet une dégradation de ses conditions de travail susceptible de porter atteinte à ses droits et à sa dignité, d'altérer sa santé physique ou mentale ou de compromettre son avenir professionnel »[3]. Il faut cependant relever que ce n'est pas le harcèlement en lui-même qui altère la santé mentale du salarié ; c'est l'atteinte à la dignité qui est en cause comme le précisent judicieusement les partenaires sociaux dans l'accord national interprofessionnel sur le harcèlement et la violence au travail du 26 mars 2010[4]. Les juges poursuivent d'ailleurs cette logique[5]. Malgré l'évidente atteinte à la santé mentale du travailleur, peuvent aussi surgir des risques physiques.

2.2. Des risques physiques alarmants

Atteinte physique. — Deux conditions indissociables, définies aux termes de l'article 16-1 du Code civil, sont à prendre en compte pour autoriser cette atteinte. Premièrement, l'altérité au corps doit être inhérente à une « nécessité thérapeutique pour la personne »[6] et deuxièmement, elle doit être consentie[7]. En quoi l'utilisation de puces sous-cutanées mises en place dans certaines entreprises[8] répond-elle à ces conditions ? Le recueil du consentement du salarié préalablement à la mise en place et à l'utilisation d'un système biométrique est un impératif

---

[1] Cf. en ce sens C. Cabal, *op. cit.*, p.28 ; P. Adam, *Harcèlement moral – Contours juridiques de la notion de harcèlement moral*, Répertoire de droit du travail, octobre 2019 (actualisation : février 2020).

[2] C. Cabal, loc. cit.

[3] C. trav., art. L. 1152-1.

[4] Accord du 26 mars 2010 sur le harcèlement et la violence au travail, art. 2, §1.

[5] Cf. p. ex. CA Paris, 24 juin 2005, RG no04/31598, CA Grenoble, 25 octobre 2004, RG no02/01973.

[6] C. civ., art. 16-3.

[7] *Idem.*

[8] *Supra* p.106.

introduit par le Règlement européen Général de Protection des Données[1]. Cela se traduit par la « manifestation de volonté, libre, spécifique, éclairée et univoque par laquelle la personne concernée accepte, par une déclaration ou par un acte positif clair, que des données à caractère personnel la concernant fassent l'objet d'un traitement »[2]. Cependant, ce principe doit être combiné avec celui de la nécessité médicale. Avant la loi du 27 juillet 1999[3], relative à la création de la couverture maladie universelle (CMU), l'atteinte au corps était possible seulement par nécessité « thérapeutique ». Néanmoins, cette notion était insuffisante face au principe de proportionnalité. Cette dernière correspond uniquement aux actes de diagnostic ou de traitements et non pas aux actes préventifs. C'est pourquoi, le législateur subsista la terminologie de « thérapeutique » par « médicale », ayant ainsi une portée plus large. En revanche, ces actes doivent avoir pour objectif de préserver, voire de rétablir la santé de l'individu. Dans cette perspective en quoi l'implantation d'une puce sous-cutanée, peut-elle caractériser une nécessité médicale ? En l'occurrence, ce système n'est pas mis en place dans le but de « soigner » les travailleurs, mais seulement dans une logique de contrôle des déplacements et des accès dans l'entreprise. Ainsi, en cas de mise en place d'un système sous-cutané il est évident qu'une atteinte physique est caractérisée, mais quels sont les risques ?

Risque d'accident pulmonaire. — La surveillance biométrique du salarié par l'implantation d'une puce sous-cutanée est certainement l'illustration la plus marquante de l'évolution du pouvoir de contrôle de l'employeur. Cette puce est introduite dans le corps à l'aide d'une seringue, un acte qui touche incontestablement le corps humain. Pourtant, le respect du principe de précaution s'impose afin de protéger les travailleurs. La Commission européenne estime, à ce titre, que le champ d'application du principe visé « est beaucoup plus vaste, plus particulièrement lorsqu'une

[1] Règlement (UE) 2016/679 du Parlement européen et du Conseil du 27 avril 2016 relatif à la protection des personnes physiques à l'égard du traitement des données à caractère personnel et à la libre circulation de ces données, et abrogeant la directive 95/46/CE (règlement général sur la protection des données) (Texte présentant de l'intérêt pour l'EEE).

[2] *Idem.*

[3] Loi no99-641 du 27 juillet 1999 portant création d'une couverture maladie universelle.

évaluation scientifique objective et préliminaire indique qu'il est raisonnable de craindre que les effets potentiellement dangereux pour l'environnement ou la santé humaine, animale ou végétale soient incompatibles avec le niveau élevé de protection choisi pour la Communauté »[1]. L'application de cette règle est admise lorsqu'il existe un risque, un dommage probable et une incertitude sur l'émergence de ce dommage[2]. Suivant cette théorie, il est essentiel d'apporter une protection maximale au corps du salarié, surtout face à l'émergence des puces sous-cutanées dans la sphère professionnelle, n'apportant pas, à l'heure actuelle, de précisions sur les éventuels dommages pouvant être causés par celles-ci, mis à part dans d'autres domaines que le travail, comme le constate l'Agence Nationale de Santé du Médicament et des produits de santé (ANSM) concernant les puces contraceptives (identiques en termes de taille, d'emplacement dans le corps humain et de méthode d'implantation que celles utilisées dans le monde du travail) qui peuvent se déplacer dans le corps, notamment dans les artères pulmonaires, comportant des risques graves pour la santé tels que la survenance d'un accident cardiovasculaire, d'une embolie pulmonaire, etc.[3]

Conclusion de section

Manifestement, le contrôle numérique exercé sur les travailleurs comporte des risques physiques et mentaux forts. Dans cette perspective, il incombe à l'employeur de mettre en place des outils respectueux des libertés fondamentales et de la vie privée.

---

[1] A.-L. Madinier, *La surveillance de demain : puces RFID et implants sous-cutanés In : Un monde sous surveillance ?* Presses Universitaires de Perpignan, Perpignan, 2011 (généré le 09 février 2018). URL :. ISBN : 9782354122942. DOI : 10. 4000/books. pupvd.3969.

[2] J. Molinier, Principes généraux — Teneur des principes généraux du droit, Répertoire de Droit européen, mars 2011.

[3]ANSM, « Implant contraceptif Nexplanon : renforcement des mesures de réduction du risque de migration notamment dans l'artère pulmonaire - Lettre aux professionnels de santé », 14 janvier 2020.

Conclusion de chapitre

Sur l'évolution des procédés de contrôle au prisme de la charge de travail. — En conclusion, il s'avère que les procédés de contrôles utilisés, dans le cadre du pouvoir de l'employeur changent de nature passant de systèmes de contrôle de la prestation de travail à des procédés de contrôle du corps, créant ainsi une surcharge pour ces derniers. Ce changement est corrélé au progrès de la biométrie. Cette transformation se traduit par un changement de temporalité du pouvoir de contrôle de l'employeur, augmentant la charge cognitive du salarié. Celui-ci peut être sanctionné *a posteriori,* grâce à la conservation des données. Au surplus, les informations collectées ne sont plus de simples identifiants, mais des données uniques, propres au corps humain (ADN, Iris, etc.), de l'ordre de l'intime. L'utilisation des données personnelles pour exercer le contrôle des salariés est cependant limitée par les principes classiques de proportionnalité et de l'intérêt légitime, mais accentue l'impératif de transparence vis-à-vis des salariés. Le Règlement Général européen de Protection des Données est, quant à lui, venu affirmer une obligation de consentement éclairé. Ces impératifs sont indissociables de la régulation de la charge de travail des salariés.

Sur les risques pour la santé des salariés. — Il ressort de cela que certains procédés, notamment biométriques, violent les droits fondamentaux des salariés. L'analyse a mis en avant que les puces sous-cutanées ne doivent pas être admises dans le champ du travail, car elles ne répondent pas à une nécessité médicale qui est un critère essentiel caractérisant l'atteinte au corps humain. Au surplus, la violation de la vie privée rendue possible par les données personnelles est inconcevable dans le champ de la santé au travail. Enfin, le respect de la dignité humaine est aussi un impératif auquel l'employeur ne peut déroger. Dès lors qu'une seule de ces règles est violée, c'est une surcharge mentale ou physique pour le salarié qui en découle.

Conclusion du Titre II

Numérisation du lien de subordination, source de surcharge de travail. — La recherche confirme le fort impact des nouvelles technologies sur le lien de subordination, ayant pour conséquence une augmentation de la charge de travail. Le numérique s'introduit au cœur du pouvoir de direction de l'employeur modifiant ainsi en profondeur ses expressions et son périmètre. Ces changements ne sont pas sans effets sur la charge de travail qui s'intensifie. Le salarié est confronté à une surcharge informationnelle continue. Des risques d'épuisement professionnel, de maladies cardiovasculaires, etc. surgissent. Toutefois, la numérisation du pouvoir de direction et de contrôle fait naître de nouveaux risques. Il s'agit des préjudices subis par le salarié lorsque l'employeur use de son pouvoir pour violer les droits fondamentaux (vie privée, données personnelles, dignité, intégrité physique et morale).

Numérisation du lien de subordination, source de sous-charge de travail. — Outre le risque de surcharge de travail, un risque de sous-charge émerge. Celui-ci se traduit par l'isolement social auquel le salarié peut être confronté, notamment lorsqu'il est en télétravail. Les risques pour la santé sont multiples : maladies cardiovasculaires, suicide, etc.

Conclusion de la première Partie

Constat. — La recherche met en évidence une évolution certaine de la charge de travail provoquée par l'intrusion des nouvelles technologies dans la sphère professionnelle. Il y a certes une diminution progressive de la charge physique de travail, mais la charge mentale devient plus intense ayant pour conséquence la survenance de troubles physiques et psychiques sur la santé des salariés. L'objet de la première partie de cette recherche était d'analyser cette évolution à partir d'une analyse de la numérisation de la prestation de travail et du lien de subordination, pour objectiver *in fine* la charge de travail à l'ère du numérique. L'examen soulève la difficulté de définir cette notion dans le cadre d'une analyse combinée de l'organisation collective du travail et des capacités physiques, intellectuelles et psychiques du salarié qui est impérative.

Proposition de définition de la charge de travail. — Toutefois, la charge de travail pourrait se définir comme :

> la mise en concurrence des moyens temporels, matériels, financiers et humains mis à la disposition du salarié ou de l'agent du service public en fonction de ses capacités physiques et mentales, avec les exigences de l'organisation collective et individuelle de travail.

Cette définition inscrit un socle à partir duquel une appréciation raisonnable de la charge de travail, reposant sur des critères objectifs, peut être réalisée. Il faudra ensuite examiner au cas par cas les situations pour qualifier le caractère excessif de la charge de travail, puisqu'il n'existe pas d'unité de mesure unique des capacités psychiques.

Appréciation de la charge de travail. — Apprécier la charge de travail à l'ère du numérique rend indispensable l'analyse du caractère raisonnable du temps de travail, notamment au regard du respect des temps de repos. Ensuite, l'employeur doit garantir l'exécution de la prestation de travail dans un environnement exempt de gênes sonores et visuelles. Outre ces attentions particulières, il est impératif que les ordres et directives émis par voie numérique soient transmis de manière raisonnable. L'employeur ne doit pas utiliser les emails, le téléphone ou autres outils de communications de manière disproportionnée par rapport aux besoins réels de l'activité. Il est important de souligner que la charge de travail est moins excessive lorsque le chef d'entreprise privilégie des outils d'aide à la décision. Toutefois, ces derniers doivent être programmés de telle manière à ne pas générer de surcharge ou sous-charge de travail. Aussi, dans l'hypothèse selon laquelle l'entreprise pratiquerait le télétravail, il est essentiel de maintenir le lien social entre le manager et le télétravailleur pour ne pas générer une situation d'isolement social. Au surplus, sur la charge de travail, le télétravailleur doit être traité de façon identique à un salarié *in situ*. En d'autres termes, il est indispensable que le salarié ne soit pas dans l'obligation de fournir une charge de travail supplémentaire au motif qu'il est en télétravail. Suivant cette logique, l'amplitude de travail ne doit pas non plus s'étendre. En tout état de cause, que le salarié s soit sur site ou à distance, il est crucial de clarifier l'organisation de travail. Les rôles et responsabilités de chacun doivent être identifiables sans équivoque. Enfin, le numérique touche frontalement le pouvoir de contrôle de l'employeur ; le contrôle de l'activité doit rester proportionné au but recherché afin de générer une surcharge mentale.

En conclusion de cette première approche, il est crucial d'analyser dans quelle mesure le droit à la santé est source d'encadrement de la charge de travail à l'ère du numérique.

SECONDE PARTIE.

LE DROIT DE LA SANTE, SOURCE D'ENCADREMENT DE LA CHARGE DE TRAVAIL

Obligation fondamentale de préservation de la santé des travailleurs. — Protéger le salarié des risques liés à une charge de travail excessive répond à l'exigence fondamentale de protection de la santé des individus au travail. Aux termes de l'alinéa 11 du préambule de la Constitution du 27 octobre 1946, chaque travailleur a droit à « la protection de la santé, la sécurité matérielle, le repos et les loisirs »[1]. Cette volonté se poursuit aux termes de l'article 151 du Traité de fonctionnement de l'Union européenne[2] qui se réfère, dans un premier temps, à la Charte sociale européenne révisée du 3 mai 1996. Celle-ci prévoit notamment que « tous les travailleurs ont droit à la sécurité et à l'hygiène dans le travail »[3]. Dans un second temps, le Traité de fonctionnement évoque la Charte communautaire des droits sociaux fondamentaux des travailleurs de 1989[4] qui dispose que : « tout travailleur doit bénéficier dans son milieu de travail de conditions satisfaisantes de protection de sa santé et de sa sécurité. Des mesures adéquates doivent être prises pour poursuivre l'harmonisation dans le progrès des conditions existantes dans ce domaine. Ces mesures tiendront compte, notamment,

---

[1] Préambule de la Constitution du 27 octobre 1946, al.11.

[2] Traité sur le fonctionnement de l'Union européenne (version consolidée), JOUE, 26 octobre 2012.

[3] Charte sociale européenne révisée, Partie I, al.3, JOUE, 3 mai 1996.

[4] Charte communautaire des droits sociaux fondamentaux des travailleurs, CCE, 9 décembre 1989.

de la nécessité d'une formation, d'une information, d'une consultation et d'une participation équilibrée des travailleurs en ce qui concerne les risques encourus et les mesures prises pour supprimer ou réduire ces risques »[1]. L'obligation de sécurité qui pèse sur l'employeur[2] repose sur ce texte fondateur de la protection de la santé au travail.

Problématique. — Comment répondre à cette exigence fondamentale face aux risques liés à l'évolution de la charge de travail à l'ère du numérique ? En d'autres termes, il s'agit rechercher dans quelle mesure la charge de travail peut être encadrée par le droit de la santé au travail ?

Hypothèses avancées. — Pour répondre à cette question et cet impératif il faut distinguer les mesures de prévention de la charge de travail (Titre I) et les dispositifs de traitement de la charge de travail (Titre II).

[1] *Ibid.*, art.19.

[2] C. trav., art. L.4121-1 et s.

TITRE I.

La prévention des risques liés à la charge de travail

Fondements de la prévention. — Aux termes de l'article L. 4121-1 du Code du travail, l'employeur a pour obligation de prendre « les mesures nécessaires pour assurer la sécurité et protéger la santé physique ou mentale des travailleurs »[1]. Par ailleurs, « conformément aux instructions qui lui sont données par l'employeur, dans les conditions prévues au règlement intérieur pour les entreprises tenues d'en élaborer un, il incombe à chaque travailleur de prendre soin, en fonction de sa formation et selon ses possibilités, de sa santé et de sa sécurité ainsi que de celles des autres personnes concernées par ses actes ou ses omissions au travail »[2]. Dans cette perspective les parties au contrat de travail devront assurer la prévention des risques d'atteinte à l'intégrité physique et morale de chacun, dans le strict respect du droit fondamental à la santé[3].

Nature de l'obligation de prévention. — La démarche de prévention des risques professionnels est un corollaire de l'obligation de moyens renforcée (ou de résultats atténués)[4] et, dans cette perspective, les juges considèrent que « ne méconnaît pas l'obligation légale lui imposant de prendre les mesures nécessaires pour assurer la sécurité et protéger la santé

---

[1] C. trav., art. L. 4121-1.

[2] C. trav., art. L. 4122-1.

[3] Déclaration du Dr Tedros Adhanom Ghebreyesus, Directeur général de l'OMS, La santé est un droit humain fondamental, Journée des droits de l'homme, 10 décembre 2017, URL : https://www.who.int/mediacentre/news/statements/fundamental-human-right/fr/.

[4] Cf. en ce sens cass. soc., 19 juin 2019, n^os^17-31.182 ; 18-11.545.

physique et mentale des travailleurs, l'employeur qui justifie avoir pris toutes les mesures prévues par les textes susvisés »[1]. C'est pourquoi, ce dernier doit inclure dans la démarche de prévention de l'entreprise des mesures assurant la régulation de la charge de travail, afin d'éviter ou de limiter les risques pour la santé physique et mentale des salariés. Suivant cette logique, comment prévenir ces risques ?

Hypothèses avancées. — Pour y parvenir, il est indispensable de mettre en place une démarche d'évaluation (chapitre 1) et d'éviction des risques liés à la charge de travail (chapitre 2).

[1] Cass. soc., Ass. Plén., arrêt n°643, 5 avril 2019, n°18-17.442.

CHAPITRE 1.

Évaluation des risques liés à la charge de travail

Évaluation des risques, point de départ de la prévention. — Une démarche de prévention efficace à l'ère du numérique oblige l'employeur à évaluer les risques de sous-charge de travail et surcharge de travail inhérents à l'usage des nouvelles technologies dans l'entreprise. Le décret n° 2011-354 du 30 mars 2011[1] précise que la pénibilité des travailleurs est rattachée à des « facteurs de risques professionnels liés à des contraintes physiques marquées, à un environnement physique agressif ou à certains rythmes de travail susceptibles de laisser des traces durables identifiables et irréversibles sur la santé »[2]. Cette définition fait uniquement référence à la santé physique ; le Code du travail reste silencieux sur le risque psychosocial. Pourtant aux termes de l'article L. 4121-1 du Code du travail, il incombe à l'employeur de prendre « les mesures nécessaires pour assurer la sécurité et protéger la santé physique et mentale des travailleurs »[3].

Évolution de la notion de santé au travail. — La directive n°89/391 du 12 juin 1989 tient une place centrale dans l'amélioration de la sécurité et de la santé des travailleurs. Elle prescrit des mesures de prévention des risques. Toutefois, la directive visée ne concerne que la santé physique et n'édicte pas de règles précises. Son champ d'application couvre presque

---

[1] Décret n°2011-354 du 30 mars 2011 relatif à la définition des facteurs de risques professionnels.

[2] *Idem.*

[3] C. trav., art. L. 4121-1.

l'ensemble du secteur public et privé[1]. Elle instaure une protection de la santé et de la sécurité sur le lieu de travail. La volonté du législateur est de mettre au premier plan le principe d'adaptation du travail à l'Homme. L'article 5 de la directive susvisée dispose que « l'employeur est obligé d'assurer la sécurité et la santé des travailleurs dans tous les aspects liés au travail »[2]. Il s'agit ici de la consécration de l'obligation générale de sécurité, la directive n'ayant pas pour objet de se prononcer que la question de la responsabilité qui découle des obligations faites à l'employeur[3]. Sa finalité est donc de prévoir des mesures de prévention des personnes sur le lieu de travail. En outre, sont prévues des règles tendant à la sécurité des machines. C'est d'ailleurs dans cette perspective que la directive n°89/392 du 14 juin 1989 a été adoptée. Ces dispositions seront notamment complétées par la directive n°89/654/CEE du Conseil du 30 novembre 1989 concernant les prescriptions minimales de sécurité et de santé pour les lieux de travail[4]. L'ensemble de ce corpus juridique sur la prévention des risques professionnels concerne uniquement la santé physique au travail. Restait alors un écueil : la prévention de la santé mentale. En France la question de la santé mentale au travail a été introduite par la loi de modernisation sociale du 17 janvier 2002[5]. Cette loi tient une place majeure dans la lutte contre les risques psychosociaux, car est introduit le concept de santé mentale concomitamment à celui de harcèlement moral. Il incombe donc à l'employeur de prévenir tout risque pour la santé (même mentale), indifféremment de la qualification présumée des actes qui portent atteinte au salarié. La volonté du législateur est de protéger la santé mentale dans son ensemble et pas uniquement d'une atteinte à l'intégrité morale par le harcèlement moral[6]. Une charge de travail excessive comporte des risques avérés pour la santé, notamment mentale, c'est pourquoi des mesures de prévention doivent être mise en œuvre par l'employeur. Le caractère

[1] La directive du 12 juin 1989 exclue les travailleurs indépendants, les emplois domestiques, les forces armées et la police.

[2] Directive n°89/391 du 12 juin 1989, art. 5.

[3] Cf. en ce sens CJCE, 14 juin 2007, Commission c/ Royaume-Uni, aff. C-127/05, Rec. I. 4619.

[4] Il s'agit de la première directive particulière au sens de l'article 16, § 1 de la directive n°89/389/CEE.

[5] Loi 2002-73 du 17 janvier 2002 de modernisation sociale.

[6] C. trav., art. L.1152-1.

général de la notion de santé mentale impose une protection du travailleur répondant aux exigences des droits fondamentaux au travail. En d'autres termes l'ensemble des risques psychosociaux et donc ceux inhérents à une charge de travail excessive entrent dans ce champ. Il n'est pas requis que ces nouveaux risques soient particulièrement inscrits dans le code du travail pour exister assurant ainsi une approche non restrictive. Les dispositions existantes sont donc suffisantes pour protéger la santé physique et mentale des travailleurs. Il semble judicieux de souligner que la plupart des situations ayant pour objet de porter atteinte à la santé physique peuvent également porter atteinte à la santé mentale des travailleurs[1], l'inverse étant également envisageable. Au niveau européen les partenaires sociaux se sont également intéressés à la question de la santé mentale au début des années 2000 en négociant d'une part, l'accord sur le stress au travail le 8 octobre 2004 et d'autre part, l'accord sur le harcèlement et les violences au travail le 27 avril 2007. Néanmoins, aucune acception de la santé mentale n'est inscrite. En France, malgré la négociation de l'accord national interprofessionnel sur la santé au travail du 9 décembre 2020, aucune définition n'est apportée. Cela s'explique notamment par le fait que la question de la santé mentale est beaucoup plus complexe à appréhender que celle de la santé physique par sa nature subjective puisque les risques attachés à la santé mentale sont liés à des facteurs extra-professionnels (trajectoire familiale, éducationnelle, etc.) voire intimes (capacité mentale à résister aux situations de stress, la perception du salarié concernant les situations de travail, conflits éthiques, etc.)[2]. Comprendre comment prévenir les risques pour la santé mentale liés à une charge de travail excessive impose donc de qualifier à titre liminaire la notion de risques psychosociaux.

Sur la qualification des risques psychosociaux. — Comment qualifier les risques psychosociaux qui touchent frontalement la santé des travailleurs à l'ère du numérique ? Ces [nouveaux] risques sont intimement liés à la charge de travail et à l'organisation collective dans laquelle la prestation du salarié s'exécute. La Caisse Primaire d'Assurance Maladie

---

[1] D. Chouanière, « Expositions psychosociales et santé : état des connaissances épidémiologiques », INRS, Département études et assistance médicale, Documents pour le médecin du travail, n° 127, 201, p. 509.

[2] Cf. M. Bodier, M. Gollac, *op. cit.*

distingue les risques psychosociaux, qui correspondent à la « probabilité de survenue des troubles psychosociaux relative à une exposition à des facteurs de risques psychosociaux (intensité et complexité du travail, faible autonomie au travail, rapports sociaux dégradés, conflits de valeur, etc.) »[1] des troubles psychosociaux correspondants au « troubles psychiques avérés chez un travailleur dont l'origine est directement liée à son milieu professionnel (dépression, troubles anxieux, états de stress post-traumatiques, etc.) »[2]. Le risque psychosocial est donc la cause et le trouble la conséquence sur la santé du travailleur. La Cour de cassation relève que ces risques « sont principalement le harcèlement au travail, les violences physiques et morales sur le lieu de travail, le stress et le suicide, tous éléments d'un « mal-être » ou d'une « souffrance » au travail »[3]. Au vu de la complexité de détermination de ces risques, il est essentiel d'évaluer la charge de travail qui peut en être la cause, afin de protéger la santé des salariés.

Annonce de la procédure d'évaluation. — Assurer l'efficacité de la démarche d'évaluation implique de réaliser une identification des risques liés à la charge de travail (1) et d'analyser le régime d'évaluation de la charge de travail (2).

1. Identification des risques liés à la charge de travail

Les risques liés à la charge de travail peuvent se distinguer selon deux catégories : les risques rattachés au harcèlement moral (1.1) et les risques autonomes (1.2).

1.1. Des risques rattachés au harcèlement moral

Notion de harcèlement moral au travail. — Aux termes de l'article 1152-1 du Code du travail, « aucun salarié ne doit subir les

[1] CPAM, Rapport « Santé travail : enjeux et actions », janvier 2018, p.2, URL : https://assurance-maladie. ameli.fr/sites/default/files/enjeux-actions_affections-psychiques-2018_assurance-maladie.pdf.

[2] *Idem.*

[3] C. cass., Rapport annuel 2011 de la Cour de cassation, « Le risque », La Documentation française, 2012.

agissements répétés de harcèlement moral qui ont pour objet ou pour effet une dégradation de ses conditions de travail susceptible de porter atteinte à ses droits et à sa dignité, d'altérer sa santé physique ou mentale ou de compromettre son avenir professionnel »[1]. Cette définition, très claire, ne laisse place à aucun doute sur la qualification du harcèlement moral.

Exclusion du caractère intentionnel. — Qualifier le harcèlement moral n'impose pas de démontrer le caractère intentionnel. Cette exclusion a été posée pour la première fois par la Cour de cassation le 11 décembre 2009[2]. Dans cette Affaire, la Cour d'Appel d'Aix en Provence avait débouté la salariée de sa demande de dommages et intérêts pour harcèlement moral au motif que cette dernière ne démontrait pas l'intention de nuire de l'employeur. Pour casser et annuler cette décision les juges de fond s'appuient sur l'article 1152-1 du Code du travail en ajoutant à la définition inscrite au présent Code que « le harcèlement moral est constitué indépendamment de l'intention de son auteur »[3]. En d'autres termes cela signifie qu'une charge de travail excessive, même non voulue par l'employeur peut être dénoncée comme dépendant d'un processus harcelant. Exclure le caractère intentionnel garantit la prise en compte de l'ensemble des « souffrances mentales générées par le travail et ses dérégulations »[4]. Comment caractériser le lien entre la charge de travail et le harcèlement moral ?

Éléments constitutifs. — Deux critères cumulatifs émergent de la définition donnée par le Code du travail pour qualifier un harcèlement moral. Premièrement, les agissements doivent être répétés. Deuxièmement, ces agissements doivent avoir eu ou pour effet de dégrader les conditions de travail et de porter atteinte à la santé du salarié. Contrairement à ce que prévoit le droit communautaire[5], les juges français imposent une répétition des actes. Ces derniers doivent nécessairement avoir des conséquences sur le travailleur pour caractériser une situation de harcèlement moral. Suivant cette logique, il est indispensable de démontrer la matérialité des actes et leurs effets. Comment prouver

---

[1] C. trav., art. L. 1152-1.

[2] Cass. soc., 10 novembre 2009, n° 08-41.497, Bull. 2009, V, n° 248.

[3] *Idem.*

[4] P. Adam, *Harcèlement moral*, Répertoire de droit du travail, octobre 2019.

[5] Cf. par ex. Directive n° 2006/54/CE, 5 juillet 2006.

objectivement le lien entre une charge de travail excessive et un contexte de harcèlement moral ?

Charge de travail : élément objectif intégré au processus harcelant.— « La figure de harcèlement moral (managérial) semble désormais ramener à elle toute situation « anormalement stressante » liée à une surcharge de travail »[1]. Régulièrement, les juges identifient le lien entre la charge de travail et l'existence d'un processus harcelant[2]. La Cour de cassation a notamment relevée le 8 décembre 2015[3] que le retrait des accès à internet, la pression et les conséquences de ces agissements sur l'état de santé du salarié qualifient objectivement une situation harcelante. Suivant cette logique, le 4 juillet 2019, la Cour d'Appel de Paris rendait une décision dans laquelle la salariée faisait « valoir qu'elle a été l'objet d'un harcèlement moral caractérisé par une charge de travail excessive et des conditions de travail délétères et pathogènes [...] et que ces faits ont été à l'origine de répercussions sur sa santé psychique »[4]. Les agissements répétés se démontrent par la persistance de la situation de surcharge de travail. C'est ainsi la combinaison de la charge de travail excessive et de la dégradation des conditions de travail ayant eu des effets néfastes sur la santé de la salariée qui caractérisent le harcèlement moral. Les juges de la Cour d'Appel de Paris confirment par ailleurs cette position dans un arrêt en date du 2 juin 2020[5]. Ici, le salarié était notamment victime d'une sous-charge de travail. La qualification de *bore out* est utilisée dans ladite décision pour désigner cette situation de charge de travail excessivement faible, qui couplée à d'autres éléments (mise à l'écart, pressions, etc.), ont eu pour conséquence la survenance d'une crise épileptique et d'une dépression profonde. Ainsi, l'addition de ces éléments objectifs caractérisent sans équivoque un harcèlement moral.

À l'évidence les risques liés à la charge de travail peuvent être rattachés au harcèlement moral. Toutefois, indépendamment de ce cas de figure, une charge de travail excessive peut aussi être qualifiée de manière

---

[1] P. Adam, *op. cit.*

[2] Cf. en ce sens cass. soc., 21 mai 2014, n° 13-15.627, Inédit ; cass. soc., 22 septembre 2010, n° 09-41.495, Inédit.

[3] Cass. soc., 8 décembre 2015, n° 14-15.299, Inédit.

[4] CA Paris, 4 juillet 2019, RG n° 17/07093.

[5] CA Paris, 2 juin 2020, RG n° 18/05421.

autonome, car elle peut, à elle seule, avoir des conséquences délétères sur la santé du travailleur.

1.2. Des risques autonomes

Surcharge de travail. — Ce risque se caractérise dès lors que « les individus perdent leur capacité d'intégrer les messages, ce qui s'accompagne d'une fragmentation des pensées et d'une altération de la faculté de jugement »[1]. Cette situation est provoquée lorsque « les stimuli et les exigences sont excessifs »[2].

Sous-charge de travail. — Il est évident que le numérique augmente la charge de travail des salariés, toutefois des situations de sous-charge de travail peuvent aussi émerger. Celles-ci apparaissent dès que « l'afflux des stimulations du monde extérieur tombe en dessous d'un certain niveau critique et que les exigences du poste sont trop faibles »[3]. Le numérique modifie la charge de travail, pouvant créer un risque de surcharge ou de sous-charge. L'identification de ces risques se fait selon l'origine du risque et le trouble causé (cf. *infra* tableau 1 et 2).

---

[1] BIT, encyclopédie de santé et de sécurité au travail, chapitre 34.

[2] *Idem.*

[3] *Idem.*

Tableau 1. Risques de surcharge de travail à l'ère du numérique

Risque	Origine des risques	Troubles causés
Surcharge de travail	Matérielle : Nuisances visuelles[1], nuisances sonores[2] Organisationnelle : Exigences temporelles (interruption du travail, disponibilité permanente, hyperconnexion, etc.)[3], isolement social[4], prescription numérisée du travail[5], prédiction numérique des décisions[6], contrôle permanent[7], violation de la vie personnelle[8], atteinte à la dignité humaine[9]	Au niveau cognitif : Troubles anxieux[10], épuisement professionnel[11], Fatigue visuelle[12], stress chronique[13], syndrome dépressif[14] Au niveau physique : Troubles musculosquelettiques[15], accident de travail[16], maladies cardiovasculaires[17], suicide[18]

[1] *Supra* p.58.

[2] *Supra* p.58.

[3] *Supra* p.48.

[4] *Supra* p.95.

[5] *Supra* p.80.

[6] *Supra* p.81.

[7] *Supra* p.107.

[8] *Supra* p.108.

[9] *Supra* p.109.

[10] *Supra* p.49, 95.

[11] *Supra* p.50.

[12] *Supra* p.59.

[13] *Supra* p.70.

[14] *Supra* p.95.

[15] *Supra* p.49, 68, 94.

[16] *Supra* p.185.

[17] *Supra* p.95.

[18] *Supra* p.95.

Tableau 2. Risques de sous-charge de travail à l'ère du numérique

Risque	Origine des risques	Troubles causés
Sous-charge de travail	Matérielle : Retrait des outils numériques[1]	Au niveau cognitif : Épuisement professionnel[2], syndrome dépressif[3]

2. Régime de l'évaluation de la charge de travail

Au regard de l'identification des risques, il est crucial d'analyser le régime de l'évaluation de la charge de travail. Dans cette perspective, réaliser une évaluation individuelle de la charge de travail implique de définir le régime de l'évaluation individuelle (2.1) et le régime de l'évaluation collective (2.2).

2.1. Régime de l'évaluation individuelle

Sur le régime de l'évaluation individuelle, il faut distinguer le contenu de l'évaluation (2.1.1) et ses modalités de mise en œuvre (2.1.2)

2.1.1. Contenu

Évaluation de la charge de travail au prisme de l'état de santé physique et mental du salarié. — La conclusion d'un contrat de travail impose au salarié une obligation personnelle de faire, c'est-à-dire en l'exécution d'une prestation de travail physique ou intellectuel[4]. L'employeur s'assure donc, dans le cadre de son obligation de prévention, que le candidat à l'emploi ne présente pas un état de santé physique ou mental défaillant, afin qu'il puisse exprimer sa volonté, notamment concernant l'accomplissement de la charge de travail attendue. À ce stade,

---

[1] *Supra* p.73, 125.

[2] *Supra* p.70.

[3] *Supra* p.95.

[4] Y. Aubrée, *op. cit.*

le candidat et l'employeur peuvent échanger sur les moyens technologiques mis à disposition pour exécuter la prestation et ainsi vérifier la cohérence entre les capacités du candidat et les attendus en termes de charge de travail.

Appréciation des capacités professionnelles. — La Circulaire DRT n° 93-10 du 15 mars 1993 relève que « l'appréciation de la capacité professionnelle du candidat et donc de l'éventuel futur salarié s'étend à ses compétences, à ses connaissances techniques, mais aussi à ses facultés d'adaptation, son aptitude à s'intégrer dans une équipe ou à l'animer, ses potentialités à évoluer vers d'autres emplois dans l'entreprise et porte sur les éléments de personnalité du candidat permettant d'apprécier ces qualités »[1]. En conséquence, comment apprécier l'ensemble des capacités visées ?

Appréciation des capacités sur pièces. — L'étape d'évaluation des capacités du salarié, au moment de l'embauche, se limite généralement à une analyse sur pièces (*curriculum vitae*, attestation de travail, etc.). Cet impératif limite certes les risques de discrimination à l'embauche, mais n'assure pas une analyse exhaustive des capacités professionnelles. La prévention des risques, inhérents à l'usage des nouvelles technologies, ne pourra donc pas se faire sur le fondement unique des pièces fournies démontrant les capacités du travailleur à les utiliser. C'est pourquoi, les réponses apportées par le candidat pendant cet entretien sont indispensables pour évaluer ses capacités réelles à occuper l'emploi proposé.

Appréciation des capacités sur le principe de bonne foi. — L'article L. 1221-6 du Code du travail impose au candidat de « répondre de bonne foi à ces demandes d'information »[2], dès lors qu'elles sont en lien direct et nécessaire à l'emploi visé. Cette obligation semble s'intégrer dans la démarche d'évaluation des risques, puisque c'est la substance des échanges qui sert à apprécier les capacités professionnelles du candidat, pour supporter la charge de travail prévue.

---

[1] Circulaire DRT n°93-10 du 15 mars 1993 relative à l'application des dispositions relatives au recrutement et aux libertés individuelles.

[2] C. trav., art. L. 1226-1.

2.1.2. Mise en œuvre

Comprendre le régime de mise en œuvre de l'évaluation impose de distinguer la temporalité au début du contrat de celle pendant toute la durée du contrat.

Au début du contrat

Temporalités de l'évaluation. — À l'évidence, la prévention individuelle des salariés intervient dès le recrutement puisque l'employeur devra s'assurer que le salarié a les capacités nécessaires à la bonne exécution de la prestation de travail. Cette étape d'évaluation répond aux mesures fondamentales de prévention posées aux termes de l'article L.4121-1 du Code du travail. Dans cette perspective, il est interdit à l'employeur d'utiliser des techniques attentatoires aux droits des personnes[1]. Il est à ce titre précisé que les « informations demandées, sous quelque forme que ce soit, au candidat à un emploi ne peuvent avoir comme finalité que d'apprécier sa capacité à occuper l'emploi proposé ou ses aptitudes professionnelles »[2]. Cette étape de recrutement assure une évaluation sur pièces des capacités[3]. Comment alors les évaluer réellement ? C'est ici que l'importance la période d'essai se joue. Celle-ci ne se présume pas[4] pourtant il est impératif qu'elle soit prévue au contrat ou dans la lettre d'engagement[5], car elle « permet à l'employeur d'évaluer les compétences du salarié dans son travail, notamment au regard de son expérience, et au salarié d'apprécier si les fonctions occupées lui conviennent »[6]. L'employeur pourra donc apprécier *inconcreto* les aptitudes du salarié à exécuter la prestation de travail, dans les conditions définies[7]. De son côté, le salarié aura la possibilité de mesurer ses capacités face à la charge de travail demandée avec les moyens (techniques, humains, financiers) mis à

[1] C. trav., art. L. 1221-6.

[2] *Idem.*

[3] *Supra.*

[4] C. trav., art. L. 1221-23.

[5] *Idem.*

[6] C. trav., art. L. 1221-20.

[7] Cf. en ce sens cass. soc., 26 octobre 1999, n°97-43.266, Inédit.

disposition[1]. La période d'essai devient alors inévitable pour prévenir les risques liés à la charge de travail.

Rôle des services de santé au travail. — Aux termes de l'article L. 4622-2 du Code du travail, le rôle exclusif de ces services est « d'éviter toute altération de la santé des travailleurs du fait de leur travail »[2] leur conférant ainsi une place centrale dans l'évaluation de la charge de travail tout au long du parcours du salarié dans l'entreprise[3]. Des actions sont ainsi menées pour éviter ou réduire les risques professionnels, améliorer les conditions de travail, surveiller l'état de santé des travailleurs, etc.[4] Suivant cette logique, le personnel de santé agissant pour l'entreprise doit assurer une surveillance du salarié, en prenant en compte l'environnement immédiat de travail. La loi pour renforcer prévention de la santé au travail prévoit aux termes de son article 7[5] la prise en compte des particularités du télétravail afin de de prévenir les risques pour la santé des salariés. Il y donc une prise de conscience du législateur des nouveaux risques liés à l'usage des nouvelles technologies qu'il est indispensable de prévenir pour protéger la santé physique et surtout mentale des travailleurs. En outre, l'article 15 de la loi susvisée dispose que « le médecin du travail chargé du suivi de l'état de santé d'une personne peut accéder à son dossier médical partagé et l'alimenter, sous réserve de son consentement exprès et de son information préalable quant aux possibilités de restreindre l'accès au contenu de son dossier »[6]. Ce décloisonnement entre la santé publique et de la médecine du travail présente, dans ce cadre, l'avantage de garantir un suivi plus précis de la santé des salariés. Toutefois, la loi susvisée rend possible pour le médecin traitant ayant une formation en santé au travail de réaliser un suivi des salariés en lien avec la médecine du travail. Cette disposition semble comporter un risque sérieux pour le travailleur, car un médecin de ville n'a pas une parfaite connaissance des exigences de l'entreprise, de son environnement et de son organisation. Une telle méconnaissance pourrait induire à une mauvaise évaluation des risques

---

[1] Cf. en ce sens C. trav., art. L. 1221-20.

[2] C. trav., art. L. 4622-2.

[3] *Idem.*

[4] *Idem.*

[5] Loi 2021-1018 du 2 août 2021 pour renforcer la prévention en santé au travail.

[6] *Idem.*

pour la santé du travailleur et ainsi mettre en danger sa santé. Aujourd'hui, parvenir à une évaluation efficace des risques impose l'organisation de visites d'information et de prévention[1].

Objet de la visite d'information et de prévention. — Cette visite dont bénéficie le travailleur, en vertu des articles R. 4624-10 et suivants du Code du travail, est individuelle et « a notamment pour objet : 1° d'interroger le salarié sur son état de santé ; 2° de l'informer sur les risques éventuels auxquels l'expose son poste de travail ; 3° de le sensibiliser sur les moyens de prévention à mettre en œuvre »[2]. Le délai d'organisation dépend de la situation du salarié.

Délai d'organisation de la visite d'information et de prévention[3]. — En principe, elle doit être prévue pour chaque nouveau salarié, dans les trois mois après la prise de poste, mais peut ne pas être requise si les trois conditions cumulatives suivantes sont réunies « 1° le travailleur est appelé à occuper un emploi identique présentant des risques d'exposition équivalents ; 2° le professionnel de santé mentionné au premier alinéa de l'article L. 4624-1 est en possession de la dernière attestation de suivi ou du dernier avis d'aptitude ; 3° aucune mesure formulée au titre de l'article L. 4624-3 ou aucun avis d'inaptitude rendu en application L. 4624-4 n'a été émis au cours des cinq dernières années ou, pour le travailleur mentionné à l'article R. 4624-17, au cours des trois dernières années »[4]. Il semble difficile d'admettre qu'un salarié puisse retrouver un poste comportant le même niveau de risques, notamment lorsque l'usage des nouvelles technologies est imposé, car selon l'état de la machine, la programmation de l'outil, etc., il est évident que les risques ne sont pas les mêmes. Ainsi, pour prévenir la surcharge ou sous-charge de travail propre à ces outils, l'organisation d'une visite pour chaque nouveau salarié recruté,

---

[1] C. trav., art. L. 4624-1.

[2] C. trav., art. R. 4624-10 et s.

[3] Cette visite peut également être organisée avant l'affectation au poste pour un travailleur de nuit ou un jeune de moins de 18 ans ; un salarié exposé aux agents biologiques du groupe 2 ; un salarié exposé à des champs électromagnétiques lorsque les limites d'exposition sont dépassées.

[4] C. trav., art. R. 4624-15.

dans les trois mois à compter du début du contrat de travail[1] paraît nécessaire. Cette étape est essentielle, car le personnel de santé pourra apprécier la situation personnelle du salarié et l'environnement immédiat du travail, différent d'une entreprise à l'autre, assurant ainsi une analyse concrète de leurs besoins en prenant en compte les impacts possibles du numérique sur leur santé.

Personne en charge de la visite d'information et de prévention. — Les professionnels de santé autorisés à organiser cette visite sont le collaborateur-médecin, l'interne en médecine du travail et l'infirmier[2], qui remettent au salarié une attestation de suivi[3]. Dans l'hypothèse où la personne responsable de cette visite détecterait un risque, alors une visite complémentaire serait organisée avec le médecin du travail, pour rechercher une adaptation de poste ou l'affectation à un autre emploi. Une charge de travail inadaptée aux capacités du travailleur pourrait motiver une décision en ce sens. Enfin, selon la situation du salarié, un suivi médical renforcé doit être prévu.

Salariés concernés. — Le législateur prévoit que cette visite soit organisée par le médecin du travail pour les travailleurs en situation de handicap ou titulaires d'une pension d'invalidité, les femmes enceintes et celles venant d'accoucher.[4] Le médecin du travail s'assure alors des capacités du travailleur à réguler sa charge de travail. Par ailleurs, certains postes à risques imposent d'instaurer un suivi médical renforcé[5], mené par ce dernier.

Postes à risques. — L'article R. 4624-23 du Code du travail définit la liste des postes à risques (exposés à l'amiante, au plomb, etc.) pour lesquels la mise en œuvre d'un suivi médical renforcé est obligatoire, mais elle n'est pas limitative. Dans cette perspective, le législateur admet que l'employeur peut compléter cette liste, dès lors qu'il considère que la santé des salariés est mise en cause et que ces postes sont cohérents avec l'évaluation des

---

[1] Pour les travailleurs de nuit ou de moins de dix-huit ans, la visite d'information et de prévention doit impérativement intervenir avant toute prise de poste (C. trav., art. R. 4624-18).

[2] C. trav., art. R. 4624-16.

[3] C. trav., art. R. 4624-14.

[4] C. trav., art. R. 4624-20, C. trav., art. R. 4624-19, C. trav., art. R. 4624-13.

[5] C. trav., art. R. 4624-23.

risques réalisée au travers du DUERP[1] et la fiche d'entreprise[2]. C'est pourquoi, l'évaluation des risques de surcharge et de sous-charge de travail induit par les nouvelles technologies est cruciale. L'avis du médecin du travail est également indispensable pour caractériser l'existence d'un risque sur le poste[3].

Objet du suivi médical renforcé. — Ce suivi particulier, à la différence de la visite d'information et de prévention, comprend un « examen médical d'aptitude qui se substitue à la visite d'information et de prévention »[4], dispensé aux mêmes conditions que la visite d'information et de prévention[5], mis à part le fait que l'avis d'aptitude doit être antérieur à deux ans[6]. Si ce suivi est réalisé, alors c'est le médecin de travail qui doit l'organiser préalablement à la prise de poste. Ce dernier vérifie que « le travailleur est médicalement apte au poste de travail auquel l'employeur envisage de l'affecter, notamment en vérifiant la compatibilité du poste avec l'état de santé du travailleur qui y est affecté [...] »[7]. Lors de cette démarche, le médecin évalue donc les capacités physiques et mentales du salarié à répondre à la charge de travail imposée par l'employeur, en fonction des moyens, notamment numériques et temporels, mis à la disposition de celui-ci. Il faut alors distinguer deux types d'avis pouvant être prononcés à l'issue de cette visite : (i) un avis d'aptitude ou (ii) un avis d'inaptitude.

Constat de l'inaptitude. — Le constat peut être fait en un seul examen médical, en vertu de l'article L. 4624-4 du Code du travail, mais doit être précédé de plusieurs étapes. Tout d'abord, une étude de poste et des conditions de travail ainsi que la mise à jour de la fiche d'entreprise doivent être faites[8]. L'avantage est de prendre en compte la situation réelle de travail. Ensuite, un examen médical suivi d'un échange entre le médecin du travail et le salarié est organisé[9]. Il porte sur les mesures d'adaptation

---

[1] *Supra* p.142.
[2] *Supra* p.141.
[3] C. trav., art. R. 4624-23.
[4] C. trav., art. R. 4624-24.
[5] *Supra* p.132, 133
[6] C. trav., art. R. 4624-27.
[7] C. trav., art. R. 4624-24.
[8] C. trav., art. R. 4624-42 et s.
[9] *Idem.*

éventuelles, mutations du poste de travail ou sur le changement de poste[1]. Ce dialogue, dans le cadre de la régulation de la charge de travail, assure la mesure précise des impacts sur la santé et le médecin apprécie les capacités du travailleur à exécuter la prestation de travail. Puis, l'employeur et le médecin échangent sur les observations que ce dernier souhaite dresser sur l'avis[2] avant de prononcer l'aptitude ou l'inaptitude du salarié au poste[3].

Conséquences de l'avis du médecin du travail. — Si le médecin du travail rend un avis d'inaptitude, alors l'employeur a pour obligation de proposer un autre emploi, sauf s'il est précisé de manière expresse et non équivoque une dispense de reclassement[4]. En revanche, si le médecin rend un avis d'aptitude portant des mesures d'aménagement, d'adaptation ou de transformation du poste, alors le salarié est maintenu dans son emploi et l'employeur est tenu de prendre en compte les demandes formulées par la médecine du travail[5]. Outre les modalités de mise en œuvre de l'évaluation de la charge de travail au début du contrat, l'employeur doit évaluer régulièrement ces risques.

Pendant toute la durée du contrat[6]

---

[1] *Idem.*

[2] *Idem.*

[3] C. trav., art. R. 4624-55.

[4] C. trav., art. L. 4624-4 et s. Il utile de préciser que la dispense de reclassement s'entend à l'ensemble de l'entreprise (cass. soc., 8 février 2023, n° 21-19.232). Par ailleurs, dans ce cadre, la rupture du contrat de travail pour motif d'inaptitude prévaut sur toute procédure de licenciement (cass. soc., 15 février 2023, n° 21-16.258).

[5] *Idem.*

[6] Dans cette section seules les modalités d'évaluation particulières à la charge de travail seront traitées. Pour autant, il est utile de rappeler qu'il existe des examens complémentaires qui peuvent être initiés à la demande du médecin du travail (c. trav., art. R.4624-35). Suivant cette logique, ce dernier peut réaliser ou prescrire les examens complémentaires nécessaires à la détermination de la compatibilité entre le poste de travail et l'état de santé du travailleur, notamment au dépistage des affections pouvant entraîner une contre-indication à ce poste de travail ; au dépistage d'une maladie professionnelle ou à caractère professionnel susceptible de résulter de l'activité professionnelle du travailleur ; au dépistage des maladies dangereuses pour l'entourage professionnel du travailleur. Le médecin du travail réalise ou fait réaliser ces examens au sein du service de santé au travail, ou choisit l'organisme chargé de pratiquer les examens. Ces derniers sont réalisés dans des conditions garantissant le respect de leur anonymat (c. trav., art. R. 4624-36). En cas de désaccord entre l'employeur et le médecin du travail sur la nature et la

Sources. — Depuis la promulgation de la loi du 8 août 2016[1], la charge de travail des salariés en convention de forfait en jours doit impérativement répondre à des moyens de régulation. Aux termes de l'article L.3121-45 du Code du travail que l'employeur a pour obligation de prévoir, par accord collectif ou convention individuelle de forfait, « des modalités de suivi de l'organisation du travail des salariés concernés, de l'amplitude de leurs journées d'activité et de la charge de travail qui en résulte »[2]. La finalité est d'assurer le droit à la santé et au repos de ces salariés, en respect des exigences constitutionnelles[3]. Nul état membre de l'Union européenne ne peut déroger au respect des durées maximales de travail sans respecter les principes généraux de prévention[4].

Évaluation régulière de la charge de travail des salariés en forfait-jours. — Prévenir les risques liés à une charge de travail excessive pour un salarié soumis au régime de forfait-jours suppose la mise en place un accord collectif garantissant (i) le respect des temps de repos (ii) le respect des durées maximales quotidiennes et hebdomadaires de travail (iii) le suivi de la charge de travail et (iv) la mise en place d'un dispositif d'alerte couplé avec la possibilité de demande d'entretien avec le service des ressources humaines[5]. Un accord ne prévoyant pas ces garanties est inopposable aux salariés[6]. Sur le respect de ces garanties, les juges estiment que le fait de prévoir uniquement un calendrier prévisionnel des temps de travail et de repos sur l'année est insuffisant pour réguler la charge de travail[7]. Suivant cette logique, un calendrier mensuel renseigné par le salarié, mais non suivi par la hiérarchie, n'assure pas non plus la régulation de la charge de travail[8].

---

fréquence de ces examens, la décision est prise par le médecin inspecteur du travail (c. trav., art. R. 4624-38).

[1] Loi n°2016-1088 du 8 août 2016 relative au travail, à la modernisation du dialogue social et à la sécurisation des parcours professionnels.

[2] C. trav., art. L. 3121-45.

[3] V. en ce sens cass. soc., 9 novembre 2016 n°15-15.064, JurisData : 2016-023276 ; cass. soc., 4 février 2015, n°13-20.891, Bull. 2015, V, n°23 ; cass. soc., 14 mai 2014, n°12-35.033, Bull. 2014, V, n°121.

[4] Cass. soc., 7 juillet 2015 : RJS 10/15, n°645.

[5] Cass. soc., 8 septembre 2016 : RJS 11/16, n°699.

[6] Cass. soc., 9 mai 2019, n°17-16.484, n°715, JurisData : 2019-007468.

[7] Cass. soc., 14 décembre 2016, n°15-22.003, Inédit.

[8] Cass. soc., 9 mai 2019, n°17-16.484, n°715, JurisData : 2019-007468.

Au surplus, un accord prévoyant que c'est au seul salarié de respecter les limites journalières et hebdomadaires de travail est également caractérisé d'insuffisant[1]. Les juges relèvent par ailleurs que le suivi de ces travailleurs doit se distinguer des autres entretiens (annuels, professionnels, etc.) et doit être exécuté, *a minima*, deux fois dans l'année[2]. Ainsi, afin de prévenir et d'évaluer la charge de travail des salariés au forfait-jours, l'employeur doit assurer un suivi de relevés mensuels renseignés par le travailleur et validés par la Direction des ressources humaines, organiser au moins deux entretiens distincts dans l'année et mettre en place un dispositif d'alerte pour le salarié, dans l'hypothèse de survenance d'une situation de charge de travail déraisonnable. À l'évidence, inclure des entretiens entre le salarié et l'employeur pour assurer une démarche efficace de prévention de la charge de travail des salariés en convention de forfait en jours est indispensable, cependant il est impératif de reproduire ce dispositif pour les [télé]travailleurs.

Évaluation régulière de la charge de travail des télétravailleurs. — L'article L.1222-10 du Code du travail dispose que l'employeur est tenu « d'organiser chaque année un entretien qui porte notamment sur les conditions d'activité du salarié et sa charge de travail »[3], à destination des télétravailleurs. Aussi, l'article L.1222-9 du Code du travail dispose que l'accord ou la charte de télétravail précise notamment « 3° les modalités de contrôle du temps de travail ou de régulation de la charge de travail ; 4° la détermination des plages horaires durant lesquelles l'employeur peut habituellement contacter le salarié en télétravail »[4]. Comment mettre en place ces modalités de régulation de la charge de travail et assurer ainsi la prévention de la santé des salariés ? Il semble que pour assurer ces exigences, l'employeur doit respecter les mêmes règles que pour le suivi de la charge de travail des salariés soumis au régime de forfait-jours[5]. À l'évidence, il est indispensable de mettre en place une évaluation individuelle de la charge de travail pour assurer la prévention des risques. Toutefois, cette évaluation doit se poursuivre au niveau collectif.

---

[1] Cass. soc., 11 juin 2014, n°11-20.985, Bull. 2014, V, n°137.

[2] Cass. soc., 6 nov. 2019, n°18-19.752, F-P+B.

[3] C. trav., art. L. 1222-10.

[4] C. trav., art. L. 1222-9.

[5] *Supra* p.40.

2.2.2. Régime de l'évaluation collective

Comprendre le régime de l'évaluation collective applicable à la charge de travail implique d'analyser le rôle des acteurs et les actes à réaliser.

Acteurs essentiels à la démarche de prévention

Les acteurs se distinguent selon deux catégories : les partenaires sociaux et les acteurs des services de santé au travail. Leur rôle essentiel est précisé aux termes des dispositions du Code du travail pour les salariés et de la Circulaire du 28 mars 2017 relative au plan d'action pluriannuel pour une meilleure prise en compte de la santé et la sécurité au travail dans la fonction publique pour les agents de service public.

Engagement des partenaires sociaux dans la protection de la santé mentale. — À titre liminaire, il est utile de rappeler le rôle majeur joué par les partenaires sociaux dans la construction du corpus protecteur de la santé mentale. Après la promulgation de la loi de modernisation sociale du 17 janvier 2002 et conscients de l'hésitation des pouvoirs publics à mettre en place un arsenal juridique pour prévenir les risques au temps et lieux de travail, les partenaires sociaux se sont emparés de la problématique de la santé mentale. Ils ont ainsi négocié plusieurs accords nationaux interprofessionnels. Premièrement, l'accord-cadre européen relatif au stress au travail du 8 octobre 2004[1] a été transposé en droit français par la signature de l'accord national interprofessionnel du 2 juillet 2008. L'accord-cadre européen a été conclu pour sensibiliser les entreprises au sujet du stress qui touche frontalement les conditions de travail et comporte des risques forts d'atteinte à la santé physique et mentale des travailleurs. Néanmoins, ce texte propose une définition qui écarte toute responsabilité de l'employeur en mettant au centre du problème l'individu et sa perception du stress au travail[2]. Suivant cette logique, il est précisé que certains facteurs de stress résultent de la vie personnelle du travailleur[3]. Par ailleurs, la formulation subjective de l'accord visé rend son intégration dans la démarche de prévention complexe[4]. Malgré cette sémantique approximative, l'accord-cadre du 8 octobre 2004 impose

---

[1] Cet accord-cadre a été conclu dans le cadre de l'article 138, § 4 du Traité CE.

[2] Accord-cadre européen sur le stress au travail, 2004.

[3] *Ibid.*, art. 3.

[4] Framework agreement on work-related stress, An ETUC interpretation guide, European Trade Union Confederation, 2005.

aux employeurs de procéder à l'évaluation des risques liés au stress au travail, relève des éléments pour aider les entreprises à surveiller le stress au sein de leur organisation et propose quelques mesures de prévention. Les partenaires sociaux imposent également à l'employeur d'évaluer le stress en respect des prescriptions prévues aux termes de la directive n°89/391 du 12 juin 1989. La responsabilité de cette évaluation incombe alors à l'employeur. L'accord national interprofessionnel signé le 2 juillet 2008 par les partenaires sociaux définit plus largement son objet que l'accord-cadre européen, en ajoutant notamment la conciliation de la vie personnelle et familiale avec la vie professionnelle. Une des principales différences entre l'accord-cadre européen et l'accord national interprofessionnel est la consécration du stress au travail entendu non pas uniquement comme un problème de santé individuel, mais comme un phénomène lié à l'organisation du travail (et à l'environnement physique). C'est sur ce point que les partenaires sociaux offrent une portée inédite à la question de la charge de travail et l'impératif de la prévenir, afin d'éviter la survenance de stress. Bien plus que la question du stress, sur les fondements de l'accord-cadre européen du 8 novembre 2007 relatif au harcèlement moral et la violence au travail, a été conclu un accord national interprofessionnel sur ce même sujet le 26 mars 2010[1]. L'objectif de l'accord-cadre du 8 novembre 2007 est de protéger la dignité des salariés. Le texte ne distingue pas les situations selon la volonté des auteurs. Ainsi, la responsabilité de chacun peut être engagée. Les partenaires sociaux rappellent tout d'abord et à juste titre que « le respect mutuel de la dignité à tous les niveaux sur le lieu de travail est une des caractéristiques essentielles des organisations performantes. C'est la raison pour laquelle le harcèlement et la violence sont inacceptables »[2]. Ensuite les partenaires sociaux mettent en lien l'atteinte à la dignité humaine avec les questions de santé et sécurité au travail. Il est évident qu'une atteinte à la santé (physique et mentale) touche frontalement les droits fondamentaux des personnes au travail et la dignité *in fine*. L'accord national interprofessionnel du 26 mars 2010 est venu transposer les dispositions de l'accord-cadre européen en droit français, afin

---

[1] Accord national interprofessionnel sur le harcèlement et la violence au travail du 26 mars 2010.

[2] Communication de la Commission au Conseil et au Parlement européen transmettant l'accord-cadre européen sur le harcèlement et la violence au travail /COM/2007/0686 final.

de garantir un socle minimal de prévention. L'engagement des partenaires sociaux en France vient alors sceller celui pris par les partenaires sociaux européen dont l'objectif commun est de protéger la santé physique et mentale des travailleurs.

Rôle général des partenaires sociaux. — L'employeur et les représentants du personnel jouent un rôle central dans la démarche de prévention. À ce titre, dans le cadre de l'évaluation des risques professionnels, ils peuvent notamment réaliser des investigations et des diagnostics, afin d'affiner la mesure de la charge de travail réelle des salariés et protéger leur santé mentale au même titre que leur santé physique.

Rôle spécial de l'employeur. — Pour parvenir à une évaluation exhaustive des risques, ce dernier a l'obligation, au regard de l'article L. 4644-1 du Code du travail, de désigner un ou plusieurs salariés ayant les compétences pour prendre en charge l'ensemble des activités inhérentes à la protection de la santé des salariés. Cependant, la formation de ces « préventeurs » n'est pas un impératif, puisque ce sont eux qui entreprennent la demande auprès de l'employeur[1]. Pour autant, imposer au chef d'entreprise de les former se révèle crucial, au regard de l'émergence de nouveaux risques professionnels inhérents à l'usage des nouvelles technologies[2]. En revanche, c'est à l'employeur, en vertu de son obligation de sécurité, d'estimer si le niveau de compétences requis pour assurer la prévention est suffisant. À défaut, il peut faire appel à des partenaires externes, notamment les services de santé interentreprises, la sécurité sociale ou l'INRS[3], même s'il est évident qu'une personne interne à l'entreprise, ayant une connaissance approfondie du contexte de celle-ci et de ses métiers, puisse apporter une expertise plus fine. Si l'employeur décide de faire appel à ces « préventeurs », alors le comité social et économique doit être consulté, c'est pourquoi cette instance tient un rôle majeur dans la prévention des risques.

Rôle spécial du comité social et économique. — Il est impératif d'intégrer les membres du comité social et économique dans la démarche d'évaluation, puisqu'ils ont pour mission d'assurer une expression collective des salariés, en prenant notamment en compte les enjeux des décisions

[1] C. trav., art. L. 4644-1, al. 2.
[2] *Supra* Tableaux n^{os}1, 2.
[3] C. trav., art. L. 4644-1, al. 3,4.

relatives à l'organisation du travail et les techniques de production[1]. Au surplus, une consultation annuelle portant sur la politique sociale de l'entreprise, les conditions de travail et l'emploi s'impose[2]. L'analyse des conditions de travail contribue fondamentalement à la protection de la santé physique et surtout mentale des travailleurs, car elle peut servir d'indicateur sur l'existence de situations de charge de travail excessive pouvant dans certains cas attester de la présence de harcèlement moral au sein de l'organisation. Le rôle de l'ex-CHSCT évolue considérablement puisqu'il ne s'agit plus de rechercher uniquement les risques pour la santé physique, mais de détecter les risques pour la santé mentale beaucoup plus complexes à appréhender. Dès lors qu'une atteinte à la santé est détectée, les membres du CSE doivent mener une enquête qui tient une place centrale dans la démarche de prévention. Les élus du personnel peuvent intervenir dès la suspicion de pratiques pathogènes ce qui est essentiel dans la prévention des risques pour la santé mentale des salariés, car la recherche des sources d'atteinte à la santé sera réalisée avant tout dommage. Cette approche préventive apparait donc plus intéressante que celle pour le harcèlement moral pour laquelle les membres du CSE réalisent l'enquête seulement après la dénonciation de la victime ce qui signifie qu'une atteinte à la santé mentale du travailleur a déjà été occasionnée. Les membres du comité social et économique et l'employeur proposent des « actions de prévention en matière de santé et de sécurité, les conditions de travail, les congés et l'aménagement du temps de travail, la durée du travail [...] »[3]. Suivant cette logique, le législateur admet la possibilité pour les représentants du personnel d'assurer la promotion de la santé au travail et la réalisation « d'enquêtes en matière d'accidents du travail ou de maladies professionnelles ou à caractère professionnel »[4]. C'est à l'appui des résultats d'enquêtes, que les élus du personnel peuvent caractériser le lien intrinsèque entre les situations de charge de travail inadaptées et le risque de survenance de maladies professionnelles ou d'accidents de travail.

Rôle spécial des délégués syndicaux. — L'obligation de prévention trouve également sa place au cœur de la Négociation Annuelle Obligatoire

---

[1] C. trav., art. L. 2312-8.

[2] C. trav., art. L. 2312-26.

[3] *Idem.*

[4] C. trav., art. L. 2312-5.

relative à la qualité de vie au travail et à l'égalité professionnelle[1], puisque cette démarche est intrinsèque à la charge de travail et à la préservation de la santé des salariés. Le contenu de cette négociation confirme d'ailleurs ce rapport irréfragable. Suivant cette logique, il est évident que les délégués syndicaux tiennent une place centrale dans l'évaluation de la charge de travail. Toutefois, d'autres acteurs de l'entreprise doivent être impliqués dans cette démarche de prévention : les acteurs des services de santé au travail.

Services de santé au travail. — Indispensables dans le champ collectif de la démarche de prévention de la santé de salariés, ces services « ont pour mission exclusive d'éviter toute altération de la santé des travailleurs du fait de leur travail »[2]. La finalité est d'assurer un suivi des salariés et de diagnostiquer des situations à risques. Pour parvenir à une démarche collective de prévention efficace de la santé physique et mentale des travailleurs à l'ère du numérique, des actions de santé au travail[3] sont organisées et le médecin du travail est « habilité à prendre connaissance des résultats de l'évaluation des risques pratiquée par l'employeur, puisqu'il participe à la démarche de prévention, dans l'exercice de ses missions et en qualité de conseiller des salariés et de l'employeur »[4]. L'intervention du médecin est essentielle pour détecter les situations à risque, c'est pourquoi l'ANI susvisé et la loi sur la santé au travail[5] impose aux services de santé au travail d'élargir leur offre de services afin de mieux répondre aux enjeux majeurs de la prévention primaire. Cela semble néanmoins complexe à mettre en pratique du fait d'un manque considérable de médecins du travail très souvent décrié.

Actes impératifs pour garantir un suivi efficace

Suivant cette logique, le médecin doit ainsi rédiger un acte d'évaluation tout comme les partenaires sociaux aux fins de formaliser les résultats de l'évaluation de la charge de travail.

---

[1] C. trav., art. L. 2242-17.

[2] C. trav., art. L. 4622-2.

[3] *Idem.*

[4] Circulaire n°6 DRT du 18 avril 2002 prise pour l'application du Décret n°2001-1016 portant création d'un document relatif à l'évaluation des risques pour la santé et la sécurité des travailleurs, prévue par l'article L. 230-2 du code du travail et modifiant le code du travail.

[5] Loi 2021-1018 du 2 août 2021 pour renforcer la prévention en santé au travail.

Fiche d'entreprise. — Cet acte, réalisé par le médecin du travail, a pour objet de répertorier les risques de nuisances et d'accidents de travail et de recenser les salariés qui y sont exposés, ce qui implique d'intégrer les risques de surcharge et de sous-charge de travail, inhérents à l'environnement technologique de travail et à son organisation. Lorsqu'une entreprise est constituée de plusieurs établissements distincts, alors une fiche pour chacun d'entre eux est obligatoire[1]. Cet impératif est indispensable pour assurer une prévention efficace de la charge de travail, puisque le médecin du travail doit évaluer les risques et contraintes liés aux situations de travail, comme ceux liés à la posture, la manutention, la charge mentale, le travail sur écran[2]. Outre cette obligation, le médecin intègre à cette fiche des actions tendant à réduire les risques[3]. Il est possible de présenter les données par unité de travail au niveau de l'entreprise ou de chaque établissement[4]. Le fait de proposer une évaluation des unités de travail par établissement semble plus opportun pour une entreprise multi-activités ou comportant des niveaux de risques très différents entre chaque site, par exemple lorsqu'un établissement est classé Seveso[5] ou que les métiers dont très différents d'un site à l'autre (cas des entreprises à conventions collectives multiples). En tout état de cause, la non-réalisation de cette fiche d'entreprise atteste du non-respect de l'obligation de sécurité de l'employeur[6].

Document unique d'exposition aux risques professionnels (DUERP). — L'obligation de sécurité impose également aux partenaires sociaux de mettre en place un document unique d'exposition aux risques professionnels, en vertu de l'article R. 4121-1 du Code du travail. L'évaluation doit impérativement comporter un inventaire des risques identifiés dans chaque unité de travail[7], impliquant la prise en compte des

---

[1] Arrêté du 29 mai 1989, pris en application de l'article R. 241-41-3 du Code du travail et fixant le modèle de la fiche d'entreprise et d'établissement établie par le médecin du travail.

[2] *Idem.*

[3] *Idem.*

[4] *Idem.*

[5] Cf. Directive n°96/82/CE du 9 décembre 1996 concernant la maîtrise des dangers liés aux accidents majeurs impliquant des substances dangereuses.

[6] Cf. en ce sens CA, Toulouse, 30 juin 2010, RG n°09/03469.

[7] C. trav., art. R. 4121-1.

risques de sous-charge et de surcharge de travail. Doivent alors être annexées au DUERP les données collectives qui ont été nécessaires à l'évaluation des risques. La mise à jour est faite annuellement et préalablement à « un aménagement important modifiant les conditions de santé et de sécurité ou les conditions de travail[1] », ce qui signifie que l'introduction d'une nouvelle technologie touchant aux conditions d'exécution de la prestation des salariés impose de mettre à jour ce document[2]. Depuis le Décret n° 2016-151 du 11 février 2016[3], les risques liés au télétravail doivent être inscrits dans ledit document[4]. Enfin, pour sensibiliser les travailleurs des risques existants dans l'entreprise le DUERP est tenu à la disposition de ces derniers et au reste des acteurs internes et externes à l'entreprise, en respect de l'article R. 4121-4 du Code du travail. L'accord national interprofessionnel du 9 décembre 2020 sur la santé au travail rappelle l'importance du DUERP afin de prévenir les risques pour la santé physique et mentale des travailleurs. À cet égard, les partenaires sociaux le définissent comme « outil essentiel de l'évaluation des risques professionnels et de la traçabilité des expositions »[5]. Ce document doit être au cœur du dialogue social afin de garantir une démarche de prévention efficace. Enfin, l'élément qui semble le plus important de relever au sein de cet accord est certainement celui imposant aux employeurs d'inscrire dans le DUERP les moyens liés à l'organisation du travail (humains, techniques et financiers). Toutefois, malgré le rôle essentiel du DUERP dans la démarche de prévention, il est étonnant de remarquer, une fois de plus, que la Cour de cassation n'impose pas l'évaluation de la charge de travail dans le cadre d'une réorganisation. Dans cette décision du 12 mai 2021[6], les juges considèrent que le lancement d'une procédure d'information consultation sur un projet de reprise d'activité sur cinq jours par semaine n'est pas de nature à imposer la communication d'une

---

[1] C. trav., art. R. 4121-2.

[2] *Infra* p.205.

[3] Décret n°2016-151 du 11 février 2016 relatif aux conditions et modalités de mise en œuvre du télétravail dans la fonction publique et la magistrature.

[4] *Ibid.*, art. 9.

[5] Accord national interprofessionnel pour une prévention renforcée et une offre renouvelée en matière de santé au travail et conditions de travail du 9 décembre 2020.

[6] Cass. soc., 12 mai 2021, n° 20-17.288

évaluation de la charge de travail aux instance représentatives du personnel. Cette décision semble, une fois de plus[1], contraire à volonté affichée de la Cour de cassation de protéger la santé des travailleurs. Depuis le 31 mars 2022, le DUERP est défini et réhaussé au niveau législatif. Ainsi, il « répertorie l'ensemble des risques professionnels auxquels sont exposés les travailleurs et assure la traçabilité collective de ces expositions[2] ». Il comprend les résultats de l'évaluation des risques pour la santé et la sécurité des travailleurs. Aujourd'hui, afin d'assurer la traçabilité collective des expositions, le DUERP doit être conservé avec ses versions successives pendant 40 ans à compter de la date d'élaboration[3]. Il doit notamment être mis à la disposition des anciens travailleurs et des travailleurs exerçant toujours leur activité au sein de l'entreprise[4], membres élus du Comité Social et Economique, du SPST.

Pour garantir sa conservation et sa mise à disposition, le DUERP doit nécessairement être déposé par l'employeur sous forme dématérialisée sur un portail numérique depuis le 1er juillet 2023 pour les entreprises de plus de 150 salariés et, au plus tard, à compter du 1er juillet 2024, pour les entreprises de moins de 150 salariés[5]. Depuis la loi du 2 août 2021, les membres du CSE et de la CSSCT lorsqu'elle existe peuvent contribuer à l'évaluation des risques avec les services ou instances déjà prévues[6].

Conclusion de section

Au regard de cette analyse, l'évaluation collective de la charge de travail doit nécessairement répondre à une identification et une mesure de chaque

[1] Cf. cass. soc., 7 décembre 2016, n° 15-16.769 (arrêt n° 2316).

[2] C. trav., art. L.4121-3-1.

[3] C. trav., art. R.4121-4.

[4] Plus précisément, sont mises à disposition des anciens travailleurs « les versions en vigueur durant leur période d'activité dans l'entreprise. La communication des versions du document unique antérieures à celle en vigueur à la date de la demande peut être limitée aux seuls éléments afférents à l'activité du demandeur » (c. trav., art. R.4121-4). Les anciens travailleurs comme les travailleurs peuvent communiquer les éléments du DUERP les concernant aux professionnels de santé en charge de leur suivi médical.

[5] c. trav., art. L4121-3-1.

[6] Salariés compétents, SPST, CARSAT, etc.

risque afin de pouvoir ensuite les recenser au sein de chaque unité de travail. L'objectif est de faire une évaluation exhaustive de l'organisation du travail. Toutefois, il est crucial que dans cette démarche interviennent l'ensemble des acteurs de l'entreprise pour avoir une approche transversale des risques présents au sein de l'organisation. Enfin, la rédaction des actes obligatoires d'évaluation de la charge de travail garantit une traçabilité des données afin d'optimiser la démarche dans le temps. Néanmoins, pour assurer son efficacité il est inévitable de combiner cette étape avec une évaluation individuelle de la charge de travail en respect de l'article L. 4121-4 du Code du travail qui dispose que « lorsqu'il confie des tâches à un travailleur, l'employeur, compte tenu de la nature des activités de l'établissement, prend en considération les capacités de l'intéressé à mettre en œuvre les précautions nécessaires pour la santé et la sécurité »[1].

Conclusion de chapitre

Sur l'évaluation collective. — La prévention de la charge de travail impose une approche collective des risques professionnels induits par l'usage des nouvelles technologies. Cette démarche globale de prévention s'impose face à la transversalité des activités de l'entreprise touchant les postes de travail et, *in fine*, la charge physique et mentale des salariés. L'avantage de cette vision par risque est de réduire les effets à la source. L'implication des partenaires sociaux, des services de santé au travail et du salarié devient désormais indispensable dans cette étape de prévention de la charge de travail. C'est notamment par les diagnostics, enquêtes, concertations, etc., et par la stricte application et précision du contenu de la fiche d'entreprise et du document unique d'évaluation des risques professionnels qu'une mesure affinée de ces nouveaux risques est possible. Néanmoins, pour assurer l'efficacité de l'évaluation, il est évident qu'une démarche individuelle s'impose.

Sur l'évaluation individuelle. — Dès lors que l'évaluation collective des risques inhérents à la charge de travail est réalisée, l'employeur s'assure que le salarié peut répondre aux attendus du poste, afin de ne pas mettre sa santé en danger. Ainsi, la démarche de prévention débute dès le

---

[1] C. trav., art. L. 4121-4.

recrutement du futur salarié, car c'est lors de l'entretien d'embauche, se faisant en respect du principe de bonne foi, que le chef d'entreprise pourra mesurer, en partie, les capacités (personnelles et professionnelles) du salarié. L'évaluation se poursuivra pendant toute la durée du contrat, dont la période d'essai est essentielle, puisque l'employeur et le salarié pourront vérifier que les conditions d'exercice de la prestation et donc de la charge de travail sont d'une part, cohérents avec le descriptif de poste et d'autre part, réalisables avec les moyens fournis par ce dernier et les capacités du salarié. Dans cette étape d'évaluation, les services de santé au travail jouent un rôle central en exerçant un suivi de l'état de santé du travailleur et, dans certains cas, en vérifiant l'aptitude du salarié à répondre à la charge de travail demandée en fonction de son état physique et mental. Enfin, pour certaines catégories de salariés (salariés en convention de forfait en jours et télétravailleurs), le législateur prévoit une obligation pour l'employeur de mener des entretiens de suivi de la charge de travail, sous certaines conditions[1]. Cependant, il semble que l'immixtion des nouvelles technologies dans la sphère professionnelle interroge la charge de travail de l'ensemble des salariés.

Proposition d'évolution des moyens de prévention. — Il est donc essentiel d'apporter une évolution des dispositions du Code du travail, en intégrant notamment une obligation d'organiser un entretien de suivi de la charge de travail des salariés utilisant les nouvelles technologies dans l'exercice de leur fonction, puisqu'ils sont fortement exposés aux risques de surcharge ou de sous-charge de travail. Par ailleurs, il apparait évident que la charge de travail devra être définie à terme dans me Code du travail afin d'assurer l'efficacité d'une telle démarche puisque sans définition il semble illusoire de mettre en place une politique de prévention.

[1] *Supra* p.135, 136.

CHAPITRE 2.

Éviction des risques liés à la charge de travail

Éviction des risques. — La suppression des risques de surcharge et de sous-charge de travail implique de respecter les principes généraux de prévention[1], car si les risques inhérents à la charge de travail physique sont perceptibles dans le Code du travail, néanmoins, une difficulté réside dans l'éviction des risques psychosociaux propres à la charge cognitive. Les principes de prévention ne se posent plus uniquement en termes de conformité, mais en termes de résultats à atteindre. La complexité de détermination et d'éviction de ces risques est inéluctablement liée à leur double nature : professionnelle et intime. Ils sont de nature professionnelle, car ils sont notamment la conséquence d'une charge de travail inadaptée et ils sont de nature intime, parce qu'ils sont liés à la personne du salarié. Suivant cette logique, il est impératif de traiter ces risques de la même manière que les autres, en respect des dispositions générales de prévention, tout en apportant une méthode particulière mêlant les moyens technologiques mis à disposition, la volonté de la hiérarchie de mener des politiques de protection de la santé, l'implication essentielle de la médecine du travail et le dialogue entre les partenaires sociaux.

Annonce de la procédure d'éviction. — Ainsi, pour d'éviter les risques de charge de travail excessive provoqués par les nouvelles technologies et leurs usages ayant des conséquences fortes sur la santé l'employeur devra mettre en place d'une part, des mesures d'éviction au

[1] C. trav., art. L. 4121-2.

niveau collectif (1) et d'autre part, des mesures d'éviction au niveau individuel (2). Sur le niveau collectif, il s'agit de réfléchir sur l'organisation du travail et les équipements numériques. Sur le niveau individuel, l'employeur doit assurer l'information et la formation des salariés à ces nouveaux risques.

1. Éviction des risques collectifs

Éviter les risques de sous-charge et de surcharge de travail oblige dans un premier temps à supprimer les risques collectifs. Ainsi, il incombe à l'employeur d'adapter l'organisation du travail (1.1) et les équipements numériques (1.2) au salarié. L'organisation du travail et les moyens doivent être adaptés à l'Homme et non l'inverse. Aujourd'hui il est impossible d'appliquer exclusivement les dispositions de l'article L.4121-1 du Code du travail ou celles de l'article L.4121-2 du même Code. Ces dispositions sont complémentaires. Le principe d'adaptation du travail à l'Homme comprend la recherche, l'information des salariés ainsi que la connaissance du danger et des évolutions techniques et technologiques. Ce n'est qu'en respectant ce principe fondamental que l'employeur satisfait aux exigences de sécurité qui découle son obligation générale de sécurité. Le respect du principe d'adaptation se traduit par les choix organisationnels de l'employeur.

1.1. Adaptation de l'organisation du travail

L'organisation collective de travail joue un rôle fondamental pour la santé du travailleur, c'est pourquoi il est impératif de supprimer les risques liés à l'organisation spatio-temporelle de la charge de travail (1.1.1). Au surplus, l'employeur doit mettre en œuvre une politique d'éviction des risques organisationnels (1.1.2).

1.1.1. Organisation spatio-temporelle de la charge de travail

Supprimer les risques à la source oblige donc à organiser la planification de la charge de travail dans l'espace et dans le temps.

Planification de la charge de travail dans l'espace

Organisation adaptée du travail. — L'immixtion des nouvelles technologies dans la sphère professionnelle modifie en profondeur l'unité de temps et de lieu dans laquelle s'exerce la prestation ce qui peut, dans certains cas, générer une surcharge de travail et altérer la santé des travailleurs, *in fine*. Dans cette perspective et aux termes de l'article L. 4121-2 du Code du travail, l'employeur a pour obligation de « tenir compte de l'évolution de la technique »[1] et de « planifier la prévention en y intégrant dans un ensemble cohérent, la technique, l'organisation du travail, les relations sociales et l'influence des facteurs ambiants [...] »[2].

Conception des espaces de travail, adapté aux besoins réels des salariés. — La prévention de la charge de travail s'insère notamment dans les choix organisationnels des espaces de travail « flexibles »[3] dont les nuisances visuelles[4] et sonores[5] engendrent des risques forts pour la santé du salarié[6]. Les moyens d'éviction des risques inhérents à la charge de travail, doivent ainsi nécessairement être étudiés dès la phase de conception des espaces de travail et c'est donc à l'employeur de penser les lieux, en fonction de l'activité et surtout du salarié dans cet environnement[7]. Comment organiser le travail dans l'espace tout en assurant la préservation de la santé du travailleur ? Dès lors qu'un projet de réaménagement des espaces est prévu dans l'entreprise, la participation des salariés est essentielle « pour rechercher et valider, sur la base de leur connaissance de la situation et du résultat des analyses, les compromis de solutions les meilleures »[8]. En d'autres termes, il s'agit d'impliquer le travailleur dans la conception de ces espaces, pour mesurer la charge de travail réelle, assurant donc des conditions de travail « adaptées » au salarié. Cette logique répond aux exigences fondamentales de prévention inscrites aux termes de l'article

---

[1] C. trav., art. L. 4121-2, 5°.

[2] C. trav., art. L. 4121-2, 7°.

[3] *Supra* p.53.

[4] *Supra* p.58.

[5] *Supra* p.58.

[6] *Supra* p.59.

[7] Cf. en ce sens article L. 4121-2.

[8] INRS, « Conception des lieux et des situations de travail », Brochure n°ED950, 2011, p.15.

L. 4121-2 du Code du travail, qui dispose que l'employeur a pour obligation « d'adapter le travail à l'homme, en particulier en ce qui concerne la conception des postes de travail »[1]. Utilisé historiquement dans le domaine industriel, ce principe s'applique également au secteur des services, dans lesquels une recrudescence de risques psychosociaux surgit, depuis l'intrusion des nouvelles technologies dans l'entreprise. À l'évidence, l'application de ce principe général de prévention trouve sa place dès la conception des espaces de travail, car l'environnement de travail doit être compatible avec les capacités de tout salarié[2], peu importe leurs caractéristiques individuelles[3]. Adapter l'espace à tout salarié évite les discriminations liées au sexe, à l'âge, à la formation, etc., tout en constituant « des causes de variabilités à prendre en compte pour pouvoir aménager et donc adapter les différents paramètres du poste ou de la fonction »[4]. Il doit donc être pensé en « termes de compétences appréciées, recherchées ou valorisées comme telles »[5] et non plus en termes de résistance des salariés face à une situation de travail dégradée[6]. Un projet de réaménagement des espaces de travail peut être alors une opportunité, pour l'employeur, d'améliorer les conditions de travail de ses salariés, c'est pourquoi ils doivent être impliqués dans la démarche, dès la phase de programmation du projet pour limiter, voire supprimer les risques de sous-charge et de surcharge de travail propre à l'aménagement des espaces de travail (nuisances visuelles et sonores).

Phase de programmation, essentielle à la planification de la charge de travail. — Ainsi, l'employeur qui envisage de modifier les espaces de travail doit impliquer les salariés dans la programmation du projet, planifiant ainsi la prévention de la charge de travail dans un ensemble cohérent[7], à travers notamment de la prise en compte des dimensions

---

[1] C. trav., art. L. 4121-2,4°.

[2] *Supra* p.129.

[3] H. Lanouzière, « La prévention des risques psychosociaux du point de vue du code du travail », *Semaine Sociale Lamy* n°1480, 21 février 2011.

[4] H. Lanouzière, « Adapter le travail à l'Homme : la portée pratique et juridique insoupçonnée d'un principe essentiel de la santé au travail », *Semaine Sociale Lamy* n°1894, 10 février 2020.

[5] H. Lanouzière, *loc. cit.*

[6] *Idem.*

[7] Cf. en ce sens C. trav., art. L. 4121-2, 7°.

humaines, techniques et organisationnelles, couplées à des critères de santé et de bien-être, avec l'appui d'un ergonome. L'ensemble des éléments recueillis est inscrit dans un document de synthèse, appelé « programme », qui est le socle de la démarch. Ainsi, une précision des données relatives aux postes, aux équipements et aux ressources humaines est exigée, afin de planifier, au plus juste, la charge de travail.

Phase de conception des espaces de travail : impératif de participation des salariés. — Suivant cette logique, dans la deuxième phase : celle de conception des espaces de travail, la participation des salariés reste indispensable. Ces derniers ont pour mission de détecter les anomalies, notamment technologiques, pouvant impacter leur charge de travail, et de proposer des pistes d'amélioration. L'employeur pourra ainsi combattre les risques à la source, en respect de son obligation de prévention[1], et remplacer ce qui est dangereux par ce qui ne l'est pas[2].

Phase de mise en service. — À la suite de cette étape, celle de mise en service est fondamentale dans la prévention de la charge de travail. C'est à ce stade que les salariés sont amenés à « tester » les nouveaux espaces et équipements[3]. Pendant cette phase, les fiches de postes et les procédures sont notamment réalisées, c'est pourquoi la participation des travailleurs est cruciale, car en cas de charge de travail inadaptée, alors des mesures pourront être prises par l'employeur et le concepteur aux fins éviter ces situations à risques.

Implantation des espaces de travail. — Ensuite, lors de cette dernière étape, l'employeur planifie l'organisation fonctionnelle du travail dans l'espace[4]. Une analyse du contexte général de l'entreprise, des secteurs d'activité et des besoins de proximité ou de distance entre les secteurs est donc inéluctable. Sur ces trois axes, l'employeur doit s'assurer que l'implantation des espaces n'est pas source de nuisances visuelles et sonores[5]. Ainsi, pour préserver la santé des salariés, le chef d'entreprise choisit l'implantation de chaque unité de travail, en s'appuyant sur les

---

[1] C. trav., art. L. 4121-2, 3°.

[2] C. trav., art. L. 4121-2, 6°.

[3] INRS, « Conception des lieux et des espaces de travail ; Santé et sécurité : démarche, méthodes et connaissances techniques », Rapport n°ED950, septembre 2011, p.16-17.

[4] *Ibid.*, p.25.

[5] *Supra* p.58.

données du document unique d'évaluation des risques professionnels[1] et de la fiche d'entreprise[2]. Au surplus, l'implantation doit nécessairement prendre en compte l'ensemble des moyens et des flux de communication pour ensuite diviser l'espace par unité de travail, en fonction des besoins de proximité ou d'éloignement déterminés selon le niveau d'exposition au risque, les besoins en communication, etc. C'est ainsi que l'éviction des dangers liés au numérique est possible. Néanmoins, cette réflexion doit être couplée avec une planification de l'organisation de la charge de travail dans le temps, pour assurer la préservation de la santé des salariés.

Planification de la charge de travail dans le temps

Organisation de la charge de travail dans le temps. — La prévention des risques de sous-charge et de surcharge de travail, inhérents à l'organisation du travail dans le temps, apparaît aux termes de l'article L. 4121-2 du Code du travail, qui prévoit que l'adaptation du travail à l'Homme a pour finalité de « limiter le travail monotone et le travail cadencé »[3].

Sur l'éviction du travail cadencé. — L'employeur doit d'une part, s'assurer que les moyens numériques sont suffisants et suffisamment performants pour que le salarié puisse exercer sa prestation et d'autre part, que le réglage de ces outils n'augmente pas, de manière démesurée, la cadence de travail. L'accord national interprofessionnel sur l'amélioration des conditions de travail[4], relève que les normes régissant l'organisation collective de travail doivent faire correspondre « le volume de travail, le nombre de pièces à produire, le nombre d'opérations à effectuer, le nombre de machines ou d'appareils à conduire ou à surveiller, la vitesse de la chaîne, le rythme de fonctionnement de la machine »[5] avec « un effort normal »[6]. Ces normes sont transposables aux nouvelles technologies, notamment pour les méthodes de *Lean Management*[7] dans le domaine

---

[1] *Supra* p.142.

[2] *Supra* p.141.

[3] C. trav., art. L. 4121-2, 4°.

[4] ANI du 17 mars 1975 sur l'amélioration des conditions de travail.

[5] *Ibid.*, art. 2.

[6] *Idem.*

[7] *Supra* p.80.

industriel ainsi qu'à certains métiers de services comme ceux comportant par exemple de la saisie de données. C'est pourquoi, afin de prévenir les risques pour la santé, l'employeur doit mettre en place des indicateurs pour mesurer, en nombre de fois par minute (i) la fréquence des tâches ou activités à exécuter et (ii) le travail en flux tendu. Cette analyse doit être mise en dialogue avec (i) les périodes de récupération par heure (ii) le degré de liberté pour prendre des pauses (souvent, régulièrement, etc.) et (iii) le nombre de variations imprévisibles de l'activité (panne d'un ordinateur, etc.)[1]. Ces éléments de mesure sont indispensables à l'ère du numérique pour prendre en compte le niveau de charge de travail supporté par le travailleur[2]. À l'inverse, la mise en place de systèmes informatiques non adaptés à l'organisation collective de travail peut générer des situations de travail monotone, source de risques pour le salarié.

Sur l'éviction du travail monotone. — Une organisation collective de travail fortement numérisée peut rendre le travail monotone[3]. Ainsi, pour éviter ce risque dès l'introduction d'une nouvelle technologie, il est essentiel de programmer les outils de manière à assurer, pour le salarié, la conservation de la maîtrise de ses interventions, avec pour finalité de ne pas appauvrir le travail[4]. La monotonie de la tâche étant « incompatible avec le besoin qu'a le cerveau d'un afflux raisonnablement varié de stimuli »[5], il est alors évident que le maintien (i) d'un degré d'autonomie raisonnable et (ii) d'un degré de variété des tâches raisonnable du salarié est crucial, pour ne pas générer de risque de sous-charge de travail pouvant avoir des conséquences importantes sur sa santé *in fine*.

Temps de travail flexible adapté au salarié. — Outre l'éviction des risques de travail cadencé et monotone, la flexibilité du temps de travail doit aussi être pensée de manière à protéger le salarié. Elle ne doit donc pas « avoir pour conséquence un alourdissement de la charge de travail »[6]. C'est pourquoi, l'employeur doit veiller à ce que celle-ci soit proportionnelle au

---

[1] INRS et Assurance maladie, « Méthode d'analyse de la charge physique de travail », Rapport n°ED6161, mars 2019.

[2] *Idem.*

[3] Cf. Encyclopédie BIT, chapitre 34.

[4] *Idem.*

[5] *Idem.*

[6] ANI du 17 mars 1975 sur l'amélioration des conditions de travail, art. 8.

temps de travail de chacun (temps partiel, temps complet, etc.) et aux obligations annexes de chaque salarié (mandat syndical, etc.). L'employeur doit par ailleurs prévoir (i) des durées raisonnables de travail[1] et (ii) des temps de repos *minimum*[2].

Variabilité de l'organisation de travail. — Aussi, pour éviter les risques de surcharge de travail, l'organisation doit être pensée pour faire face aux absences éventuelles des salariés. Il s'agit de prévoir l'aménagement des postes (horaire, matériel, etc.) de manière que tout salarié puisse assurer le remplacement, sans alourdir déraisonnablement sa charge de travail[3]. Il sera alors indispensable de prévoir des marges de manœuvre suffisantes pour tout salarié travaillant avec des outils numériques[4], facilitant la réorganisation du travail dans le temps et l'espace, sans contraintes impératives liées aux outils.

Si l'employeur doit supprimer les risques, en adaptant l'organisation collective de travail au salarié, il est alors légitime de s'interroger sur les modalités de mise en œuvre de cette politique d'éviction des risques.

1.1.2. Mise en œuvre d'une politique d'éviction des risques organisationnels

Sa mise en place se traduit par une exigence d'institution d'un comité de qualité de vie au travail et d'une négociation sur ce même sujet.

Exigence d'institution d'un comité paritaire de qualité de vie au travail

Organisation de travail, source de dialogue social. — Le numérique impose de [re]placer l'organisation collective de travail au cœur du dialogue social, afin d'éviter les risques de surcharge et sous-charge de travail, qui en découlent. Les partenaires sociaux, dont la mission est l'expression collective des salariés sur les sujets relatifs aux conditions de travail (qualité de vie au travail, etc.), jouent un rôle essentiel dans la prévention[5]. La diversité des thèmes traités lors des consultations du

[1] *Supra* p.31.
[2] *Supra* p.31.
[3] Cf. cass. soc., 8 septembre 2021, n° 19-21.386.
[4] Cf. en ce sens CA Douai, 30 novembre 2018, RG n°2199/18.
[5] *Supra* p.137, 139.

comité social et économique et des négociations avec les organisations syndicales représentatives a l'avantage de fournir une vision globale des conditions de travail et, *de facto*, des impacts de celles-ci, sur la charge de travail des salariés. Dans cette perspective, il est donc impératif d'intégrer le sujet de l'organisation collective du travail, au centre du dialogue social et précisément au cœur des dispositifs relatifs à la qualité de vie au travail.

Évaluation de l'organisation par le comité paritaire de qualité de vie au travail. — Ainsi, dès lors que l'employeur prévoit d'introduire une nouvelle technologie, pouvant avoir des effets directs ou indirects sur l'organisation du travail, il est impératif d'évaluer cette nouvelle organisation, dans le but d'éviter l'apparition de risques de surcharge ou de sous-charge de travail pour les salariés. Mener cette étape implique de mettre en place un comité de qualité de vie au travail[1], paritaire, dont la mission est d'objectiver les impacts potentiels de ces nouveaux dispositifs organisationnels, sur la santé des travailleurs. Les membres dudit comité déterminent ainsi le projet à évaluer (télétravail, *Lean*, etc.) et le soumettent à un groupe de salariés de l'entreprise[2]. Ces derniers doivent alors anticiper et simuler la situation de travail future puis, en phase « pilote », observer le fonctionnement des nouveaux outils mis en place[3]. L'objectif de cette démarche est d'apporter des modifications et des solutions pour répondre aux nouvelles exigences technologiques. Ce groupe de travail devra ensuite évaluer cette organisation en continu, c'est-à-dire également dans la phase de déploiement. Il est évident que le retour d'expérience de ces salariés est indispensable pour prévenir les risques, c'est pourquoi ce dispositif, essentiel pour adapter le travail au salarié, doit être pérenne.

Rôle essentiel du groupe de travail. — Parvenir à une évaluation objective de l'impact organisationnel sur la charge de travail suppose que le groupe de salariés choisi par le comité « qualité de vie au travail » édicte un référentiel d'évaluation à trois niveaux : technique, économique et

[1]ANACT, « 10 questions sur… La qualité de vie au travail », 2016, URL : https://www.anact.fr/sites/anact/files/10questions-sur-la-qualite-de-vie-au-travail-2016.pdf.

[2] *Idem.*

[3] *Idem.*

social[1] ; la finalité étant de mesurer, dans un ensemble cohérent, les risques de surcharge ou de sous-charge de travail induits par cette organisation collective et de les éviter avant sa mise en application *in fine*. Ce référentiel est ensuite communiqué aux partenaires sociaux et aux concepteurs du projet[2].

Vers une négociation de la qualité de vie au prisme de la charge de travail

Négociation relative à la qualité de vie au travail. — La démarche d'évaluation collective doit être mise en dialogue avec la négociation d'un accord collectif unique portant sur la qualité de vie au travail, prenant en compte la charge de travail. Les branches devraient dans un premier temps négocier un accord sur ce thème en incluant explicitement la question de la charge de travail. Ensuite les entreprises devraient à leur tour négocier un accord collectif. Puisque seules les entreprises dans lesquelles sont constituées une ou plusieurs sections syndicales représentatives et où est désigné *a minima* un délégué syndical, sont concernées par l'obligation d'ouvrir une négociation annuelle sur la qualité de vie au travail, il est alors indispensable d'imposer aux autres entreprises de mettre en œuvre un plan d'action avec les membres du CSE. Le contenu de la négociation annuelle obligatoire sur la qualité de vie au travail consacre notamment le thème du droit à la déconnexion[3], c'est pourquoi il semblerait pertinent d'intégrer, dans cette négociation, le sujet du télétravail et de prévoir des mesures d'éviction des risques psychosociaux. Un accord unique global a l'avantage de mettre en perspective la charge de travail avec l'organisation collective et ainsi de réguler voire d'éviter l'émergence de risques pour la santé des travailleurs. Au surplus, impliquer le médecin du travail pour avis sur les mesures de l'accord pourrait augmenter le niveau de prévention de la charge de travail[4]. Suivant cette logique, un chapitre spécifique au numérique pourrait être rédigé en respect de la division suivante : (i) le droit à la déconnexion (ii) le télétravail (iii) la démarche générale de prévention des risques psychosociaux et (iv) la démarche particulière de

---

[1] *Idem.*

[2] *Idem.*

[3] C. trav., art. L. 2242-17.

[4] Cf. G. Sebaoun, *op. cit.*, préconisation n°14.

prévention du stress. Chacune de ces sections prévoirait des mesures particulières d'éviction des risques liés à l'usage des nouvelles technologies, tout en prenant en compte le principe général d'adaptation du travail à l'Homme, dont la charge de travail est « la clé de voûte »[1]. Quelle est la substance de ces thèmes et quelles mesures sont à préconiser dans cet accord collectif ?

Droit à la déconnexion. — Les partenaires sociaux ont pour obligation de négocier sur « les modalités du plein exercice par le salarié de son droit à la déconnexion et la mise en place par l'entreprise de dispositifs de régulation de l'utilisation des outils numériques, en vue d'assurer le respect des temps de repos et de congés ainsi que de la vie personnelle et familiale »[2]. Cette protection collective récente[3] des salariés, se traduisant, pour l'employeur, comme un devoir, ne semble cependant pas égalitaire pour tous les travailleurs, car l'obligation de négocier un accord (ou, à défaut, une charte après avis du comité social et économique) sur ce droit est seulement imposée, dans les entreprises de plus de cinquante salariés[4] et dans celles ayant recours aux conventions de forfait-jours[5]. Il apparaîtrait donc que les travailleurs des autres entreprises sont exclus. Pourtant l'obligation générale de sécurité pèse sur l'employeur et, dans cette perspective, il doit assurer le respect des temps de repos et de congés ainsi que le respect de la vie personnelle et familiale de tous ses salariés[6]. À l'évidence, il est inéluctable à l'ère de l'hyperconnexion de mettre en place des mesures de déconnexion pour protéger [tous] les salariés. Il est alors légitime de s'interroger sur le contenu de ces mesures.

Mesures de déconnexion. — Celles-ci doivent être à caractère sérieux et suffisant[7]. En d'autres termes, il s'agit pour le chef d'entreprise de prévoir des mesures assurant l'éviction des risques de charge de travail non

---

[1] P.-Y., Verkindt, « La notion de charge de travail, clé de voûte du principe d'adaptation du travail à l'Homme », RJS 2020/3.

[2] C. trav., art. L. 2141-2.

[3] Loi n°2016-1088 du 8 août 2016 relative au travail, à la modernisation du dialogue social et à la sécurisation des parcours professionnels.

[4] C. trav., L. 2248-1.

[5] C. trav., art. L. 3121-64.

[6] G. Loiseau, « La déconnexion – observation sur la régulation du travail dans le nouvel espace-temps de l'entreprise connecté », *Droit social* n°05, 5 mai 2017, p.463-471.

[7] *Idem.*

adaptée au salarié, inhérente à un usage excessif des nouvelles technologies et d'évaluer, au préalable, leur implantation dans l'organisation de travail. Pour y parvenir, il est essentiel de réaliser, tout d'abord un diagnostic[1], puis d'informer les salariés sur ces mesures[2].

Diagnostic nécessaire à la définition des mesures de déconnexion. — Ce diagnostic a pour objet de relever « les enjeux propres à l'entreprise en matière de qualité de vie au travail et de conciliation des temps »[3]. C'est précisément sur la conciliation temporelle que le droit à la déconnexion se joue. De nature qualitative et quantitative, le diagnostic s'appuie sur les règles de l'entreprise, les outils existants dans la branche professionnelle ou l'entreprise, les informations du document d'évaluation des risques, etc.[4] Eu égard à ce diagnostic, les partenaires sociaux définissent alors des indicateurs de perception des salariés, des indicateurs de fonctionnement et des indicateurs de santé au travail[5], servant à évaluer les mesures de déconnexion mises en place. Celles-ci devront avoir pour objet de réguler les situations de charge de travail inadaptée, ce qui nécessite de prendre de compte à la fois l'organisation du travail, le contenu du travail et les modalités assurant la conciliation entre la vie personnelle et familiale et la vie professionnelle. Dès lors que les mesures sont fixées par les partenaires sociaux, alors l'employeur en informe les salariés.

Niveaux d'information collectifs sur les mesures de déconnexion. — L'information sur les moyens de déconnexion se distingue en trois niveaux. Au premier niveau, l'employeur met en place des dispositifs à portée générale, comme des guides de bonnes pratiques[6]. Sur le deuxième niveau, il s'agit de sensibiliser les travailleurs « aux comportements suscitant l'hyperconnexion »[7], se traduisant notamment par des actions de

---

[1] Cf. en ce sens ANI du 19 juin 2013 Vers une politique d'amélioration de la Qualité de vie au travail et de l'égalité professionnelle, article 14.

[2] *Ibid.*, annexe de l'article 13.

[3] Cf. en ce sens ANACT, HAS, « 10 questions sur la qualité de vie au travail », URL : https://www.has-sante.fr/upload/docs/application/pdf/2015-09/has_anact-10questionsqvt.pdf.

[4] ANI du 19 juin 2013 Vers une politique d'amélioration de la Qualité de vie au travail et de l'égalité professionnelle.

[5] *Idem.*

[6] G. Loiseau, *op. cit.*

[7] *Idem.*

formation. Dans cette perspective, devront être animées des sessions pour sensibiliser, dans un premier temps, les managers aux risques induits par un usage déraisonné des nouvelles technologies, en respect de l'article L. 2242-8 du Code du travail, qui dispose que l'accord collectif ou la charte portant sur le droit à la déconnexion prévoit « la mise en œuvre, à destination des salariés et du personnel d'encadrement et de direction, d'actions de formation et de sensibilisation à un usage raisonnable des outils numériques »[1]. Suivant cette logique, il est essentiel de former les managers à la mesure et l'objectivation de la charge de travail, au prisme de l'utilisation des nouvelles technologies. L'exemplarité des comportements des managers assurera ainsi l'efficacité des formations des salariés qui s'organiseront dans un second temps[2]. Sur le troisième niveau, des mesures « pressantes » peuvent être instaurées, par exemple la coupure des réseaux sur un créneau horaire prédéterminé ou encore l'envoi automatique de fenêtres « *popup* » qui surgissent en cas de connexion en dehors des plages horaires prédéterminées[3]. À l'évidence, instaurer l'ensemble de ces mesures pour éviter la survenance de risques de surcharge de travail est impératif. Dans cette logique, il est également nécessaire d'assortir le non-respect de ces mesures d'une sanction disciplinaire, étant entendu que le salarié, en vertu de l'obligation de sécurité qui lui incombe[4], détient aussi un « devoir »[5] de déconnexion. La difficulté majeure de l'employeur à assurer la déconnexion réside dans les situations de travail à distance. Ainsi, il semble essentiel de mettre en lien le droit à la déconnexion et le télétravail au sein du même accord collectif.

Droit à la déconnexion et télétravail. — Si le droit [ou devoir] à la déconnexion traduit une volonté du législateur de préserver la santé des travailleurs, comment assurer son effectivité pour les télétravailleurs ? Aux termes de l'article L. 1222-9 du Code du travail, doivent être prévues « les modalités de contrôle du temps de travail ou de régulation de la charge de travail »[6] et « la détermination des plages horaires durant lesquelles

---

[1] C. trav., art. 2242-8, 7°.

[2] Cf. G. Loiseau, *op. cit.*

[3] *Idem.*

[4] C. trav., art. L. 4122-1.

[5] G. Loiseau, *op. cit.*

[6] C. trav., art. L. 1222-9.

l'employeur peut habituellement contacter le salarié en télétravail »[1]. Suivant cette logique, l'employeur doit planifier la charge de travail dans le temps, de ces salariés. Ainsi, des objectifs précis doivent être déterminés en amont. Il est important que le manager et le salarié s'alignent sur les priorités, afin de pouvoir organiser le travail dans le temps, évitant ainsi de travailler sur des amplitudes horaires déraisonnables. Par ailleurs, les *reporting* demandés par la hiérarchie doivent être proportionnels au but recherché. Dans cette perspective, des mesures de limitation du nombre de *reporting* peuvent être prévues dans l'accord, afin d'éviter les risques de surcharge de travail inhérente aux politiques de gouvernance par les nombres. L'impact fort des nouvelles technologies sur la charge des télétravailleurs et des salariés exerçant leur prestation *in situ*, impose de mettre en place une démarche globale de prévention des risques psychosociaux accompagnée de mesures concrètes.

Démarche de prévention des risques psychosociaux. — Une charge de travail inadaptée, induite par l'usage des nouvelles technologies, peut être source de risques psychosociaux, c'est pourquoi la mise en œuvre d'une politique globale de prévention sur ce sujet, dans l'entreprise, est impérative. Y parvenir nécessite de planifier une démarche en cinq étapes[2] : (i) établir un prédiagnostic (ii) constituer un groupe de pilotage (iii) réaliser un diagnostic approfondi (iv) mettre en œuvre un plan d'action (v) prévoir une évaluation et un suivi. Premièrement, sur l'établissement du prédiagnostic, son objet est d'objectiver les risques inhérents à la charge de travail au prisme de l'organisation collective[3]. Il est exécuté par des salariés de l'entreprise, nommés par les partenaires sociaux, qui s'appuient sur un ensemble de documents internes (bilan social, les comptes-rendus des réunions du CSE, rapports de la médecine du travail, etc.)[4]. Cette étape est cruciale dans le processus, puisque c'est à son issue que la décision de poursuivre ou d'arrêter la démarche est actée[5]. Deuxièmement, un groupe

---

[1] *Idem.*

[2] C. Angelini, Even Françoise, M.-L. de La Ville-Baugé, L. Lanoy, M. Spill, O. Vasset, *Guide du Responsable HSE,* Thème 448 Prévenir les risques psychosociaux, Wolters Kluwers, 2019.

[3] *Idem.*

[4] *Idem.*

[5] *Idem.*

de pilotage, dont la mission est l'information des salariés, la participation aux choix des outils d'enquêtes et l'interprétation des données recueillies, etc.[1], est mis en place. Ce groupe se compose, *a minima*, d'un membre de la Direction, des représentants du personnel et d'un membre de la médecine du travail. Une telle implication a l'avantage certain de rendre exhaustive cette analyse transversale et globale de la charge de travail. Cette organisation répond par ailleurs aux principes généraux de prévention, notamment en termes de planification[2]. Troisièmement, après avoir constitué ce groupe « pilote », ses membres sont responsables de réaliser un diagnostic dans lequel sont mises en perspective les sources de risques psychosociaux avec la charge de travail par degré d'importance et par unité de travail. À ce stade, des outils peuvent être mis en œuvre tels que des questionnaires, des entretiens, etc.[3] Il est fortement recommandé de faire appel à des partenaires extérieurs à l'entreprise pour recueillir ces données complémentaires, afin de garantir l'objectivité des résultats. Le diagnostic est ensuite présenté aux partenaires sociaux. Quatrièmement, un plan d'action qui formalise les priorités doit être mis en place. L'employeur détermine notamment des mesures techniques, organisationnelles et humaines, qui sont échelonnées dans le temps. Cinquièmement, il est impératif de suivre ce plan d'action et d'évaluer à nouveau la situation pour mesurer les impacts sur la charge de travail, et affiner ce plan, dans l'hypothèse où les résultats ne seraient pas satisfaisants. Quelles sont les actions pour éviter les risques psychosociaux, que les partenaires sociaux peuvent prévoir dans l'accord relatif à la qualité de vie au travail ?

Mesures d'éviction des risques psychosociaux. — Le Rapport « Bien-être et efficacité au travail »[4] présente dix propositions pour éviter les risques psychosociaux. Parmi celles-ci, pour répondre à la problématique de la charge de travail à l'ère du numérique, le rôle majeur de la direction générale et du conseil d'administration est relevé, puisqu'ils devront impulser cette politique et montrer l'exemplarité. En outre, il est mis en évidence la nécessité « d'aménager des espaces de travail

[1] *Idem.*

[2] Cf. en ce sens C. trav., art. L. 4121-2, 7°.

[3] C. Angelini, Even Françoise, M.-L. de La Ville-Baugé, L. Lanoy, M. Spill, O. Vasset, *op.cit.*

[4] H. Lachmann, C. Larose, M. Pénicaud, *op. cit.*

ergonomiques, afficher clairement les règles de vie et d'usage (via des chartes des relations de travail et d'usage des NTIC) »[1]. Les chartes informatiques[2] jouent alors un rôle fondamental dans l'éviction des risques. Le Rapport *Lachmann-Larose-Pénicaud* relève aussi l'importance de mettre en place des « espaces de discussion et d'autonomie dans le travail »[3] pour prévenir les risques psychosociaux, car les nouvelles technologies touchent le travail dans sa globalité. Suivant cette logique il est impératif que le salarié s'approprie les espaces de travail numérisés, les nouvelles technologies modifiant le contenu du travail et pouvant générer des risques forts pour la santé. Une autre proposition est de « généraliser les espaces de discussion »[4], pour développer le collectif de travail. L'employeur doit aussi envisager la mise en place systématique de « marges d'autonomie dans l'organisation *y* compris dans l'application des process (notamment les ERP) »[5]. Une autre mesure pour réguler l'impact des nouvelles technologies sur les rapports sociaux est de favoriser la proximité, le dialogue et l'écoute[6]. Il aussi conseillé de réaliser une étude d'impact humain, dès lors qu'un nouvel outil numérique, modifiant de manière importante les conditions de travail, est mis en œuvre. À l'évidence, l'employeur doit mettre place des mesures collectives de prévention des risques psychosociaux, mais la gestion du stress dont la charge de travail peut être la cause[7] nécessite des mesures particulières.

Outil de mesure du stress : un impératif de prévention. — Prévenir le stress, exige de mettre en place des outils de mesure. Plusieurs méthodes existent, comme un questionnaire, à destination des salariés, « explorant à la fois les aspects environnementaux et les aspects individuels du stress »[8] et « des instruments de mesure de l'état psychique »[9] (échelles standardisées en psychiatrie, outils d'évaluation du stress, etc.), l'échelle de stress perçu,

---

[1] *Ibid.*, p.6-7.
[2] *Supra* p.76.
[3] H. Lachmann, C. Larose, M. Pénicaud, *loc. cit.*, p.8.
[4] *Idem.*
[5] *Idem.*
[6] *Ibid.*, p.12.
[7] *Supra* Tableaux n^{os}1 et 2.
[8] P. Légeron, P. Nasse, *op. cit.*, p.15.
[9] *Idem.*

etc. Cependant, deux modèles majeurs sont à relever : d'une part, le modèle de *Karasek*, qui met en perspective la demande psychologique, la latitude décisionnelle et le soutien social[1], et d'autre part, le modèle de *Siegrist* qui a pour objet « la prédiction de la détresse psychologique et des problèmes de santé qui peuvent survenir lorsqu'il y a un déséquilibre entre les efforts requis par l'activité et la reconnaissance reçue »[2]. Néanmoins, la mesure et l'éviction du stress induit par les situations de charge de travail inadaptée ne peuvent se faire sur la seule analyse de ces questionnaires, car ils ne prennent pas en compte l'ensemble des sources de stress. Suivant cette logique, le rapport *Légeron-Nasse*[3] relève que pour répondre à son obligation de prévention, l'employeur doit mettre en place un questionnaire évaluant simultanément « 1° les facteurs de risques psychosociaux auxquels sont exposés les salariés dans leur travail ; 2° les éléments relatifs à leur adaptation au travail [...] 3° le soutien dont ils bénéficient et la manière personnelle dont ils gèrent le stress »[4]. Pour répondre à la problématique du stress au prisme de la charge de travail, il semble indispensable d'intégrer la dimension de l'adaptation de l'organisation collective de travail au salarié. En d'autres termes, il s'agit de rechercher si les outils numériques mis en place sont adaptés à l'organisation et *in fine* à la charge de travail de chaque salarié. Les partenaires sociaux pourraient ainsi instaurer un questionnaire conçu dans cette logique, comme mesure de l'accord collectif sur la qualité de vie au travail.

Mesures d'éviction du stress. — Sur la prévention et la gestion du stress, l'accord national interprofessionnel de 2008[5] relatif à ce sujet préconise :

« des mesures visant à améliorer l'organisation, les processus, les conditions et l'environnement de travail, à assurer un soutien adéquat de

---

[1] S. Boini, M. François, V. Langevin, A. Riou, « Job Content Questionnaire (JCQ) (Questionnaire dit de Karasek) », *Documents pour le médecin du travail*, Risques psychosociaux : outils d'évaluation (coll.), INRS, mars 2011, accessible à l'adresse suivante : http://www.inrs.fr/media.html?refINRS=FRPS%202.

[2] *Idem.*

[3] P. Légeron, P. Nasse, loc. cit.

[4] *Ibid.*, p.16.

[5] ANI du 2 juillet 2008 relatif au stress au travail.

la direction aux personnes et aux équipes, à donner à tous les acteurs de l'entreprise des possibilités d'échanger à propos de leur travail, à assurer une bonne adéquation entre responsabilité et contrôle sur le travail, et des mesures de gestion et de communication visant à clarifier les objectifs de l'entreprise et le rôle de chaque travailleur »[1].

L'employeur devra notamment s'assurer que les nouvelles technologies facilitent et favorisent une répartition équilibrée de la charge de travail, que les processus d'utilisation des outils numériques sont précis, clairs et ne laissent pas de place à l'incertitude. Par ailleurs, il est indispensable de privilégier des espaces de travail dans lesquels le bruit inhérent à l'usage des technologies est réduit, de mettre en place des moments d'échanges entre les travailleurs eux-mêmes ainsi qu'avec leur hiérarchie. Enfin, l'employeur doit mettre en place des systèmes numériques de contrôle en stricte adéquation avec la finalité du travail attendue, etc.

Préconisation. — Mettre en dialogue le droit à la déconnexion, le télétravail, la démarche de prévention du stress et plus largement des risques psychosociaux, dans un accord collectif unique portant sur la charge de travail, semble être une solution pour d'une part, éviter les risques d'apparition d'une charge de travail organisationnelle inadaptée au salarié et, plus généralement, répondre aux exigences de prévention[2]. Néanmoins, prévenir les risques de charge de travail excessive à l'ère du numérique requiert aussi d'adapter l'environnement technologique aux attendus en termes de charge de travail.

1.2. Adaptation des équipements numériques

Dans cette perspective, l'employeur doit adapter les équipements numériques à la charge de travail (1.2.1) et mettre en œuvre une politique d'éviction des risques matériels (1.2.2).

1.2.1. Adaptation des équipements à la charge de travail

Le choix de l'équipement, source de planification de la charge de travail et l'installation de l'équipement, source d'éviction des risques sont les deux étapes essentielles pour adapter l'outil à la charge de travail du salarié.

---

[1] *Ibid.*, art. 6.

[2] Cf. en ce sens C. trav., art. L. 4121-1 ; C. trav., art. L. 4121-2.

Choix de l'équipement, source de planification de la charge de travail

Équipements adaptés à la charge de travail. — Dans le cadre de la prévention de la charge de travail, « l'employeur met à la disposition des travailleurs les équipements de travail nécessaires, appropriés au travail à réaliser ou convenablement adaptés à cet effet, en vue de préserver leur santé et leur sécurité »[1]. Il doit donc planifier la charge de travail pour déterminer l'outil le mieux adapté à la situation de travail. Les nouvelles technologies implantées dans l'entreprise, pour l'exécution de la prestation de travail, doivent à ce titre être en adéquation avec « les conditions et des caractéristiques particulières du travail »[2], car une technologie non adaptée au travail et au salarié peut générer un déséquilibre de la charge de travail. Au surplus, l'employeur doit mesurer les effets de ces nouvelles technologies sur la santé à partir des caractéristiques de l'établissement[3]. Même s'il semble indispensable d'avoir une approche élargie de la notion d'établissement, pour inclure l'ensemble des lieux de travail dans lesquels la prestation peut être exercée (télétravail, etc.), il est évident que la circonscription du pouvoir de direction à l'entreprise n'autorise pas l'employeur à prendre connaissance des caractéristiques du domicile du télétravailleur au risque de violer la vie privée de celui-ci[4]. Ainsi, afin d'assurer la sécurité des salariés exerçant leur activité à distance, l'employeur prend, outre des mesures organisationnelles, des actions au niveau de l'installation des équipements de travail[5].

Installation des équipements de travail, source d'éviction des risques

Sur le financement de l'installation des nouvelles technologies. — L'employeur a pour obligation de prendre en charge les frais d'installation des outils numériques nécessaires à l'exécution des activités du salarié dans l'intérêt de l'entreprise[6]. Cependant, agir au niveau des installations numériques de travail pour prévenir les risques sur la santé nécessite de s'interroger sur les coûts d'installation de ces outils. Avant

---

[1] C. trav., art. R. 4321-1.

[2] C. trav., art. R. 4321-2.

[3] Cf. en ce sens C. trav., art. R. 4321-2.

[4] C. civ., art. 9.

[5] Cf. en ce sens C. trav., art. R. 4321-3.

[6] Cf. en ce sens C. civ., 1135 ; C. trav., art. L. 1221-1.

d'être abrogée par l'ordonnance n° 2017-1387 du 22 septembre 2017[1], la loi n° 2012-387 du 22 mars 2012[2], dans son article 46, prévoyait notamment pour l'employeur « de prendre en charge tous les coûts découlant directement de l'exercice du télétravail, notamment le coût des matériels, logiciels, abonnements, communications et outils ainsi que de la maintenance de ceux-ci »[3]. Dans cette perspective la prévention de la santé des télétravailleurs par des actions sur l'installation du matériel était à la charge de l'employeur. Néanmoins, malgré l'abrogation de cette disposition, « les mesures prises en matière de santé et de sécurité au travail ne doivent entraîner aucune charge financière pour les travailleurs »[4], c'est pourquoi l'installation et la maintenance des outils nécessaires à l'exécution du travail dans ces conditions restent maintenues à la charge de l'employeur. Cette règle est applicable à l'ensemble des salariés. Comment alors mettre en œuvre une politique d'éviction des risques liés au matériel numérique ?

1.2.2. Mise en œuvre d'une politique d'éviction des risques matériels

La mise en place d'une politique de suppression des risques matériels se traduit nécessairement par le dialogue social qui est un préalable essentiel à la mise en place de mesures d'éviction de ces risques matériels.

Dialogue social, préalable essentiel à l'éviction des risques

Consultation des membres du CSE sur l'introduction d'une nouvelle technologie. — Dès lors que l'employeur prévoit d'introduire une nouvelle technologie dans l'entreprise, alors le Comité Social et Économique est consulté. Avant la loi du 28 octobre 1982[5], une information des membres du comité d'entreprise était imposée,

---

[1] Ordonnance n°2017-1387 du 22 septembre 2017, art. 21, relative à la prévisibilité et la sécurisation des relations de travail.

[2] Loi n°2012-387 du 22 mars 2012, art. 46, relative à la simplification du droit et à l'allégement des démarches administratives.

[3] *Idem.*

[4] C. trav., art. L. 4122-1.

[5] Loi n°82-915 du 28 octobre 1982 relative au développement des institutions représentatives du personnel.

préalablement à l'introduction de nouvelles technologies[1]. Aujourd'hui, le Comité Social et Économique doit être consulté lorsque l'employeur envisage l'introduction de nouvelles technologies, tout aménagement important modifiant les conditions de santé et de sécurité ou les conditions de travail »[2]. Les membres dudit Comité peuvent alors faire appel à un expert pour les accompagner dans cette consultation[3]. À l'évidence, dès lors que les salariés subissent un changement important de leurs conditions de travail[4], conséquemment à cette transition numérique, alors il est préconisé de mettre en place cette expertise afin d'analyser les risques pour la santé, susceptibles d'émerger. Dans l'hypothèse d'une modification profonde des conditions de travail, alors un plan d'adaptation est exigé[5].

Établissement d'un plan d'adaptation. — Dans cette perspective et aux termes de l'article L. 2323-14 du Code du travail, « lorsque l'employeur envisage de mettre en œuvre des mutations technologiques importantes et rapides, il établit un plan d'adaptation »[6]. Cet impératif a pour objet de mettre en rapport l'implantation d'un projet important, caractérisé de « mutation », avec des actions de prévention indispensables pour préserver la santé des salariés, en respect des principes généraux de prévention[7]. Ce plan devra, par exemple, être mis en place dès lors que la nouvelle technologie envisagée est dotée d'un caractère stratégique et structurant pour l'entreprise[8]. L'importance du changement est ainsi mesurée selon l'importance de ses conséquences, notamment sur la modification de conditions de travail, la formation et la qualification[9]. Les membres du comité social et économique sont alors consultés pour avis, sur son contenu et sa mise en œuvre de façon régulière[10]. Ce comité doit

---

[1] C. cass., Rapport annuel 2005 de la Cour de cassation., « L'innovation technologique », La Documentation française, 2006.

[2] C. trav., art. L. 2312-8.

[3] C. trav., art. L. 2315-96.

[4] *Infra* p.202.

[5] C. trav., art. L. 2323-14.

[6] *Idem.*

[7] Cf. en ce sens C. trav., art. L. 4121-2, 4° et 7°.

[8] Cf. en ce sens CA Versailles, 5 août 2013, RG n°13/05861.

[9] C. cass., Rapport annuel 2005 de la Cour de cassation. L'innovation technologique, La Documentation française, 2006.

[10] C. trav., art. L. 2323-14.

également, à titre supplétif, être consulté annuellement sur la politique de recherche et de développement technologique de l'entreprise[1]. Aussi une consultation portant sur « les problèmes généraux intéressant les conditions de travail résultant de l'organisation du travail, de la technologie, des conditions d'emploi, de l'organisation du temps de travail, des qualifications et des modes de rémunération »[2], est à réaliser. Ces missions très larges jouent ainsi un rôle fondamental dans l'éviction des risques de sous-charge de surcharge de travail inhérents aux outils numériques. En revanche, pour les éviter, l'employeur met en place des mesures spécifiques.

Mesures d'éviction des risques matériels

Éviction des risques liés au travail sur écran. — L'implantation d'équipements numériques obligeant le salarié à exercer tout ou partie de sa prestation sur écran de visualisation, exige de respecter des règles strictes, afin que ces usages ne soient pas source de (i) fatigue visuelle[3] (ii) et de survenance de Troubles Musculosquelettiques (TMS)[4].

Éviction de la fatigue visuelle. — Pour supprimer la fatigue visuelle, L'INRS préconise d'agir sur « le dépistage et la correction des anomalies visuelles, l'organisation du travail, l'affichage et l'implantation des postes »[5]. Sur les problématiques visuelles, l'employeur devra s'assurer que les écrans répondent aux caractéristiques inscrites aux termes de l'article R. 4542-6 du Code du travail. À ce titre, une attention particulière est portée sur la définition des caractères, la stabilité de l'image, la luminance et les contrastes, l'inclinaison et l'orientation de l'écran, et l'absence de reflets[6]. Néanmoins, sont prises en compte les capacités du salarié à travailler sur écran, c'est pourquoi les examens réalisés par la médecine du travail lors du suivi individuel tiennent un rôle majeur dans la prévention de ce risque. Sur l'organisation du travail, afin d'éviter la survenance de

---

[1] C. trav., art. L. 2312-25.

[2] C. trav., art. L. 2323-27.

[3] *Supra* p.59.

[4] *Supra* p.49.

[5] INRS, « Écrans de visualisation Santé et Ergonomie », Rapport n°ED924, 2017, p.22, accessible à l'adresse suivante : http://www.inrs.fr/media.html?refINRS=ED%20924.

[6] C. trav., art. R. 4542-6.

fatigue visuelle, l'employeur prévoit des interruptions régulières marquées par des temps de pause ou par des changements d'activité réduisant la charge de travail sur écran[1]. Les mécanismes d'accommodation et de convergence des yeux pourront ainsi être au repos, évitant l'apparition de fatigue, tout comme le passage en vision de loin[2]. Sur les actions relatives à l'implantation des postes, ces derniers sont notamment positionnés à la perpendiculaire des sources de lumière et la lumière artificielle n'est pas orientée directement sur l'écran[3]. Le strict respect de ces règles assure certes l'éviction de la fatigue visuelle, mais l'employeur doit aussi prévenir les risques de TMS.

Éviction des Troubles Musculosquelettiques. — Pour y parvenir, des actions sur l'organisation du travail, l'aménagement des postes et l'utilisation des dispositifs d'entrée sont à mettre en œuvre[4]. Sur l'organisation, les règles de prévention sont identiques à celles garantissant l'éviction de la fatigue visuelle[5]. Concernant l'aménagement du poste et les dispositifs d'entrée, l'employeur doit respecter des règles relatives au positionnement du clavier, le siège, le bureau, etc. afin de maintenir le salarié dans une position confortable, évitant ainsi la survenance de TMS (fatigue des avant-bras, contraction musculaire, etc.)[6]. Par ailleurs, l'employeur vérifie que « 1° le logiciel est adapté à la tâche à exécuter ; 2° le logiciel est simple d'usage et adapté aux connaissances et aux expériences de l'utilisateur ; 3° les systèmes fournissent aux travailleurs des indications sur leur déroulement ; 4° les systèmes affichent l'information dans un format et à un rythme adapté aux opérateurs ; 5° les principes d'ergonomie sont appliqués en particulier au traitement de l'information par l'Homme »[7]. Ces règles garantissent ainsi l'éviction des TMS.

Éviction du stress inhérent au contrôle numérique. — L'exercice du pouvoir de contrôle, à l'ère du numérique, rend possible l'utilisation de technologies variées, de plus en plus performantes, pouvant porter atteinte

[1] C. trav., art. R. 4542-4.
[2] INRS, *loc. cit.*
[3] *Idem.*
[4] *Idem.*
[5] *Supra* p.165.
[6] Cf. en ce sens C. trav., art. R. 4542-7 ; C. trav., art. R. 4542-8 ; C. trav., art. R. 4542-9.
[7] C. trav., art. R. 4542-5.

notamment à la vie privée du salarié et générer du stress *in fine*. Suivant cette logique, l'employeur doit respecter la procédure de consultation des instances représentatives du personnel et d'information des salariés et de recueil de consentement, pour préserver leur santé morale.

Conclusion de section

L'analyse démontre l'importance de prévoir des mesures à la fois organisationnelles et matérielles pour éviter les risques de sous-charge et surcharge de travail à l'ère du numérique. Il est donc crucial d'impliquer les partenaires sociaux et les services de santé au travail. L'objectif est d'aboutir à un accord global sur la qualité de vie au travail prévoyant des mesures concrètes relatives à l'éviction des risques. La charge de travail doit ainsi devenir un sujet central de négociation intégré à la qualité de vie au travail, qui en est indissociable.

Cependant, pour éviter la survenue de ces risques, il est primordial de prévoir également une politique d'éviction des risques au niveau individuel.

2. Éviction des risques individuels

Mettre en place une politique d'éviction des risques au niveau individuel repose sur une obligation d'information (2.1) et de formation (2.2).

2.1. Information sur la charge de travail

Afin de répondre à l'obligation d'information du salarié sur la charge de travail, il est indispensable de définir son contenu (2.1.1) avant de préciser son formalisme (2.1.2).

2.1.1. Contenu de l'information

Obligation générale d'information. — Aux termes de l'article L. 4141-1 du Code du travail, « l'employeur organise et dispense une information des travailleurs sur les risques pour la santé et la sécurité et les mesures prises pour y remédier »[1]. Dans cette perspective, l'employeur doit informer les salariés d'une part, sur les risques inhérents à une charge de travail inadaptée et d'autre part, sur les mesures existantes dans l'entreprise pour les prévenir. Cette obligation découle du principe général de prévention qui prévoit, aux termes de l'article L. 4121-2 du Code du travail, de « donner des instructions appropriées aux travailleurs »[2].

Nature de l'information. — L'article R. 4141-2 du Code du travail dispose que « l'employeur informe les travailleurs sur les risques pour leur santé et leur sécurité d'une manière compréhensible pour chacun. Cette information ainsi que la formation à la sécurité sont dispensées lors de l'embauche et chaque fois que nécessaire »[3]. Suivant cette logique le chef d'entreprise doit informer le salarié de la charge de travail qu'il aura à exécuter dès son embauche. Cette obligation fait écho au principe de prévisibilité du travail. Au surplus de cette information, l'employeur organise une visite d'information et de prévention avec la médecine du travail[4], pendant laquelle le travailleur est notamment informé sur les risques liés à son poste de travail. Dans le cadre de la prévention de la charge de travail, l'employeur doit informer le salarié sur les modalités d'accès au document unique d'évaluation des risques, dont les risques inhérents à l'usage des nouvelles technologies y sont inscrits[5]. Aussi, de cette obligation générale d'information, il incombe à l'employeur d'indiquer au salarié le rôle du service de santé au travail, des représentants du personnel en matière de prévention des risques professionnels et des dispositions du règlement intérieur[6]. Ces informations sont impératives pour que le salarié puisse exercer sa prestation de travail en toute connaissance de cause, principalement en ce qui concerne la charge de travail attendue, les moyens numériques mis à disposition, les risques de surcharge et de sous-charge de travail, les conditions de travail et les mesures de prévention collectives et individuelles en place dans

[1] C. trav., art. L. 4141-1.

[2] C. trav., art. L. 4121-2, 9°.

[3] C. trav., art. R. 4141-2.

[4] *Supra* p.132.

[5] *Supra* p.142.

[6] C. trav., art. R. 4141-3-1.

l'entreprise[1]. Le secteur public semble vouloir enfin s'approprier le sujet dans le cadre du plan santé 2022-2025 édicté par le Ministère de la Transformation de la Fonction Publique. L'un des objectifs affiché est de publier des guides et des outils adaptant les supports conçus par l'ANACT pour les entreprises. On peut également relever la volonté du gouvernement de répondre à cette obligation d'information au travers de mise en place de la semaine annuelle de la santé au travail dans la fonction publique[2]. Comment alors formaliser ces informations ?

2.1.2. Formalisme de l'information

Format adapté à l'entreprise ou à l'administration publique. — Si le Code du travail ne prévoit pas de formalisme particulier pour informer les salariés sur les risques de sous-charge et de surcharge de travail, il est évident que l'employeur doit utiliser des moyens adaptés à l'entreprise. Ainsi, ce dernier à la possibilité d'exécuter cette information avec l'appui des instances du personnel[3] ou faire appel à des préventeurs[4].

Affichage des informations. — Outre le soutien d'acteurs internes et/ou externes à l'entreprise, l'INRS préconise une information par affichage[5], car les salariés prennent connaissance des consignes de sécurité liées à l'usage des nouvelles technologies et des fiches de poste, garantissant une meilleure appréhension de la charge de travail attendue. Suivant cette logique, un affichage des chartes informatiques est essentiel. Aussi, les modalités d'accès au document d'évaluation des risques, sont affichées[6]. L'INRS relève, en outre, que l'organisation de l'information peut se faire par réunions[7]. L'employeur pourrait, de fait, en programmer sur le thème

---

[1]C. Angelini, Even Françoise, M.-L. de La Ville-Baugé, L. Lanoy, M. Spill, O. Vasset, *op. cit.*

[2] Ministère de la Transformation de la fonction publique, plan santé 202-2025.

[3] *Idem.*

[4] *Supra* p.139.

[5] INRS, Dossier « Formation et information », URL : http://www.inrs.fr/demarche/formation-information/ce-qu-il-faut-retenir. html.

[6] M. Vericel, « Renforcement de l'information des salariés sur les risques pour leur santé et leur sécurité », *Revue de Droit du travail* n°04, Dalloz, 2009, p.242.

[7] INRS, « Formation et information », URL : http://www.inrs.fr/demarche/formation-informapporpoation/ce-qu-il-faut-retenir. html.

de la gestion de la charge de travail au prisme de l'usage des nouvelles technologies.

2.2. Formation sur la charge de travail

La formation à la charge de travail s'impose pour éviter la survenance de troubles pour la santé. Par conséquent, il faut distinguer l'obligation de formation des salariés (2.2.1) de la nécessité de former les managers (2.2.2).

2.2.1. L'obligation générale de formation des salariés

Obligation générale de formation. — Si l'information des salariés sur la charge de travail est une exigence de prévention, l'employeur est également soumis à une obligation générale de formation à la sécurité, en respect de l'article L. 4141-2 du Code du travail qui dispose que « l'employeur organise une formation pratique et appropriée à la sécurité au bénéfice : 1° des travailleurs qu'il embauche ; 2° des travailleurs qui changent de poste de travail ou de technique [...] »[1]. Cette obligation intègre l'introduction des outils numériques dans le travail, au travers de la « technique » et l'employeur, dès lors qu'il introduit une nouvelle technologie (logiciel, intelligence artificielle, etc.) doit former le salarié à celle-ci, afin d'éviter les risques de sous-charge ou de surcharge de travail pouvant en découler. qui évoque sa volonté de développer la « formation à la prévention et la santé au travail dans les écoles de service public et dans le tronc commun des cursus de formation des encadrants[2] ».

Objet de la formation. — Celle-ci a pour finalité « d'instruire le travailleur des précautions à prendre pour assurer sa propre sécurité et, le cas échéant, celles des autres personnes travaillant dans l'établissement. Elle porte sur [...] 2° les conditions d'exécution du travail ; 3° la conduite à tenir en cas d'accident ou de sinistre »[3]. Sur les conditions d'exécution du travail, le législateur impose de former les salariés aux « comportements »[4] et aux

[1] C. trav., art. L. 4141-2.

[2] Ministère de la Transformation de la Fonction Publique, plan 2022-2025.

[3] C. trav., art. R. 4141-3.

[4] C. trav., art. R. 4141-13.

« gestes les plus sûrs »[1]. Manifestement, le chef d'entreprise doit former les salariés sur les précautions à prendre lors de l'utilisation des nouvelles technologies. Instruire les salariés sur les « gestes », dans le cadre de l'utilisation des équipements numériques, évite ainsi l'émergence des risques physiques et la formation sur les « comportements » joue un rôle fondamental dans l'éviction des risques cognitifs. À ce titre, l'employeur doit « éduquer » les salariés aux « bons » usages des outils numériques, pour maîtriser la charge de travail et éviter l'émergence de risques pour la santé. Cette formation doit aussi être mise en place pour les préventeurs et aux mêmes moments pour l'ensemble des travailleurs.

Moment de la formation. — Celle-ci est réalisée à l'embauche et dès lors que le travailleur, du fait d'un changement de technique, est exposé à de nouveaux risques[2]. Enfin, « la formation à la sécurité relative aux conditions d'exécution du travail s'intègre à la formation ou aux instructions professionnelles que reçoit le travailleur »[3].

2.2.2. L'obligation spéciale de formation des managers

Constat : formation insuffisante des managers sur la prévention de la charge de travail. — Si la formation des salariés à la sécurité est une obligation, il est nécessaire de rechercher si une obligation particulière pour ceux ayant des fonctions de management existe, afin de réguler la charge de travail. Le Rapport « sur la formation des managers et ingénieurs en santé au travail »[4] dénonce un manque cruel de formation des managers, notamment en relevant que « les managers maîtrisent insuffisamment les éléments permettant de protéger la santé de l'homme au travail »[5]. Si cette insuffisance est soulevée, il semble difficile de réguler la charge de travail des salariés, pouvant avoir des effets néfastes sur la santé. Ce constat est confirmé en 2010 dans le *Rapport bien-être et efficacité au travail*[6], qui

---

[1] *Idem.*

[2] C. trav., art. R. 4141-16.

[3] C. trav., art. R. 4141-14.

[4] W. Dab, « Rapport sur la formation des managers et ingénieurs en santé au travail », 7 juillet 2008, URL : https://www.vie-publique.fr/sites/default/files/rapport/pdf/084000404.pdf.

[5] *Ibid.*, p.8.

[6] H. Lachmann, C. Larose, M. Pénicaud, *op. cit.*, p.11-12.

propose de « préparer et former les managers au rôle de manager »[1], pour endiguer les risques psychosociaux. L'éviction des risques est possible, selon ledit rapport, si la hiérarchie est formée à « la responsabilité sociale et au management d'équipes »[2], mais cette responsabilité implique de former ces travailleurs à la santé, notamment au prisme de la charge de travail, car ils ont pour mission d'organiser le travail tout en assurant la sécurité de leurs subordonnés. Force est de constater en 2013 que la problématique de la formation des managers est toujours insuffisante puisque l'accord national interprofessionnel sur la qualité de vie au travail affirme « que la formation au management proposée dans les différentes écoles ou universités ne sont pas suffisamment en compte le management des équipes, les dimensions permettant la qualité de vie au travail, l'égalité professionnelle et l'égalité d'accès des personnes handicapées à l'emploi ainsi que les risques professionnels et leur prévention »[3]. En 2015, Bruno Mettling dans son Rapport « Transformation numérique et qualité de vie au travail »[4] relève que les managers doivent développer des compétences en termes de management de projet et/ou à distance, ayant des impacts forts sur la charge de travail et sur la santé *in fine*. Au surplus, la 6e enquête européenne des conditions de travail[5] soulève l'insuffisance de formation des managers dans les dimensions relatives à l'autonomie des salariés, l'encadrement des managers et l'organisation du travail, alors qu'ils jouent un rôle fondamental sur la charge de travail, c'est pourquoi former les managers est indispensable pour éviter l'apparition de troubles sur la santé.

Préconisation. — Suivant cette logique, dans le Rapport de l'Assemblée Nationale, relatif au syndrome d'épuisement professionnel[6], est préconisé de mettre en place une formation approfondie « sur la connaissance et la prévention des risques psychosociaux et la prise en

---

[1] *Idem.*

[2] *Idem.*

[3] ANI du 19 juin 2013 modifié par l'avenant du 16 octobre 1984 sur une politique d'amélioration de la qualité de vie au travail, art. 21.

[4] B. Mettling, *op. cit.*, p.8.

[5] 6e enquête européenne des conditions de travail réalisée par la Fondation de Dublin, 2015, accessible à l'adresse suivante :
https://www.eurofound. europa. eu/fr/surveys/european-working-conditions-surveys/sixth-european-working-conditions-survey-2015.

[6] G. Sebaoun, *op. cit.*

compte de la santé physique et mentale au travail dans la stratégie de l'entreprise »[1]. Au regard de ce constat, il apparaît nécessaire de venir apporter des précisions aux dispositions du Code du travail, en prévoyant notamment de distinguer les formations des salariés sans fonction de management de ceux ayant une équipe en charge. L'objectif d'une telle distinction et de pouvoir assurer une formation approfondie de chacun sur la charge de travail afin de prévenir les risques. Néanmoins, il est évident que ces formations sont intimement liées à des actions de sensibilisation.

Conclusion de chapitre

Sur l'éviction des risques au niveau collectif. — Éviter les risques de charge de travail inadaptée suppose que l'employeur mène une démarche collective de prévention. Ce dernier, afin de répondre aux exigences de santé et de sécurité qui lui incombe, doit nécessairement impliquer les salariés dès la conception des espaces de travail, afin d'optimiser l'organisation de la charge au niveau spatial. En d'autres termes, le chef d'entreprise garantit une répartition des activités et un équipement numérique adapté aux capacités de tout salarié et à la charge de travail à exécuter. Au surplus, l'organisation temporelle de la charge de travail est planifiée en amont, afin d'assurer le respect des temps de repos nécessaires à la préservation de la santé de chacun. L'ensemble des mesures mis en place pour supprimer les risques à la source sont à intégrer dans un plan général de prévention et doivent également faire l'objet d'un dialogue social cohérent. Ainsi il est préconisé de négocier un accord collectif unique sur la qualité de vie au travail portant à la fois sur le droit à la déconnexion (tel que l'impose aujourd'hui le législateur), le télétravail, la démarche de prévention des risques psychosociaux et celle relative à l'éviction du stress. Néanmoins, pour prévenir les risques de surcharge et de sous-charge de travail, cette approche collective est à mettre en lien avec des mesures individuelles.

Sur l'éviction des risques au niveau individuel. — Le législateur prévoit une obligation générale d'information et de formation des salariés. L'analyse met en évidence l'importance de [re]donner une place centrale à

[1] *Ibid.*, proposition n°15.

la formation sur la charge de travail, dont il faut distinguer celle à destination des managers de celle des autres salariés. Leur finalité et de mieux appréhender les usages du numérique ainsi que les comportements à risques.

Conclusion du Titre I

Évaluation de la charge de travail, source de prévention. — En conclusion, est mis en évidence l'enjeu central de l'évaluation collective et individuelle de la charge de travail dans la préservation de la santé des salariés. Il en résulte que l'employeur réalise cette analyse approfondie de la situation de l'entreprise, notamment en prenant en compte les effets intrinsèques à l'usage des outils numériques au regard de la charge de travail. L'évaluation doit être incorporée dans une démarche structurelle et transversale de la santé au travail. Dans cette perspective, les partenaires sociaux et les services de santé [au travail] doivent nécessairement être impliqués afin d'apporter leur expertise respective aux fins d'identifier de manière exhaustive chaque risque, pour ensuite les analyser au prisme de chaque unité de travail. Cette démarche garantit une mesure réelle de la charge de travail et donc une prévention efficace de celle-ci. Néanmoins, il est indispensable de combiner l'évaluation collective des risques avec une évaluation individuelle. L'objectif est clair : prendre en compte l'état de santé et les capacités de tout salarié pour adapter le travail à l'Homme.

Éviction des risques liés à la charge de travail, source de protection. — Prévenir les situations de sous-charge et surcharge de travail impose par ailleurs la mise en place d'une politique d'éviction des risques. La recherche a démontré l'importance de planifier la charge de travail dans l'organisation collective, tant au niveau du cadre spatio-temporel, qu'au niveau des équipements de travail. La charge de travail doit donc être prévue en termes d'organisation et de moyens dès sa prescription par l'employeur. Suivant cette logique, l'analyse met en avant l'importance du dialogue social et notamment d'intégrer le sujet de la charge de travail au cœur de la négociation sur qualité de vie au travail et l'égalité professionnelle. L'avantage est de mettre en perspective ce sujet avec le télétravail, le droit à la déconnexion, la prévention des risques psychosociaux et du stress. La charge de travail devient ainsi le socle de la prévention à partir duquel les mesures d'éviction des risques sont mises en œuvre. Enfin, pour que cette démarche de suppression de la charge de travail excessive soit efficace il est évident que des mesures individuelles au niveau de chaque salarié sont à prévoir. Il s'agit d'actions d'information et de formation.

Il convient cependant de prévoir un traitement de la charge de travail (Titre II) en cas de carence d'une démarche de prévention dans l'entreprise. Dans cette perspective, il est nécessaire d'identifier la procédure à mettre en œuvre dans l'hypothèse de survenance d'une situation de charge de travail inadaptée.

TITRE II.

Le traitement des risques liés à la charge de travail

Traitement de la charge de travail. — La démarche de prévention des risques mise en place au sein des entreprises est parfois insuffisante pour assurer une protection absolue des travailleurs. Il est frappant de constater l'existence d'une réelle souffrance physique et surtout mentale des travailleurs. Ce mal du travail concerne déjà un très grand nombre de personnes. Pour ne citer qu'un exemple, le cas des magistrats est éloquent. Lors d'une enquête menée en mai 2019 sur la charge de travail[1] de ces derniers par le syndicat de la magistrature est mis en évidence. À ce titre, 57,43 % des magistrats interrogés estiment que « leur charge de travail avait des répercussions sur leur santé physique ou psychique »[2]. Cela montre bien que la prévention est insuffisante voire inexistante et qu'il est alors nécessaire d'apporter une réponse à ce mal qui vient toucher frontalement la santé des travailleurs. Cela se confirme puisque 31,96 % des magistrats ayant répondu à l'enquête visée considèrent être en situation de souffrance physique et mentale[3]. Plus marquant encore, seuls 16,6 % des magistrats en souffrance estiment que l'administration a mis en place des mesures nécessaires pour traiter ces situations à risques[4]. En d'autres termes, aucun traitement n'est mis en œuvre pour mettre fin aux situations

[1] Enquête menée par le syndicat de la magistrature intitulée « l'envers du décor. Enquête sur la charge de travail dans la magistrature », mai 2019.

[2] *Ibid.*, p.14.

[3] *Ibid.*, p.15.

[4] *Ibid.*, p.16.

de charge de travail excessive portant atteinte à la santé des individus au travail. Les moyens mis en œuvre dans ce secteur pour éradiquer la souffrance au travail sont clairement insuffisants[1]. Si l'exemple de la magistrature peut sembler choquant, le mal être au travail est semblable dans les autres administrations publiques (police, enseignement, etc.) et dans le secteur privé. C'est pourquoi il est essentiel de rechercher les solutions curatives indispensables pour traiter la charge de travail et protéger ainsi la santé des salariés. Mettre en place des mesures de traitement des risques liés à la charge de travail est un impératif pour répondre à l'obligation d'adaptation du travail à l'Homme – pierre angulaire de l'obligation de sécurité – qui incombe à tout employeur.

Hypothèses avancées. — Garantir au salarié une protection absolue face aux risques de sous-charge et surcharge de travail repose sur l'hypothèse selon laquelle le traitement de la charge de travail doit nécessairement se faire au niveau individuel (chapitre 1) et au niveau collectif (chapitre 2).

---

[1] Notamment un numéro d'appel gratuit et anonyme a été mis en place en 2018 par le ministère de la justice.

CHAPITRE 1.

Le traitement individuel des risques liés à la charge de travail

Traitement individuel. — L'absence ou l'insuffisance de mesures de prévention individuelle et collective de la charge de travail touche frontalement la santé des travailleurs et caractérisent un manquement à l'obligation de sécurité de l'employeur. Le législateur prévoit cependant un arsenal de protection du salarié face aux abus du chef d'entreprise. Le présent chapitre analyse comment traiter individuellement la charge de travail aux fins de protéger les travailleurs.

Annonce de la procédure de traitement individuel. — Pour y parvenir, le législateur prévoit un traitement de la victime (1) et un traitement du fautif (2).

1. Le traitement de la victime

Le législateur accorde aux victimes d'une charge de travail excessive un droit d'alerte sur les risques liés à la charge de travail (1.1) et un droit de retrait en cas de risques liés à la charge de travail (1.2).

1.1. L'alerte sur les risques liés à la charge de travail

Comprendre le traitement de la victime dans le cadre de l'alerte suppose d'analyser les modalités de mise en œuvre de l'alerte (1.1.1) et la protection du lanceur d'alerte (1.1.2).

1.1.1. Mise en œuvre de l'alerte

Droit d'alerte reconnu à tout salarié. — Aux termes de l'article L. 4131-1 du Code du travail le salarié « alerte immédiatement l'employeur de toute situation de travail dont il a un motif raisonnable de penser qu'elle présente un danger grave et imminent pour sa vie ou sa santé ainsi que de toute défectuosité qu'il constate dans les systèmes de protection[1] ». La notion de danger se définit comme « une situation susceptible de produire un accident ou une maladie entrainant la mort ou paraissant devoir entrainer une incapacité permanente ou temporaire prolongée »[2]. Le caractère grave écarte le simple danger auxquelles certaines activités sont exposées par nature[3] et l'imminence suppose que le danger n'est pas encore apparu, mais qu'il pourrait se produire. Dans ces conditions, à la lecture de l'article L. 4131-1 du Code du travail il s'avère que le salarié peut déclencher une alerte s'il a « un motif raisonnable de penser » qu'il est en danger. L'appréciation des juges se fera d'une part « au regard du comportement qu'aurait pu avoir un autre salarié placé dans les mêmes circonstances »[4] et d'autre part, sur l'existence de dispositions (convention collective, etc.) spécifiques prévoyant une protection face au danger dénoncé, car c'est seulement en l'absence de ce mécanisme de prévention que la motivation raisonnable du salarié est fondée[5]. Dans le cadre d'une alerte sur une situation de charge de travail inadaptée, provoquée par l'usage d'une nouvelle technologie, il est impératif de comparer les postes identiques et de vérifier s'il existe des mesures de prévention relatives à l'usage de ces outils prévues par le législateur ainsi que dans le DUERP[6] et la fiche d'entreprise[7]. Dans cette hypothèse, leur mise en œuvre est requise.

---

[1] C. trav., art. L. 4131-1.

[2] Circulaire n°93/15 du 25 mars 1993 relative à l'application de la loi n°82. 1097 du 23 décembre 1982 (modifiée par la loi n°91.1414 du 31 décembre 1991) et du Décret n°93. 449 du 23 mars 1993.

[3] Cf. en ce sens C. trav., art. R. 4624-23.

[4] Obs. sous C. trav., art. L. 4131-1.

[5] Cf. G. Couturier, « Hygiène et sécurité – droit de retrait – croyance raisonnable en un danger grave et imminent », *Droit social* n°07-08, 2000, p.778.

[6] *Supra* p.142.

[7] *Supra* p.141.

Droit d'alerte reconnu à tout membre du CSE. — À l'évidence ce droit reconnu à tout salarié peut aussi être exercé par un membre du CSE dès lors qu'un travailleur lui en fait la demande en vertu de l'article L. 4131-2 du Code du travail. Nonobstant la constatation d'un danger grave et imminent, ce représentant du personnel peut également aviser l'employeur sur « une atteinte aux droits des personnes, à leur santé physique et mentale ou aux libertés individuelles dans l'entreprise qui ne serait pas justifiée par la nature de la tâche à accomplir ni proportionnée au but recherché »[1]. Le législateur est venu préciser ce concept « d'atteinte à la santé » par la loi n° 2012-954 du 6 août 2012[2] qui dispose que l'atteinte ouvrant droit au dispositif d'alerte « peut notamment résulter de faits de harcèlement sexuel ou moral »[3]. Dans cette perspective, un membre du CSE peut donc dénoncer une surcharge ou sous-charge de travail, pouvant révéler un harcèlement moral[4]. Au surplus, la dénonciation portant sur une atteinte aux droits des personnes et aux libertés individuelles peut être envisagée dans l'hypothèse d'une gouvernance d'entreprise utilisant de manière démesurée les nouvelles technologies, touchant ainsi frontalement le droit fondamental au repos, les données personnelles, la vie privée, la dignité, etc. Mais, comment alerter l'employeur ?

Procédure d'alerte applicable au salarié. — Le Code du travail ne prévoit pas de formalisme spécifique de signalement, cependant le Conseil d'État qualifie d'illégale la clause au règlement intérieur imposant au salarié de faire une déclaration écrite[5]. L'argument relevé est que cela lui imposerait « une sujétion qui n'est pas justifiée par les nécessités de la sécurité (CE, 11 juillet 1990, req. n° 85416, publié au Recueil Lebon) »[6]. Seule une alerte verbale de l'employeur doit être effectuée lorsqu'une charge de travail inadaptée pouvant provoquer un danger grave et imminent est observée.

---

[1] C. trav., art. L. 2312-59.

[2] Loi n°2012-954 du 6 août 2012 relative au harcèlement sexuel.

[3] *Ibid.*, art.7.

[4] Cf. en ce sens CA Bastia 19 juin 2019 n°17/003314 ; CA Douai 29 mars 2019 n°17/015638.

[5] Cf. en ce sens CE, 12 juin 1987, req. n°72388, publié au Recueil Lebon.

[6] C. cass., Rapport annuel 2007 de la Cour de cassation, « La santé dans la jurisprudence de la cour de cassation », La Documentation française, 2008.

Procédure d'alerte applicable à un membre du CSE. — Si le salarié doit alerter de manière verbale le chef d'entreprise, le membre du CSE consigne en revanche son avis sur « un registre spécial dont les pages sont numérotées et authentifiées par le tampon du comité »[1]. La conformité de celui-ci est « également soumise au strict respect des mentions suivantes : « 1° les postes de travail concernés par la cause du danger constaté ; 2° la nature et la cause de ce danger ; 3° le nom des travailleurs exposés »[2], auxquelles s'ajoutent la date et la signature du registre. Par exemple, la nature du danger relative à la charge de travail pourra être physique ou mentale. Sa cause sera l'usage inapproprié des nouvelles technologies. Au regard de cet impératif, cet acte, sous la responsabilité de l'employeur, doit être mis à la disposition des membres du CSE[3].

Obligation d'enquête initiée par l'employeur pour trouver une solution. — Dès lors que ces derniers signalent une situation de charge de travail excessive, alors il incombe à l'employeur de procéder immédiatement à une enquête avec l'appui du CSE[4], afin de mettre en œuvre des dispositions pour y remédier. Dans l'hypothèse où aucune solution ne serait apportée dans les vingt-quatre heures, le CSE doit être réuni en urgence. Dans cette perspective, l'inspection du travail et l'agent du service de prévention de la Caisse Régionale d'Assurance Maladie sont informés et peuvent y assister[5]. Mais, si à l'issue de cette réunion aucun accord n'est trouvé entre l'employeur et les membres du CSE sur les actions à mettre en place et leurs conditions d'exécution, alors l'employeur saisit sans délai l'inspection du travail[6]. L'administration peut alors décider de mettre en demeure le chef d'entreprise[7] ou d'appliquer une procédure de référé[8]. Certes, la procédure d'alerte à l'avantage certain de prévenir les risques liés à la charge de travail toutefois, il est essentiel de prévoir une protection du lanceur d'alerte.

---

[1] C. trav., D.4132-1.

[2] *Idem.*

[3] C. trav., D. 4132-2.

[4] C. trav., art. L. 4132-1, al. 1.

[5] Cf. en ce sens c. trav., art. L.4132-3.

[6] Cf. en ce sens c. trav., art. L.4132-4.

[7] Cf. en ce sens c. trav., art. L. 4721-1.

[8] Cf. en ce sens c. trav., art. L. 4732-1 et s.

1.1.2. Protection du lanceur d'alerte

Fondements de la protection du lanceur d'alerte. — La loi n° 82-1097 du 23 décembre 1982[1], dite loi Auroux, inscrit un socle de protection civile aux lanceurs d'alerte en matière de santé au travail. Il est ainsi interdit toute sanction à l'encontre d'un ou plusieurs salariés ayant pris la décision, sur motif raisonnable, de se retirer d'une situation de danger grave et imminent[2]. Le droit de retrait se faisant nécessairement en respect de la procédure d'alerte, alors le salarié « dénonciateur » (ou le membre du CSE) sera protégé. Cependant, le Conseil d'État préconisait en 2016 la mise en place : « d'un socle commun de dispositions relatives aux lanceurs d'alerte afin de mieux définir son intérêt, son articulation par rapport aux autres instruments de droit commun permettant de dénoncer un fait illicite et de responsabiliser les administrations et les entreprises en leur faisant prendre conscience de ce qu'une alerte peut révéler l'existence de dysfonctionnements graves qu'il leur appartient de corriger »[3]. Ce texte évoque l'alerte au prisme de la protection de « l'intérêt général ». Or il est évident que ce dispositif s'entend aussi au regard de la protection d'autrui[4]. Suivant cette logique, un lanceur d'alerte en matière de santé au travail est soumis aux mêmes mesures [de protection], dès lors qu'un dispositif dans ce domaine est mis en place dans l'entreprise. Deux conditions cumulatives sont alors essentielles pour que ces salariés soient sous l'égide de cette protection : (i) le respect du principe de désintéressement (i) et du principe de bonne foi. Le salarié dénonçant une charge de travail, pouvant faire émerger un danger, peut agir uniquement s'il le fait de manière désintéressée. Partant de la notion commune de lanceur d'alerte définie par la loi du 29 décembre 2016[5], le travailleur n'est pas autorisé à alerter dans le seul but d'obtenir un avantage (financier ou matériel) de la part de

---

[1] Loi n°82-1097 du 23 décembre 1982, 4e Loi Auroux relative aux comités d'hygiène, de sécurité et des conditions de travail (CHSCT), art. 3.

[2] Cf. en ce sens c. trav., L. 4131-3.

[3] CE, « Le droit d'alerte : signaler, traiter, protéger », La Documentation française, 12 avril 2016.

[4] Cf. en ce sens R. De Quenaudon, « Les lanceurs d'alertes », *in* A. Supiot (dir.), *Prendre la responsabilité au sérieux*, P.U.F., 2015, p.293.

[5] Loi n°2016-1691 du 9 décembre 2016 relative à la transparence, à la lutte contre la corruption et à la modernisation de la vie économique.

l'employeur. Dans cette perspective, ce statut de « lanceur d'alerte » n'assure pas une fonction spécifique au salarié dans l'entreprise, car il s'agit simplement de l'exercice de sa liberté d'expression. C'est dans cette logique que les membres du CSE peuvent agir, puisqu'ils expriment collectivement les demandes des salariés. Néanmoins, le travailleur ou membre du CSE, alertant de la situation de charge de travail inadaptée, « ne doit pas être affecté par le trouble qu'il dénonce, auquel cas il lui appartient de déposer plainte »[1]. Cette précision est d'autant plus importante, car elle a pour objet de le protéger pénalement des actes dénoncés et de démontrer son le désintérêt[2]. En revanche, pour prétendre à cette protection, le lanceur d'alerte doit aussi respecter le principe de bonne foi. Posé aux termes de l'article L. 1222-1 du Code du travail, ce principe impose notamment au salarié que l'alerte portée à la connaissance de l'employeur, sur une situation de charge de travail inadaptée et donc comportant des risques certains pour la santé, soit vérace. Ainsi, il devra uniquement relever des éléments dont il a eu personnellement connaissance[3]. Le strict respect des deux principes susvisés constitue les conditions irréfragables pour assurer la protection du lanceur d'alerte, face au risque de représailles de l'employeur. Mais, lors d'une dénonciation d'une sous-charge ou surcharge de travail, quelle est la nature de la protection ?

Protection disciplinaire. — Le concept d'alerte individuelle en matière de santé au travail apparaît, dans un premier temps, aux termes de l'article L. 1152-1 du Code du travail qui dispose que :

« aucun salarié, aucune personne en formation ou en stage ne peut être sanctionné, licencié ou faire l'objet d'une mesure discriminatoire, directe ou indirecte, notamment en matière de rémunération, de formation, de reclassement, d'affectation, de qualification, de classification, de promotion professionnelle, de mutation ou de renouvellement de contrat

---

[1] Rapport du Sénat n°712 sur le projet de loi relatif à la transparence, à la lutte contre la corruption et à la modernisation de la vie économique, chapitre II, 22 juin 2016.

[2] Cf. en ce sens P. Adam, « À propos de la protection générale des lanceurs d'alerte dans l'entreprise privée », *RJS* 5/2017, chronique n°355.

[3] Loi n°2016-1691 du 9 décembre 2016 relative à la transparence, à la lutte contre la corruption et à la modernisation de la vie économique, art. 6.

pour avoir subi ou refusé de subir des agissements répétés de harcèlement moral ou pour avoir témoigné de tels agissements ou les avoir relatés »[1].

En conséquence, la charge de travail étant dans certains cas un indice de harcèlement moral, s'impose donc par extension le même niveau de protection pour un salarié alertant d'une charge de travail excessive. Aucune sanction disciplinaire ne pourra, *de facto*, être prise à l'encontre du travailleur déposant plainte pour harcèlement moral[2], ce dernier étant « immunisé »[3] dès le déclenchement de l'alerte, sous réserve de respecter le principe de bonne foi. Le salarié qui serait licencié pourrait, dans ces conditions, invoquer une atteinte à la liberté d'expression et demander la nullité de la décision[4]. Aucun reproche ne peut être adressé à un travailleur qui dénonce un danger caractérisé par une surcharge ou surcharge de travail auprès de sa hiérarchie (directe ou indirecte) ou des autorités judiciaires.[5]

Dispositif d'alerte. — Malgré le caractère indispensable d'un dispositif d'alerte, le législateur n'impose pas sa mise en place dans le champ de la santé au travail[6]. Pourtant, au regard de la recrudescence des TMS et des troubles psychiques[7], induit notamment par des situations de sous-charge ou de surcharge de travail[8], il semble primordial d'instaurer cette procédure, comme le met en avant la doctrine[9]. Cette recommandation repose sur le fait que « sa mise en place facilite et encadre, de manière non contraignante pour la victime, l'exercice de son droit

---

[1] C. trav., art. L. 1152-1.

[2] Cass. soc., 2 novembre 2016, n°15-20.916, Inédit.

[3] Cf. en ce sens C. Mathieu, F. Terryn, « Le statut du lanceur d'alerte en quête de cohérence », *Revue de droit du travail* n°03, 2016, p.159.

[4] Cf. en ce sens cass. soc., 30 juin 2016, n°15-10.557, publié au Bulletin ; J. P. Marguénaud ; J. Mouly, « La protection européenne des salariés lanceurs d'alerte par la Cour de cassation : un troublant exemple d'improvisation », *Recueil Dalloz* n°29, 2016, p.1740.

[5] Cf. en ce sens J. Icard, « L'alerte individuelle en droit du travail », *Droit social* n°06, 2017, p.545.

[6] *Idem.*

[7] Assurance Maladie, Rapport annuel « l'assurance maladie – risques professionnels », 2018.

[8] *Supra* Tableaux n^{os}1 et 2.

[9] J. Icard, loc. cit.

d'alerte personnel »[1] et à l'avantage de [re]affirmer le rôle préventif de ce droit[2], comme le relève la Cour d'Appel de Paris[3]. En conclusion, il s'avère indispensable de rendre obligatoire ce dispositif pour chaque entreprise, mais son contenu doit être précisé.

Contenu du dispositif. — La loi du 9 décembre 2016[4] détermine son contenu dans le champ économique, nécessitant certaines adaptations pour le rendre applicable au domaine de la santé au travail. Le législateur dispose que l'objet de l'alerte anticorruption est de recueillir « des signalements émanant d'employés et relatifs à l'existence de conduites ou de situations contraires au code de conduite de la société »[5]. Suivant cette logique, l'objet de l'alerte en santé au travail serait rattaché à une charte informatique portant sur l'usage des nouvelles technologies et sur les comportements à proscrire, susceptibles de générer une charge de travail inadaptée[6]. Elle serait annexée au règlement intérieur pour appliquer l'échelle de sanction correspondante en cas d'abus manifeste. Le dispositif pourrait répondre aux préconisations de l'ANI du 26 mars 2010 sur le harcèlement et les violences au travail, à savoir un système fondé selon des principes de discrétion, de confidentialité, d'exhaustivité des informations, de réalisation d'enquêtes et de protection des lanceurs d'alerte.

À l'évidence, le droit d'alerte tient une place majeure dans le traitement de la victime. Néanmoins, le retrait en cas de risques liés à la charge de travail apparait également essentiel.

1.2. Le retrait en cas de risques liés à la charge de travail

Il faut alors distinguer le droit de retrait du salarié (1.2.1), de l'obligation de retrait de l'employeur (1.2.2).

---

[1] J. Icard, Y. Pagnerre, « Le clair-obscur de l'obligation de sécurité en matière de harcèlement », *Recueil Dalloz* n°28, 2016, p.1681.

[2] Cf. en ce sens G. Couturier, « Hygiène et sécurité – droit de retrait – croyance raisonnable en un danger grave et imminent », *Droit social* n°07-08, 2000, p.778.

[3] CA, Paris, 5 novembre 2015, RG n°15/04024.

[4] Loi n°2016-1691 du 9 décembre 2016 relative à la transparence, à la lutte contre la corruption et à la modernisation de la vie économique.

[5] *Ibid.*, art. 17, 2°.

[6] *Supra* p.76.

1.2.1. Droit de retrait du salarié

Motivation de l'exercice du droit de retrait face à une charge de travail inadaptée. — Il est initié par le salarié, après avoir alerté l'employeur de « toute situation de travail dont il a un motif raisonnable de penser qu'elle présente un danger grave et imminent pour sa vie ou sa santé ainsi que de toute défectuosité qu'il constate dans les systèmes de protection »[1]. En conséquence, une situation de surcharge ou de sous-charge de travail peut-elle motiver l'application de ce droit ? Sur ce point, une recherche d'occurrence, sur les décisions de justice, entre la « charge de travail » et le « droit de retrait », révèle onze arrêts de la chambre sociale de la Cour de cassation et deux décisions de Cours d'appel[2]. Ressortent alors seulement trois décisions qui laissent entrevoir un lien entre l'exercice du droit de retrait et le concept de charge de travail, utilisé notamment pour tenter de démontrer l'existence d'une situation de harcèlement moral[3]. Ce raisonnement confirme que la charge de travail inadaptée, caractérisant un harcèlement moral, garantit au salarié sa possibilité d'exercer son droit de retrait de manière légitime ; cette situation s'analysant comme une atteinte aux droits et libertés du travailleur ainsi que de sa santé mentale, ce que confirme l'article L. 1152-1 du Code du travail qui dispose qu'« aucun salarié ne doit subir les agissements répétés de harcèlement moral qui ont pour objet ou pour effet une dégradation de ses conditions de travail susceptible de porter atteinte à ses droits et à sa dignité, d'altérer sa santé physique ou mentale ou de compromettre son avenir professionnel »[4]. Au surplus, dans un arrêt de rejet de la Cour de

---

[1] C. trav., art. L. 4131-1.

[2] Sur la période du 1er janvier 2010 au 25 mars 2020, les arrêts et décisions sont les suivant : CA Angers, 16 février 2016, RG n°13/03060 ; CA Angers, 8 septembre 2015, RG n°13/01707 ; cass. soc., 13 mars 2019, n°17-27.187, Inédit ; cass. soc., 19 octobre 2016, n°15-23.504, Inédit ; cass. soc., 8 juin 2016, n°14-21.832, Inédit ; cass. soc., 28 mai 2014, n°13-13.947, Inédit ; cass. soc., 10 juillet 2013, n°12-17.560, Inédit ; cass. soc., 17 octobre 2012, n°11-22.287, Inédit ; cass. soc., 26 janvier 2012, n°10-12.183, Inédit ; cass. soc., 23 mars 2011, n°09-72.588, Inédit ; cass. soc., 15 septembre 2010, n°09-41.949, Inédit.

[3] Cf. en ce sens CA Angers, 16 février 2016, RG n°13/03060 ; cass. soc., 19 octobre 2016, n°15-23.504, Inédit ; cass. soc., 10 juillet 2013, n°12-17.560, Inédit.

[4] C. trav., art. L. 1152-1.

cassation du 26 janvier 2012[1], est clairement identifié le droit pour le salarié de se retirer d'une situation de surcharge de travail. Dans cette affaire a été caractérisée une situation de surcharge de travail inhérente à la mise en place d'un nouveau système informatique, provoquant *de facto* des modifications profondes de l'organisation de travail[2]. Il est considéré que cette surcharge comporte des risques forts sur la santé psychique des salariés (syndromes dépressifs, accidents cardiaques, etc.), c'est pourquoi l'exercice du droit de retrait est fondé[3]. Si une surcharge de travail peut motiver le droit de retrait, alors il peut être admis que dans un contexte de sous-charge de travail, le salarié puisse également se retirer aux fins de protéger sa santé.

Survenance d'un accident de travail motivant le retrait du salarié. — Dans certains cas de charge de travail excessive, engendrant un accident de travail, le salarié est autorisé à se retirer et l'employeur a pour obligation d'effectuer une déclaration auprès de la Caisse Primaire d'Assurance Maladie de la victime, en respect des dispositions de l'article L. 441-2 du Code de la sécurité sociale. Si l'accident touchant à la santé physique du travailleur demeure aisé à déterminer, la difficulté majeure réside certainement dans la qualification d'un accident psychologique lié la charge de travail, pour caractériser le motif raisonnable d'exercice du droit de retrait. Ainsi, « est considéré comme accident du travail, quelle qu'en soit la cause, l'accident survenu par le fait ou à l'occasion du travail à toute personne salariée ou travaillant, à quelque titre ou en quelque lieu que ce soit, pour un ou plusieurs employeurs ou chefs d'entreprise »[4]. Ainsi, les juges considèrent qu'un « choc psychologique »[5] résultant de conditions de travail dégradées, voire de harcèlement moral, caractérise l'existence d'un accident de travail[6]. La notion de « choc » est centrale, car elle atteste de la soudaineté de l'événement, élément substantiel de la notion d'accident[7].

---

[1] Cass. soc., 26 janvier 2012, n°10-12. 183, Inédit.

[2] Cf. en ce sens cass. soc., 26 janvier 2012, n°10-12.183, Inédit.

[3] *Idem.*

[4] CSS art. L. 411-1.

[5] Cass. civ., 2e chambre civile, 2 avril 2015, n°14-14.437, Inédit.

[6] Cf. en ce sens cass. civ., 2e chambre civile, 2 avril 2015, n°14-14.437, Inédit ; cass. soc., 4 mai 2017 n°15-29.411, Inédit.

[7] G. Cornu, *op. cit.*

Cependant, les seules allégations du travailleur seront insuffisantes pour établir le lien entre la charge de travail et l'accident, c'est pourquoi ce dernier devra présenter des éléments objectifs attestant d'une atteinte morale et/ou physique induits par cette situation[1]. L'employeur devra quant à lui prouver que l'origine accidentelle est fondamentalement étrangère à la charge de travail, sinon l'accident de travail sera alors caractérisé et le droit de retrait du salarié motivé.

Non-respect des préconisations médicales au retour d'un arrêt de travail : motif de retrait. — Le retrait d'une charge de travail excessive dangereuse pour la santé interroge pareillement la possibilité pour le travailleur d'exercer ce droit, en cas de non-adaptation du poste de travail, parfois indispensable[2] au retour d'un arrêt de travail. Dans cette perspective, le législateur impose à l'employeur d'organiser, dans les huit jours suivants ledit arrêt, une visite de reprise de travail dans les cas suivants : après un congé de maternité ; après une absence pour cause de maladie professionnelle ; après une absence d'au moins trente jours pour cause d'accident du travail ; après une absence d'au moins soixante jours pour cause de maladie ou d'accident non professionnel. Dès que l'employeur a connaissance de la date de la fin de l'arrêt de travail, il saisit le service de santé au travail qui organise l'examen de reprise le jour de la reprise effective du travail par le travailleur, et au plus tard dans un délai de huit jours qui suivent cette reprise[3]. Cette visite a pour finalité :

« 1° de vérifier si le poste de travail que doit reprendre le travailleur ou le poste de reclassement auquel il doit être affecté est compatible avec son état de santé ; 2° d'examiner les propositions d'aménagement ou d'adaptation du poste repris par le travailleur ou de reclassement faites par l'employeur à la suite des préconisations émises le cas échéant par le médecin du travail lors de la visite de préreprise[4] ; 3° de préconiser

[1] Cf. en ce sens cass. civ., 2e chambre civile, 17 décembre 2015, 15-10.516, Inédit.

[2] Cf. en ce sens cass. civ., 4 octobre 2018, n°17-24.858, Inédit.

[3] C. trav., art. R. 4624-31.

[4] Il est utile de souligner qu'afin de favoriser le maintien dans l'emploi des travailleurs en arrêt de travail d'une durée de plus de 30 jours, une visite de préreprise peut désormais être organisée par le médecin du travail à l'initiative du médecin traitant, du médecin conseil des organismes de sécurité sociale ou du travailleur. Au cours de cet examen, le médecin du travail peut recommander des aménagements et adaptations du poste de

l'aménagement, l'adaptation du poste ou le reclassement du travailleur ; 4° d'émettre, le cas échéant, un avis d'inaptitude »[1].

Manifestement, si la médecine du travail préconise une adaptation de la charge de travail, mais qu'aucune mesure n'est mise en place, alors le chef d'entreprise ne répond pas son obligation de sécurité[2]. Suivant cette logique le salarié peut exercer son droit de retrait, étant certain que l'inaction de sa hiérarchie le place dans une situation de danger grave et imminent pour sa santé.

1.2.2. Obligation de retrait de l'employeur

---

travail ; des préconisations de reclassement ; des formations professionnelles à organiser en vue de faciliter le reclassement du travailleur ou sa réorientation professionnelle. À cet effet, il s'appuie en tant que de besoin sur le service social du travail du service de santé au travail interentreprises ou sur celui de l'entreprise. Sauf si le travailleur s'y oppose, le médecin du travail informe l'employeur et le médecin conseil de ses recommandations afin que toutes les mesures soient mises en œuvre en vue de favoriser le maintien dans l'emploi du travailleur. En outre, Le décret n° 2022-373 du 16 mars 2022 précise les modalités de mise en place du rendez-vous de liaison entre l'employeur et le salarié absent avec le service de prévention et de santé au travail. Cette possibilité est ouverte pour les salariés en arrêt de travail de plus de 30 jours.

Ce rendez-vous enrichit les missions de prévention de la désinsertion professionnelle, notamment afin de maintenir un lien entre le salarié et l'employeur pendant l'arrêt de travail, d'informer le salarié qu'il peut bénéficier d'un rendez-vous de préreprise, de mesures d'aménagement de son poste et/ou du temps de travail. n'étant pas un rendez-vous médical intégré dans le suivi individuel de l'état de santé du salarié, ce dernier peut refuser d'y participer. Aucune conséquence ne peut être tirée du refus au salarié de se rendre à ce rendez-vous. Ce rendez-vous peut être effectué par le médecin du travail ou, sous l'autorité de celui-ci, par interne en médecine du travail ou l'infirmier. Dès lors que le salarié accepte un rendez-vous de liaison, l'employeur doit lui proposer une date dans un délai de 15 jours pour organiser ce rendez-vous en présentiel ou en distanciel. Le service de prévention et de santé au travail est informé de la tenue de ce rendez-vous de liaison par l'employeur, 8 jours avant. Ainsi, le service peut assister aux rendez-vous lorsque la situation du salarié le nécessite. Par ailleurs, le salarié, en arrêt de travail en raison d'un accident ou d'une maladie professionnelle ou non professionnelle, peut bénéficier d'un « essai encadré ». Cet essai permet au salarié, pendant l'arrêt de travail, d'évaluer au sein de leur entreprise ou d'une autre, la compatibilité d'un poste de travail avec son état de santé.

[1] C. trav., art. R. 4624-32.

[2] Cf. en ce sens cass. soc., 7 juillet 2016, n°15-10.546, Inédit.

Obligation de retrait : une prérogative de l'employeur. — En outre, il incombe à l'employeur une obligation de retrait au regard de l'article L. 4132-5 du Code du travail qui dispose que ce dernier « prend les mesures et donne les instructions nécessaires pour permettre aux travailleurs, en cas de danger grave et imminent, d'arrêter leur activité et de se mettre en sécurité en quittant immédiatement le lieu de travail »[1]. C'est d'ailleurs sur ce principe que l'inspection du travail, dans l'affaire *Chubb France*[2], préconisait la suspension d'un projet de réorganisation à la suite de l'implantation d'un nouveau système informatique pouvant générer des conséquences psychosociales très importantes. Par conséquent, l'employeur a une obligation de retrait vis-à-vis de ses salariés, dès lors qu'une situation de sous-charge ou surcharge de travail peut provoquer un danger grave et imminent pour la santé du travailleur. À défaut, « si l'employeur opte pour la continuité du travail, il sera présumé avoir commis une faute inexcusable, surtout en cas d'accident de travail »[3]. Cette obligation de retrait est d'autant plus importante que le salarié qui alerte l'employeur peut décider de ne pas se retirer de la situation de travail, laissant ainsi sa hiérarchie seule juge du niveau de danger inhérent à la charge de travail[4]. Comment mettre en place ce droit de retrait ?

Droit de retrait exercé parallèlement au droit d'alerte. — En l'occurrence, l'exercice du droit de retrait s'exécute au même moment où l'alerte est faite à l'employeur[5], mais avant d'engager cette procédure, le dénonciateur s'assure de ne « pas créer pour autrui une nouvelle situation de danger grave et imminent »[6]. Cette possibilité s'exerce de manière identique au droit d'alerte[7].

Conclusion de section

[1] C. trav., art. L. 4132-5.

[2] C. cass., 14 novembre 2019, n°18-13.887, publié au bulletin.

[3] F. Mananga, « Droit de retrait et droit d'alerte : des corollaires à l'obligation de sécurité », *JurisAssociation* n°598, 2019, p.27.

[4] *Idem*.

[5] *Supra* p.178-180.

[6] C. trav., art. L. 4132-1.

[7] *Supra* p.178.

À l'évidence, le salarié victime d'une charge de travail excessive peut exercer son droit d'alerte et de retrait sans craindre de représailles de l'employeur. Toutefois, il semble impératif d'affiner le système de protection du lanceur d'alerte, afin qu'il englobe de manière claire et non équivoque l'alerte dans l'hypothèse d'une charge de travail inadaptée. L'application de cette procédure serait alors destinée à tout salarié et aux membres du CSE, dont l'un des avantages est aussi de prouver l'existence d'une politique de prévention, en cas de contentieux.

Ainsi, après avoir analysé le traitement de la victime, il est essentiel de rechercher le traitement du fautif.

2. Le traitement du fautif

Déterminer le traitement du fautif implique d'examiner dans un premier temps, la qualification de la faute (2.1) et dans un second temps, les sanctions (2.2).

2.1. Qualification de la faute

La faute peut être qualifiée de faute intentionnelle (2.1.1) et à l'inverse non-intentionnelle. Dans le second cas de figure, une demande de requalification en faute inexcusable (2.1.2) peut être initiée.

2.1.1. Faute intentionnelle

Qualification de la faute. — Démontrer la faute intentionnelle liée à une charge de travail excessive impose de démontrer la violation d'un texte légal par un élément matériel et un élément moral de l'infraction.

Élément matériel. — il s'agit de « la manifestation extérieure de la volonté délictueuse sous la forme d'actes, abstentions ou attitudes décrits par la loi pénale[1] ». Par exemple, l'envoi de nombreux email en dehors des heures de travail peut caractériser l'élément matériel de l'infraction. Toutefois, il doit être couplé avec un élément moral.

[1] J. Vidal, Droit pénal. Infractions. Constatation. Poursuite, JurisClasseur Travail Traité Fasc. 82-10, 21 Avril 2020 [mise à jour : 21 Avril 2020].

Élément moral. — Celui-ci peut notamment prendre trois formes : l'intention, la mise en danger et l'imprudence[1]. L'intention se caractérise dès lors que l'acte est volontaire[2] et qu'il existe une intention de causer des lésions corporelles[3]. À l'inverse la faute non intentionnelle se caractérise par l'absence « d'acte volontaire accompli avec l'intention de causer des lésions corporelles »[4]. L'intention est parfaitement lisible dans le cadre du harcèlement moral. La répétition des agissements ayant pour effet une dégradation des conditions de travail du salarié et pouvant « porter atteinte à ses droits et à sa dignité, d'altérer sa santé physique ou mentale ou de compromettre son avenir professionnel »[5] démontre cet élément intentionnel. Toutefois, il est important de souligner que l'élément intentionnel du délit de harcèlement moral ne peut pas, à lui seul, qualifier la faute intentionnelle. Ce principe posé par la Cour de cassation dans un arrêt du 13 décembre 2016[6] repose sur le fait que l'accident de travail résultant d'une situation de harcèlement moral ne caractérise par une faute intentionnelle au sens de l'article L. 452-5 du Code de la sécurité sociale. Il est indispensable de prouver l'intention de l'auteur à créer un dommage sur la victime. Cet arrêt décisif poursuit la logique inscrire aux termes de l'article 222-33-2 du Code pénal. Outre l'intention de nuire, l'élément moral de la faute intentionnelle peut aussi être démontrer par des éléments attestant la mise en danger du salarié. Celle-ci est constituée par la prise d'un risque par l'employeur de manière consciente[7]. En santé au travail, cela se traduit notamment par la violation d'une règle relative à l'hygiène, la santé et la sécurité. Par exemple, le non-respect de l'obligation de formation des salariés à la sécurité qualifie l'élément moral de la faute intentionnelle. Au surplus, cet élément moral peut être démontré par

---

[1] *Idem.*

[2] Cass. soc., 13 janv. 1966, n° 65-10.806, Bull N 63.

[3] Cass. soc., 7 mai 1980, n° 79-10.249, Bull. N 391.

[4] G. Vachet, Régime général : accidents de travail et maladies professionnelles - Recours de la victime et de ses ayants droit contre le tiers responsable, JurisClasseur Protection sociale Traité, Fasc. 314-15, 1er Septembre 2016 [mise à jour : 1er Décembre 2018].

[5] C. trav., art. 1152-1.

[6] Cass. crim., 13 décembre 2016, n° 15-81.853, FS-PB.

[7] J. Vidal, Droit pénal. Infractions. Constatation. Poursuite, JurisClasseur Travail Traité Fasc. 82-10, 21 Avril 2020 [mise à jour : 21 Avril 2020].

l'imprudence, la négligence ou l'omission[1]. L'employeur, n'ayant par exemple, pas agit à la suite d'une alerte d'un salarié ou d'un membre du comité social et économique se rend coupable de négligence. Il en est de même pour l'employeur ayant connaissance d'une situation de charge de travail excessive participant à un processus harcelant et qui n'intervient pas. Enfin l'article 121-3 du Code pénal dispose qu'« il y a également délit, lorsque la loi le prévoit, en cas de faute d'imprudence, de négligence ou de manquement à une obligation de prudence ou de sécurité prévue par la loi ou le règlement, s'il est établi que l'auteur des faits n'a pas accompli les diligences normales compte tenu, le cas échéant, de la nature de ses missions ou de ses fonctions, de ses compétences ainsi que du pouvoir et des moyens dont il disposait ». C'est donc à la victime de démontrer ces manquements. Aussi, l'article susvisé précise que les personnes physiques qui n'ont pas directement causés le dommage peuvent aussi être pénalement condamnées, venant ainsi renforcer l'élément intentionnel. L'avantage pour la victime de démontrer l'existence d'une faute intentionnelle est de prétendre à un meilleur dédommagement. C'est pourquoi dans l'hypothèse où la faute serait qualifiée de non-intentionnelle, il est possible de demander une requalification en faute inexcusable ayant les mêmes effets en termes de prestation.

2.1.2. Faute inexcusable

Les juges estiment concernant l'exigence de sécurité que « le manquement à cette obligation a le caractère d'une faute inexcusable [...] lorsque l'employeur avait ou aurait dû avoir conscience du danger auquel était exposé le salarié, et qu'il n'a pas pris les mesures nécessaires pour l'en préserver »[2]. Ce concept prétorien[3] impose, pour l'employeur, la mise en œuvre d'une politique de prévention de la charge de travail, afin de ne pas se voir imputer une faute inexcusable[4]. Dans cette perspective, il est

[1] *Idem.*

[2] H. Boucard, *Responsabilité contractuelle — Violation de l'obligation*, Répertoire de Droit civil, juillet 2018.

[3] Sur la notion de faute inexcusable Cf. soc.28 févr. 2002, 7 arrêts, n°99-17.221, Bull. civ. V, n°81 ; P. Jourdain, « La faute inexcusable de l'employeur, l'obligation de sécurité et la conscience du danger de l'amiante », *RTD* n°02, 2002, p.310.

[4] Cf. en ce sens CA Paris, 30 juin 2011, RG n°10/05831.

important d'analyser les présomptions simples de reconnaissance de la faute inexcusable (A) et, en dehors de ces cas, les éléments de preuve (B) indispensables à la caractérisation de cette faute.

Présomptions simples

Sur les présomptions simples, il faut distinguer celle caractérisée après l'exercice du droit d'alerte ou de retrait et celle spécifique aux travailleurs précaires.

Présomption du risque après l'exercice du droit d'alerte ou de retrait

Défaut d'action par suite du signalement d'un risque lié à la charge de travail. — L'impératif d'un dispositif d'alerte[1] en santé au travail semble inéluctable, puisqu'aux termes de l'article L. 4131-4 du Code du travail « le bénéfice de la faute inexcusable de l'employeur prévue à l'article L. 452-1 du Code de la sécurité sociale est de droit pour le ou les travailleurs qui seraient victimes d'un accident du travail ou d'une maladie professionnelle alors qu'eux-mêmes ou un représentant du personnel au comité social et économique avaient signalé à l'employeur le risque qui s'est matérialisé »[2]. Dès lors, si la charge de travail est dénoncée et que l'employeur n'agit pas, laissant ainsi survenir un accident ou une maladie professionnelle, la faute inexcusable peut être caractérisée. Cela se motive sur le principe d'avoir conscience du danger sans pour autant avoir instauré de mesures suffisantes pour prévenir cette situation[3]. Cette présomption « irréfragable »[4] de reconnaissance de la faute est uniquement admise dans ce cas précis, c'est pourquoi elle se distingue de celle admise pour les travailleurs précaires.

Présomption spécifique aux travailleurs précaires

Défaut de formation des travailleurs précaires à la charge de travail. — Aux termes de l'article L. 4154-2 du Code du travail :

---

[1] *Supra* p.183.

[2] C. trav., art. L. 4131-4.

[3] Cf. en ce sens P.-Y. Verkindt, « Une illustration du lien entre droit de la sécurité sociale et droit du travail : les présomptions de faute inexcusable et l'impératif de prévention », *RDSS* n°06, 2008, p.1140.

[4] Cf. en ce sens cass. soc., 17 juillet 1998, n°96-20.988, Bull. 1998 V n°398 p.301.

« les salariés titulaires d'un contrat de travail à durée déterminée, les salariés temporaires et les stagiaires en entreprise affectés à des postes de travail présentant des risques particuliers pour leur santé ou leur sécurité bénéficient d'une formation renforcée à la sécurité ainsi que d'un accueil et d'une information adaptés dans l'entreprise dans laquelle ils sont employés. La liste de ces postes de travail est établie par l'employeur, après avis du médecin du travail et du comité social et économique, s'il existe. Elle est tenue à la disposition de l'agent de contrôle de l'inspection du travail mentionné à l'article L. 8112-1 »[1].

Suivant cette logique, un travailleur mentionné au texte précité, exécutant une prestation nécessitant l'usage du numérique et comportant ainsi des risques pour santé, doit impérativement être formé à la charge de travail pour être sensibilisé aux dangers inhérents à ces technologies. À défaut et en cas d'accident de travail ou de maladie professionnelle, inhérent à la charge de travail induite par l'usage des nouvelles technologies, la faute inexcusable de l'employeur est présumée[2]. Il s'agit cependant d'une présomption simple, c'est-à-dire qu'elle peut être discutée par l'employeur. Le salarié devra donc apporter la preuve que son poste était mentionné sur la liste prévue à l'article L. 4154-1 du Code du travail et qu'il n'existe aucune mesure de prévention.

En dehors de ces deux exceptions, où la présomption de faute inexcusable est fondée, c'est à la victime de prouver son existence.

La preuve de la faute inexcusable repose sur deux critères cumulatifs : la conscience du danger inhérent à la charge de travail et l'absence de mesures de prévention de celle-ci.

Notion de « conscience ». — Le droit prétorien est venu délimiter cette notion subjective dans le but de retenir des critères pour démontrer la conscience que l'employeur a du danger. La conscience se caractérise *in abstracto* et les juges estiment qu'elle est qualifiée lorsque le danger était prévisible[3] et qu'il suppose, *de facto*, la mise en œuvre de mesures de prévention. En outre, la Haute juridiction considère qu'un danger,

---

[1] C. trav., L. 4154-2.

[2] Cf. en ce sens cass. soc., 6 février 2003, n°01-20.936 ; P.-Y. Verkindt, « Une illustration du lien entre droit de la sécurité sociale et droit du travail : les présomptions de faute inexcusable et l'impératif de prévention », *RDSS* n°06, 2008, p.1140.

[3] Cf. en ce sens cass. soc., 24 octobre 2002, n°01-20.183, Inédit.

difficilement identifiable, mais inscrit aux termes d'une règlementation en santé au travail caractérise la conscience que l'employeur a ou aurait dû avoir du danger. Comment admettre ces critères au prisme de charge de travail ?

Conscience des risques inhérents à une charge de travail inappropriée. — Sur la conscience *in abstracto*, les juges retiennent notamment que les données médicales attestant d'un stress lié à une surcharge de travail démontrent la conscience de l'employeur des risques qu'il fait encourir au salarié[1]. Par ailleurs, la simple connaissance d'une situation de charge de travail déraisonnable depuis plusieurs années suffit à qualifier ce critère[2]. Enfin, des attestations, notamment lors des entretiens de suivi, prouvent que l'employeur ne pouvait ignorer les risques[3]. À l'inverse, dans une affaire de reconnaissance de faute inexcusable[4], le demandeur, à la suite d'un entretien préalable à un éventuel licenciement, a tenté de se suicider. Il a ensuite fait reconnaitre un accident de travail auprès de la CPAM et lorsqu'il a obtenu une réparation d'un taux d'incapacité de vingt p. cent pour « névrose post-traumatique[5] », il a alors saisi le Tribunal des Affaires de Sécurité Sociale (TASS) pour demander la reconnaissance de la faute inexcusable de l'employeur. Cette demande a été rejetée par le TASS et la Cour d'Appel de Rennes est venue confirmer cette décision au motif d'une absence d'arrêt de travail ou de préconisation, voire de réserve, de la part du médecin du travail sur l'aptitude du salarié à occuper sa fonction[6]. Dans ces conditions, le chef d'entreprise ne pouvait pas avoir conscience de la « fragilité psychologique particulière[7] » de la victime de cet accident de travail. Une charge de travail ayant pour conséquence des risques psychiques forts sur le salarié ne serait donc pas reconnue en faute inexcusable au principe que ce dernier n'avait pas eu d'arrêts de travail consécutif à un surmenage ou qu'aucune préconisation particulière de la

[1] Cf. en ce sens cass. soc., 8 novembre 2012, n°11-23.855, Inédit.
[2] *Idem.*
[3] *Idem.*
[4] CA Rennes, 8 novembre 2017, RG n°16/01303.
[5] *Idem.*
[6] CA Rennes, 8 novembre 2017, RG n°16/01303.
[7] *Idem.*

médecine du travail n'avait été faite, notamment lors des visites prévues par le législateur[1]. En outre, pour déterminer si l'employeur avait ou aurait dû avoir conscience d'un risque psychique, voire physique, les juges s'appuient sur les éléments attestant de la prévisibilité de la charge de travail, car ils démontrent implicitement qu'au-delà ou en deçà de la charge prescrite, il peut y avoir un risque pour la santé, et que l'employeur en avait donc conscience[2]. Enfin, l'existence de dispositions prévues au Code du travail sur l'exercice d'une prestation sur écran[3] démontre que l'employeur ne peut pas méconnaître les risques qui y sont rattachés. Toutefois, le seul critère de « conscience » n'est pas suffisant pour imputer la faute inexcusable de l'employeur, il donc est essentiel de prouver l'absence de mesures de prévention au sein de l'entreprise.

Notion « d'absence de mesures de prévention ». — C'est certainement celui qui a le plus marqué l'évolution jurisprudentielle de ces dernières années, avec notamment le [très] célèbre arrêt *Snecma*[4], qui précise que l'obligation de sécurité de résultat à laquelle est tenu l'employeur lui impose d'adopter les mesures nécessaires pour assurer la sécurité et protéger la santé des travailleurs »[5]. Les juges sont venus préciser ce principe, dans l'arrêt *Fnac* de la Cour d'Appel de Paris en date du 13 décembre 2012[6], dans lequel est relevé que les employeurs « doivent prendre tous les moyens utiles [pour identifier les risques], y compris les risques psychosociaux »[7]. Au regard de ces décisions, comment caractériser l'absence de mesures de prévention de la charge de travail ?

Absence de mesures de prévention de la charge de travail. — La doctrine rappelle que la politique de prévention des risques doit prévoir des mesures collectives, car l'unique existence de mesures de prévention individuelles est insuffisante pour répondre à l'obligation de sécurité[8].

---

[1] *Supra* p.132.
[2] Cf. en ce sens cass. soc., 8 novembre 2012, n°11-23.855, Inédit.
[3] C. trav., art. R. 4542-1 et s.
[4] Cass. soc., 5 mars 2008, n°06-45.888, Bull. 2008, V, n°46.
[5] *Idem.*
[6] CA Paris, 13 décembre 2012, RG n°12/17589.
[7] M. Del Sol, « Les décisions et pratiques managériales à l'épreuve du droit de la santé au travail », *RDSS* n°05, 2013, p.868.
[8] *Idem.*

Manifestement, l'absence de DUERP démontre un manquement absolu à l'obligation de sécurité[1] justifiant la caractérisation irréfragable de la faute inexcusable, puisqu'il incombe à l'employeur de prévoir les risques possibles et de prendre les mesures d'éviction nécessaires à la préservation de la santé des salariés[2]. Sur le plan individuel, les juges vérifieront si les mesures d'information et de formation à la charge de travail ont été mises en place dans l'entreprise. Dans cette perspective, la deuxième chambre civile de la Cour de cassation a par exemple relevé, dans un arrêt de rejet du 8 novembre 2012[3] que l'employeur n'a pas pris les mesures suffisantes pour protéger la santé des salariés, dans le cadre d'un projet de réduction des coûts ayant eu comme conséquence la survenance d'un infarctus d'un travailleur. Des actions collectives et individuelles de prévention des risques psychosociaux et du stress auraient dû être prévues, c'est pourquoi cet accident a été qualifié de faute inexcusable de l'employeur. La Cour d'Appel de Nancy[4] est, quant à elle, venue confirmer la décision du Tribunal des affaires de sécurité sociale sur le refus d'imputabilité d'une faute inexcusable à un employeur pour surmenage professionnel. La salariée motivait sa demande en s'appuyant sur la jurisprudence qui « admet que la faute inexcusable puisse être reconnue lorsque l'accident du travail est dû au stress subi par le salarié du fait de la politique de surcharge et de pression menées par l'employeur »[5]. Néanmoins, le TASS et la Cour d'Appel de Nancy, estiment que l'intimée n'a pas manqué à son obligation de sécurité, car (i) la maladie n'était pas en lien direct avec le travail ; (ii) un état mensuel des heures de travail exécutées était réalisé et ne fait pas ressortir de surcharge de travail et (iii) que la salariée était formée régulièrement.

2.2. Sanctions

[1] Cf. en ce sens p. ex. cass. soc., 17 septembre 2015, Bull. 2016, n°835, 2e Civ., n°117 ; 14-24.534 ; cass. civ., 2e chambre, 11 février 2016, n°15-10.152,Inédit, CA Rennes 29 mars 2017, RG n°15/03747.

[2] Cf. en ce sens M.-A. Moreau, « L'obligation générale de préserver la santé des travailleurs », *Droit Social* n°05, 2013, p.410.

[3] Cass. soc., 8 novembre 2012, n°11-23.855, Inédit.

[4] CA Nancy, 10 octobre 2019, RG n°18/01013.

[5] *Idem.*

En tout état de cause, une faute intentionnelle ou inexcusable est assortie de sanctions civiles (2.2.1) et de sanctions pénales (2.2.2).

2.2.1. Sanctions civiles

Mise en demeure. — Aux termes de l'article L. 4721-1 « le directeur régional des entreprises, de la concurrence, de la consommation, du travail et de l'emploi, sur le rapport de l'agent de contrôle de l'inspection du travail mentionné à l'article L. 8112-1 constatant une situation dangereuse, peut mettre en demeure l'employeur de prendre toutes mesures utiles pour y remédier, si ce constat résulte : 1° D'un non-respect par l'employeur des principes généraux de prévention prévus par les articles L. 4121-1 à L. 4121-5 et L. 4522-1 ; 2° D'une infraction à l'obligation générale de santé et de sécurité résultant des dispositions de l'article L. 4221-1 »[1]. À l'évidence ces dispositions s'appliquent dans l'hypothèse d'une charge de travail excessive participant à un processus harcelant ou à la survenance de risques autonomes pouvant avoir des effets délétères sur la santé des salariés.

Demandes de vérification. — Aussi l'employeur peut se voir dans l'obligation de « faire procéder à des contrôles techniques, consistant notamment : 1° A faire vérifier l'état de conformité de ses installations et équipements avec les dispositions qui lui sont applicables ; 2° A faire procéder à la mesure de l'exposition des travailleurs à des nuisances physiques, à des agents physiques, chimiques ou biologiques donnant lieu à des limites d'exposition ; 3° A faire procéder à l'analyse de toutes matières, y compris substances, mélanges, matériaux, équipements, matériels ou articles susceptibles de comporter ou d'émettre des agents physiques, chimiques ou biologiques dangereux pour les travailleurs »[2].

Outre les sanctions civiles susvisées, peuvent être prononcées des sanctions pénales à l'encontre du fautif.

2.2.2. Sanctions pénales

Amendes et emprisonnement. — Une amende d'un montant de 10 000 euros peut être prononcée à l'égard de l'employeur (ou son représentant) dans l'hypothèse d'une faute commise par méconnaissance

---

[1] C. trav., art. L. 4721-1.

[2] C. trav., art. L.4722-1.

des dispositions relatives à la santé, la sécurité et l'hygiène[1]. Le législateur prévoit, en cas de récidive, une amende de 30 000 euros et d'un an d'emprisonnement[2]. Par ailleurs « L'amende est appliquée autant de fois qu'il y a de travailleurs de l'entreprise concernés »[3]. Le Code du travail prévoit également « lorsqu'une des infractions énumérées à l'article L. 4741-1, qui a provoqué la mort ou des blessures dans les conditions définies aux articles 221-6, 222-19 et 222-20 du code pénal ou, involontairement, des blessures, coups ou maladies n'entraînant pas une incapacité totale de travail personnelle supérieure à trois mois, a été commise par un délégataire, la juridiction peut, compte tenu des circonstances de fait et des conditions de travail de l'intéressé, décider que le paiement des amendes prononcées sera mis, en totalité ou en partie, à la charge de l'employeur si celui-ci a été cité à l'audience »[4]. Aussi, une amende de 3 750 euros peut être prononcée à l'égard de l'employeur dans l'hypothèse où ce dernier ne respecterait pas la demande de mise en conformité reçue par la direction régionale des entreprises, de la concurrence, de la consommation, du travail et de l'emploi[5].

Affichage. — Au surplus, « en cas de condamnation prononcée en application de l'article L. 4741-1, la juridiction peut ordonner, à titre de peine complémentaire, l'affichage du jugement aux portes des établissements de la personne condamnée, aux frais de celle-ci, dans les conditions prévues à l'article 131-35 du code pénal, et son insertion, intégrale ou par extraits, dans les journaux qu'elle désigne. Ces frais ne peuvent excéder le montant de l'amende encourue. En cas de récidive, la juridiction peut prononcer contre l'auteur de l'infraction l'interdiction d'exercer, pendant une durée maximale de cinq ans, certaines fonctions qu'elle énumère soit dans l'entreprise, soit dans une ou plusieurs catégories d'entreprises qu'elle définit. Le fait de méconnaître cette interdiction est puni d'un emprisonnement de deux ans et d'une amende de 9 000 euros »[6].

---

[1] Cf. en ce sens c. trav., art. L. 4741-1.

[2] Cf. en ce sens c. trav., art. L. 4741-1, al. 2.

[3] C. trav., art. L. 4741-1, al. 3.

[4] C. trav., art. L. 4741-2.

[5] C. trav., art. L. 4741-3.

[6] C. trav., art. L. 4741-5.

Conclusion de chapitre

Sur la protection des salariés victimes de la charge de travail inadaptée. — En conclusion, il ressort de cela que l'exercice du droit d'alerte et de retrait assure une protection très forte pour les salariés, dans l'hypothèse d'une situation de charge de travail excessive. Cependant, il est impératif d'exercer ce droit uniquement sur motif raisonnable de penser que la situation de travail présente un danger grave et imminent, afin de ne pas être sanctionné. Le salarié doit également agir de manière désintéressée et en respect du principe de bonne foi, conférant ainsi la protection spécifique des lanceurs d'alerte dans l'entreprise. En revanche, il apparaît, aujourd'hui, que la mise en place d'un tel dispositif n'est pas obligatoire dans le champ de la santé au travail, pourtant nécessaire à la préservation de la santé des salariés confrontés à une charge de travail de plus en plus intense à l'ère du numérique.

Sur la condamnation de l'employeur fautif. — Aussi, rendre obligatoire ce dispositif d'alerte en santé au travail, permet d'apporter des indices sur les mesures de prévention mises en place par l'employeur, afin de démontrer sa volonté de protéger la santé des salariés. Ces éléments sont essentiels, car l'employeur peut être condamné pour faute intentionnelle ou faute inexcusable dont les sanctions civiles et pénales sont lourdes (mise en demeure, amende, emprisonnement, etc.).

CHAPITRE 2.

Le traitement collectif des risques liés à la charge de travail

Traitement collectif. — À l'évidence, un traitement individuel de la charge de travail doit nécessairement être combiné à un traitement collectif aux fins de préserver la santé des salariés. Suivant cette logique, le législateur impose un certain nombre de mesures.

Annonce de la procédure de traitement collectif. — En cas de constat de sous-charge ou de surcharge de travail il incombe donc à l'employeur de réévaluer le risque intrinsèque à la charge de travail (1) et de réadapter les salariés et les outils au risque (2).

1. Réévaluation des risques liés à la charge de travail

Afin de réévaluer le risque, il est essentiel d'analyser cette exigence au prisme de la charge de travail (1.1) et de rechercher son impact sur les obligations pour l'employeur (1.2).

1.1. Exigence de réévaluation de la charge de travail

Cette réévaluation repose sur une exigence intrinsèque à la modification importante des conditions de travail (1.1.1) et au recueil d'information supplémentaire sur un risque (1.1.2) inhérent à la charge de travail.

1.1.1. Exigence intrinsèque à la modification importante des conditions de travail

Répondre à cette exigence inhérente à la modification importante des conditions de travail implique d'analyser dans quelle mesure le numérique peut être source de modification des conditions de travail afin de pouvoir mesurer son niveau d'importance.

Numérique, source de modification des conditions de travail

Introduction d'une nouvelle technologie. — L'exigence de réévaluation des risques relatifs à la charge de travail à l'ère du numérique se traduit notamment par une obligation de consulter le comité social et économique lors de l'introduction de nouvelles technologies[1], car ces dernières sont source de danger pour la santé des travailleurs[2]. De manière systématique, il incombe à l'employeur d'informer et de consulter annuellement cette instance paritaire « sur les questions intéressant l'organisation, la gestion et la marche générale de l'entreprise, notamment sur : [...] l'introduction de nouvelles technologies, tout aménagement important modifiant les conditions de santé et de sécurité ou les conditions de travail »[3]. Toutefois, lorsque le chef d'entreprise programme l'implantation d'une nouvelle technologie susceptible d'avoir des conséquences sur les conditions de travail du salarié, il doit également informer et consulter — cette fois-ci de manière ponctuelle — le comité social et économique[4]. Au surplus s'impose la même procédure dans l'hypothèse d'une mise en œuvre de mutations [technologiques] importantes[5]. Enfin, avant d'être abrogé par l'Ordonnance n° 2017-1386 du 22 septembre 2017[6], l'article L. 2323-27 du Code du travail prévoyait que l'employeur informe et consulte les membres du comité d'entreprise (aujourd'hui du CSE) « sur les problèmes généraux intéressant les

[1] V. en ce sens C. trav., art. L. 2312-8, 4°.

[2] *Supra* p.163.

[3] C. trav., art. L. 2312-8, 4°.

[4] Cf. en ce sens C. trav., art. L. 2323-13.

[5] Cf. en ce sens C. trav., art. L. 2323-14.

[6] Ordonnance n°2017-1386 du 22 septembre 2017 relative à la nouvelle organisation du dialogue social et économique dans l'entreprise et favorisant l'exercice et la valorisation des responsabilités syndicales, art. 1.

conditions de travail résultant de l'organisation du travail, de la technologie »[1]. Cette disposition était pourtant centrale, car elle garantissait aux élus du personnel d'analyser « les incidences sur les conditions de travail des projets et décisions de l'employeur [...] et formuler "des propositions" »[2]. Nonobstant ce recul normatif, il ressort de l'ensemble des dispositions en vigueur, une volonté du législateur de prendre continuellement en compte l'impact du numérique sur les conditions de travail des salariés et leur santé *in fine*. L'employeur doit donc réévaluer les risques de sous-charge et de surcharge de travail à chaque fois qu'une nouvelle technologie modifie les conditions de travail. Cependant, cette obligation s'impose seulement dans l'hypothèse d'un changement particulièrement important.

Il est de fait nécessaire de déterminer ce critère d'importance engageant nécessairement la réévaluation des risques intrinsèques à la charge de travail. Parvenir à cette qualification implique de distinguer la modification « simple » des conditions de travail de la modification « importante ».

Qualification de l'importance de la modification des conditions de travail

« Modification simple » des conditions de travail. — Le comité social et économique a certes un vrai rôle à jouer au sein de l'entreprise afin de protéger les intérêts des salariés, mais cela doit se faire dans le respect des règles imposées par le législateur. Dans le cadre de la détermination de l'importance ou non des changements impactant les conditions de travail des salariés, l'analyse de l'arrêt de la Cour de cassation du 12 avril 2018[3] vient remettre en cause ce caractère « important ». L'arrêt susvisé concernait l'introduction du programme *Watson*[4], conçu par la société IBM et doté d'intelligence artificielle, pour le traitement des courriels. Il apparaît, selon les juges de fond, que : « l'introduction du

[1] C. trav., art. L. 2323-27 [ancien].

[2] Q. Urban, Comité d'entreprise : rôle et attributions en matière économique – L'information et la consultation du comité d'entreprise, Répertoire de droit du travail, avril 2015 (actualisation : Février 2019).

[3] Cass. soc., 12 avril 2018, n°16-27.866, Inédit.

[4] *Idem.*

programme informatique Watson va aider les chargés de clientèle à traiter les abondants courriels qu'ils reçoivent soit en les réorientant à partir des mots clés qu'ils contiennent vers le guichet où ils pourront être directement traités en raison des compétences préalablement définies par le chef d'agence au vu de la demande, soit en les traitant par ordre de priorité en raison de l'urgence qu'ils présentent et qui leur sera signalée, soit encore à y répondre d'une manière appropriée en proposant une déclinaison de situations permettant d'adapter sans oublis la réponse à la question posée »[1]. Dans cette affaire, la chambre sociale de la Cour de cassation estime que la consultation du Comité Hygiène Santé Sécurité et Conditions de Travail (aujourd'hui le CSE) n'est pas nécessaire. En d'autres termes, cela signifie que la mise en place de cette technologie n'aurait pas d'impact important sur les conditions de travail des salariés. L'argument retenu par les juges de fond est que le système *Watson* « se traduit [...] en termes de conséquences mineures dans les conditions de travail directes des salariés dont les tâches vont se trouver facilitées »[2]. Suivant cette logique, dès lors que la mise en place d'une nouvelle technologie « faciliterait » les tâches des salariés, alors cela ne caractériserait pas un changement important des conditions de travail. L'évolution des tâches induite par la mise en place de cette nouvelle technologie n'est donc pas prise en considération, alors que les salariés impactés par le système *Watson* ne traitent plus les mails simples, qui sont gérés par cette technologie, mais doivent personnaliser leurs réponses, induisant un plus grand effort de travail intellectuel. Au surplus, il n'est pas à ignorer le fait que les nouvelles technologies, au-delà des changements de conditions de travail, contraignent le salarié à développer de nouvelles compétences. Comment caractériser l'importance de la modification ?

« Modification importante » des conditions de travail. — Aux termes de l'article L. 4121-2, 1° du Code du travail, le critère d'importance du changement apparaît certes, mais n'est pas pour autant clarifié. Une définition classique n'apporte pas non plus d'enseignements, restant trop abstraite comme celle-ci qui définit « important » comme quelque chose « qui importe ; qui a un grand intérêt, des conséquences notables qui est

---

[1] *Idem.*

[2] *Idem.*

jugé comme tel selon les critères de la société »[1]. Alors que cette approche reste toujours trop générale, la jurisprudence apporte deux éléments de mesure au caractère « important ». Un premier qualitatif ; le nombre de salariés touchés par cette modification. À la lecture de l'arrêt de la chambre sociale de la Cour de cassation du 10 février 2010[2], il n'est pas admis de considérer comme suffisant ce seul critère. La Cour régulatrice considère qu'il ne peut refléter, à lui seul, l'importance du changement[3], même si, à l'inverse, en cas d'un faible nombre de salariés touchés, il peut caractériser un projet peu important. Un second critère, cumulatif à celui qui est précité, est nécessaire. Il s'agit de la portée des évolutions sur les conditions de travail. La décision de la Cour d'appel de Versailles en date du 31 octobre 2010[4] apporte quelques précisions. En l'espèce, il s'agissait d'un « projet d'ensemble, qui avec le remplacement du matériel informatique par un matériel plus performant bouleverse toute la gestion matérielle et comptable de l'entreprise et a nécessairement des conséquences sur les conditions de travail du personnel ainsi que sur sa formation »[5]. Un critère émerge donc : la rupture technologique. Par ailleurs, la décision n° 18/01721 du Tribunal de Grande Instance de Nanterre du 5 septembre 2018[6], sur la mise en place d'un nouveau système d'information des ressources humaines à destination de tous les salariés, vient compléter cette approche. Dans cette affaire, il a été jugé que la consultation du comité d'hygiène, de santé, sécurité et des conditions de travail était indispensable au motif que le projet comprend une technologie dont « l'ampleur du champ des fonctionnalités de ce projet et des implications possibles sur l'organisation du travail, le temps de travail et la rémunération »[7]. Outre le critère de rupture se dessine un critère relatif à l'impact de la technologie sur l'organisation. Enfin sont « exclus de la consultation obligatoire tous les projets qui n'ont qu'un caractère ponctuel ou individuel »[8].

---

[1] A. Rey, Le Grand Robert de la langue française, Le Robert, 1998.

[2] Cass. soc., 10 février 2010, n°10-20.376, Inédit.

[3] *Idem.*

[4] CA Versailles, 31 octobre 1990, RG n°90-1750.

[5] Q. Urban, *op. cit.*

[6] TGI Nanterre, 5 septembre 2018, RG n°18/01721.

[7] *Idem.*

[8] Q. Urban, *op. cit.*

C'est seulement dans l'hypothèse d'une modification importante des conditions de travail induite par le numérique que l'employeur doit consulter le comité social et économique, afin de réévaluer les risques de sous-charge et de surcharge de travail. Toutefois, si le recueil de nouvelles connaissances techniques et scientifiques attestant l'existence de nouveaux risques pour la santé du salarié surgit, alors il incombe à l'employeur de les réévaluer.

1.1.2. Exigence intrinsèque au recueil d'information supplémentaire sur un risque

Recueil de connaissances scientifiques, source de réévaluation de la charge de travail. — Aux termes de l'article R. 4121-2 du Code du travail, l'employeur doit réévaluer les risques professionnels, dès lors qu'il recueille une information supplémentaire sur l'évaluation d'un risque au sein d'une unité de travail[1]. Dans cette perspective, la Circulaire DRT n° 6 du 18 avril 2002[2] éclaire cette disposition en relevant que l'information supplémentaire peut être « établie par les connaissances scientifiques et techniques »[3]. Ces données correspondent à celles communiquées par l'expert technique qui peut être nommé par le comité social et économique, dans les entreprises d'au moins trois cents salariés, notamment à l'occasion de l'introduction d'une nouvelle technologie[4]. Cet expert est à la fois « producteur de connaissances — selon les règles et les méthodes propres à sa discipline — et acteur dans le processus de décision »[5]. Par conséquent, si ce dernier relève la possibilité de survenance de risques physiques ou cognitifs, pour la santé du salarié, induits par la nouvelle technologie implantée, alors l'employeur doit nécessairement réévaluer la charge de travail, pour ne pas mettre en danger le travailleur. Outre la connaissance apportée par l'expert-technique, les technologies

[1] C. trav., art. R. 4121-2, 2°.

[2] Circulaire DRT n°6 du 18 avril 2002 pris pour l'application du Décret n°2001-1016 portant création d'un document relatif à l'évaluation des risques pour la santé et la sécurité des travailleurs, prévue par l'article L. 230-2 du Code du travail et modifiant le Code du travail.

[3] *Idem.*

[4] Cf. en ce sens C. trav., art. L. 2312-8, 4°.

[5] P.-Y. Verkindt, « Nouvelles technologies de l'information et de la communication et nouvelles pratiques d'expertise », *Droit social* n°01, 2002, p.54.

« sont la traduction de connaissances scientifiques en termes de « pratiques », de « méthodes » et de « procédés »[1] » ce qui implique, pour le chef d'entreprise, de prendre en compte ces données et de réévaluer les risques sur la charge de travail, dans l'hypothèse selon laquelle il utiliserait l'une d'entre elles. Le recueil d'informations supplémentaires peut aussi trouver son origine dans l'évolution des règles relatives à la sécurité, à la santé et aux conditions de travail[2].

Évolution des règles relatives à la santé, à la sécurité et aux conditions de travail, source de réévaluation de la charge de travail. — Lorsqu'une nouvelle règlementation entre en vigueur dans le champ de la santé au travail, l'employeur doit réévaluer les risques au regard de cette évolution. L'illustre parfaitement la Loi n° 2002-73 du 17 janvier 2002[3] inscrivant pour la première fois en France la question du harcèlement moral au travail. Dans cette perspective, il incombe au chef d'entreprise de réévaluer la charge de travail au prisme du harcèlement, afin de mettre en place les mesures de prévention et d'éviction indispensables à la préservation de la santé du travailleur. D'autres textes, notamment les accords nationaux interprofessionnels (stress, violence au travail, etc.)[4] devraient également être pris en compte pour réévaluer la charge de travail relativement à ces risques identifiés, même s'ils n'ont pas de valeur impérative d'application.

Outre l'obligation de réévaluer les risques de sous-charge et de surcharge de travail à la suite du recueil d'informations supplémentaires issues de sources externes, l'employeur doit également effectuer cette démarche dès lors qu'il recueille de nouvelles informations au niveau interne.

Accident de travail ou maladie professionnelle provoqué(e) par une charge de travail inadaptée, source de réévaluation des risques. — La

[1] *Idem.*

[2] Circulaire DRT n°6 du 18 avril 2002 pris pour l'application du Décret n°2001-1016 portant création d'un document relatif à l'évaluation des risques pour la santé et la sécurité des travailleurs, prévue par l'article L. 230-2 du Code du travail et modifiant le Code du travail.

[3] Loi n°2002-73 du 17 janvier 2002 de modernisation sociale.

[4] ANI du 2 juillet 2008 sur le stress au travail ; ANI du 26 mars 2010 sur le harcèlement et à la violence au travail.

Circulaire DRT n° 6 du 18 avril 2002[1] précise qu'une réévaluation des risques doit être faite si une information supplémentaire relative à un accident de travail ou une maladie à caractère professionnel survient[2]. De fait, si la cause du dommage est la charge de travail, alors l'employeur doit réaliser une nouvelle évaluation des risques.

Cette réévaluation des risques de sous-charge et de surcharge de travail impose, *inconreto*, la révision des actes d'évaluation faite par l'employeur.

1.2. Impact de la réévaluation sur les obligations de l'employeur

Dans cette perspective, un cadre de révision de ces actes d'évaluation de la charge de travail (1.2.1) est à respecter, car, à défaut, des sanctions peuvent être prononcées (1.2.2).

1.2.1. Cadre de révision des actes d'évaluation

Il faut donc dissocier le cadre de révision du DUERP de la fiche d'entreprise.

Cadre de révision du DUERP

Obligation de révision du DUERP. — La volonté du législateur d'inscrire une obligation de révision du DUERP répond à une approche dynamique et évolutive[3], indispensable à l'ère du numérique pour faire face aux risques de sous-charge et de surcharge de travail. Cet impératif est inscrit aux termes de l'article R. 4121-1 du Code du travail qui dispose que « L'employeur transcrit et met à jour dans un document unique les résultats de l'évaluation des risques pour la santé et la sécurité des travailleurs à laquelle il procède »[4], codifié par le Décret n° 2001-1016[5] sur

---

[1] Circulaire DRT n°6 du 18 avril 2002 pris pour l'application du Décret n°2001-1016 portant création d'un document relatif à l'évaluation des risques pour la santé et la sécurité des travailleurs, prévue par l'article L. 230-2 du Code du travail et modifiant le Code du travail.

[2] *Idem.*

[3] *Idem.*

[4] C. trav., art. R. 4121-1.

[5] Décret n°2001-1016 du 5 novembre 2001 portant création d'un document relatif à l'évaluation des risques pour la santé et la sécurité des travailleurs, prévue par l'article L. 230-2 du Code du travail et modifiant le Code du travail (deuxième partie : Décrets en Conseil d'État).

la mise en application du document unique d'évaluation des risques professionnels. La Circulaire DRT n° 6 du 18 avril 2002[1] vient éclairer ces dispositions pour assurer leur effectivité. Dans cette perspective, outre les mesures spécifiques à la mise en œuvre initiale du DUERP, la présente Circulaire donne des précisions sur l'obligation de révision de celui-ci. Sa mise à jour est perceptible au travers de l'exigence de commodité selon laquelle l'employeur doit « réunir sur un même document les résultats des différentes analyses des risques réalisées [...] facilitant ainsi le suivi de la démarche de prévention des risques en entreprise »[2]. Par ailleurs, aux termes de l'article R. 4121-2 du Code du travail il incombe à l'employeur à revoir le DUERP « 1° au moins chaque année ; 2° lors de toute décision d'aménagement important modifiant les conditions de santé et de sécurité ou les conditions de travail, au sens de l'article L. 4612-8 ; 3° lorsqu'une information supplémentaire intéressant l'évaluation d'un risque dans une unité de travail est recueillie »[3]. Il est ainsi essentiel pour l'employeur d'inscrire la date de mise à jour de cet acte afin de démontrer le respect de la règle visée. Au surplus, L'INRS préconise « d'inscrire la méthode adoptée »[4] afin de pouvoir réaliser les mises à jour dans des conditions identiques, assurant ainsi une consolidation des indicateurs et donc un affinement des actions de prévention de la charge de travail. Toutefois, le DUERP n'est pas le seul acte concerné par cette obligation de mise à jour ; la fiche d'entreprise l'est aussi.

Cadre de révision de la fiche d'entreprise

Obligation de révision de la fiche d'entreprise. — Aux termes de l'article R. 4624-46 du Code du travail, « dans les entreprises ou établissements qu'il a en charge, le médecin du travail établit et met à jour une fiche d'entreprise »[5]. Cette obligation fait écho au principe que celle-

[1] Circulaire DRT n°6 du 18 avril 2002 pris pour l'application du Décret n°2001-1016 portant création d'un document relatif à l'évaluation des risques pour la santé et la sécurité des travailleurs, prévue par l'article L. 230-2 du Code du travail et modifiant le Code du travail.

[2] *Idem.*

[3] C. trav., art. R. 4121-2.

[4] B. Andéol, N. Guillemy, A. Leroy, « Évaluation des risques professionnels ; Questions-réponses sur le document unique », Brochure n°ED887, INRS, janvier 2010, p.11-12.

[5] C. trav., art. R. 4624-46.

ci est intimement liée au DUERP et qu'elle est fondamentalement inscrite dans la démarche de prévention de l'entreprise[1]. Tout comme le DUERP, la fiche d'entreprise doit être présenté auprès du comité social et économique [autrefois auprès du CHSCT] au moins une fois par an, en même temps que le bilan relatif à l'hygiène, la santé, la sécurité et les conditions de travail[2]. Toutefois, il est admis que sa mise à jour puisse être faite partiellement, en fonction des évolutions de l'entreprise[3].

Au regard des impératifs de révision des actes d'évaluation des risques de sous-charge et surcharge de travail, il est nécessaire de rechercher les sanctions à défaut de révision des actes susvisés.

1.2.2. Défaut de révision des actes d'évaluation

Il est nécessaire de distinguer les sanctions civiles et pénales.

Sanctions civiles

Caractérisation de la résiliation judiciaire aux torts de l'employeur. — Dans l'hypothèse d'une carence relative à la mise à jour du DUERP, la résiliation judiciaire du contrat de travail aux torts de l'employeur peut être caractérisée, pour manquement à son obligation de sécurité[4].

Imputabilité de la faute inexcusable aux torts de l'employeur. — Au surplus, comme la faute inexcusable du chef d'entreprise peut lui être imputée au motif d'absence de DUERP, il est alors évident que le défaut de mise à jour de celui-ci ait les mêmes effets. Toutefois, le défaut de mise à jour du document unique d'évaluation des risques professionnels est également sanctionnable pénalement.

Sanctions pénales

Peines applicables. — Aux termes de l'article R. 4741-1 du Code du travail « le fait de ne pas transcrire ou de ne pas mettre à jour les résultats de l'évaluation des risques, dans les conditions prévues aux articles

---

[1] Circulaire DGT n°13 du 9 novembre 2012 relative à la mise en œuvre de la réforme de la médecine du travail et des services de santé au travail.

[2] Cf. en ce sens art. C. trav., art. R. 4624-48.

[3] Cf. p. ex. arrêté du 10 juin 2009 définissant les informations contenues par la fiche d'entreprise prévue à l'article R. 717-31 du code rural et abrogeant l'arrêté du 12 juillet 1994 (NOR : AGRS0913161A) (JO, 23 juin 2009).

[4] Cf. en ce sens c. civ. art. 1224 ; CA Paris, 11 mars 2020, RG n°18/13608.

R. 4121-1 et R. 4121-2, est puni de l'amende prévue pour les contraventions de cinquième classe »[1]. Cela correspond à une amende d'un montant de 1 500 euros et de 3 000 euros en cas de récidive dans un délai d'un an (à compter de l'expiration ou de la prescription de la précédente peine)[2] pour la personne physique (l'employeur). Enfin, pour la personne morale (l'entreprise), toujours dans l'hypothèse d'une récidive dans le délai d'un an, « le taux maximum de l'amende applicable est égal à dix fois celui qui est prévu par le règlement qui réprime cette contravention en ce qui concerne les personnes physiques »[3]. Ces peines répondent au manquement à l'obligation de sécurité qui incombe au chef d'entreprise[4].

Conclusion de section

Il ressort ainsi que la réévaluation des risques intrinsèques à la charge de travail à l'ère du numérique est un élément central de traitement de la charge de travail. Suivant cette logique, il est essentiel d'évaluer régulièrement l'évolution du numérique dans l'entreprise pour en mesurer l'impact sur les conditions de travail et donc la charge du salarié. Au surplus, la mise à jour des actes obligatoires garantit un suivi de la charge de travail et des risques afférents. Le défaut de réévaluation n'assure pas la sécurité des travailleurs, justifiant ainsi les sanctions mentionnées.

Toutefois, assurer un traitement complet de la charge de travail au niveau collectif oblige à réadapter les salariés et les outils numériques au risque.

---

[1] C. trav., art. R. 4741-1, al. 1.

[2] C. trav., art. R. 4741-1, al. 2° ; C. pén., 132-11.

[3] C. pén., 132-15.

[4] Cf. en ce sens cass. soc., 5 avril 2018, n°16-19.010, n°16-19.014, n°16-19.016, n°16-19.024, Inédits ; cass. crim., 12 avril 2016, n°15-81.257, Inédit ; CA Paris, 10 juin 2014, RG n°13/07444 ; M. Seconds, *Santé et sécurité au travail — Détermination des infractions relatives à la santé et à la sécurité*, Répertoire de droit du travail, avril 2018 ; R. Salomon, « Chronique de droit pénal social », *Droit social* n°07-08, 2016, p.665.

2. Réadaptation des risques liés à la charge de travail

La réadaptation au risque se traduit par la mise en place de formation des salariés (2.1) et par une vérification régulière des outils numériques (2.2).

2.1. Formation des salariés

L'exigence de formation des salariés (2.1.1) est indispensable à la protection des salariés, c'est pourquoi des sanctions sont prévues par le législateur en cas de carence (2.1.2).

2.1.1. Exigence de formation

Former le salarié aux fins de le réadapter face au risque de charge de travail implique d'analyser le contenu de cette formation et ses modalités de mise en œuvre.

Contenu de la formation

Obligation de formation d'adaptation aux évolutions technologiques. — Aux termes de l'article L. 6321-1 du Code du travail, l'employeur « assure l'adaptation des salariés à leur poste de travail »[1]. Ainsi, dès lors que le poste de travail évolue, alors une formation du travailleur s'impose. Cela est d'autant plus important lors d'une évolution technique et technologique du poste de travail, comportant des risques forts de sous-charge et de surcharge de travail. La volonté du législateur est de maintenir le salarié à un niveau suffisant de formation pour exécuter sa prestation de travail dans des conditions satisfaisantes en termes de sécurité. À ce titre, le chef d'entreprise doit veiller au « maintien de leur capacité à occuper un emploi, au regard notamment de l'évolution des emplois, des technologies et des organisations »[2]. Cette formation a pour finalité la réadaptation continue du salarié, faisant ainsi écho à l'obligation d'adaptation inscrite aux termes de l'article L. 4121-1 du Code du travail, imposant notamment des actions de formation. Cette exigence se motive d'autant plus que « ces mutations [technologiques] réordonnent les structures de qualification de la main-d'œuvre et exigent de la part des

---

[1] C. trav., art. L. L. 6321-1, al. 1.
[2] C. trav., art. L. 6321-1, al. 2.

salariés une formation et des savoir-faire nouveaux »[1]. En d'autres termes, chaque fois qu'il est envisagé d'implanter une nouvelle technologie au cœur d'une unité de travail, alors l'entreprise doit réadapter les salariés concernés par cette évolution pour éviter les risques de sous-charge et surcharge de travail intrinsèques au numérique.

Si l'obligation de réadapter le salarié aux outils numériques et donc sa charge de travail s'impose à l'employeur, il est nécessaire de définir la nature des formations.

Nature de la formation. — Le Code du travail prévoit « notamment des actions d'évaluation et de formation permettant l'accès au socle de connaissances et de compétences défini par Décret »[2]. Sur ce point, le Décret n° 2018-779 du 10 septembre 2018[3] vient préciser le champ relatif à l'usage du numérique qui a pour finalité l'acquisition et l'exploitation de l'information, la prise en compte des principes de la sécurité numérique et la gestion collaborative des projets »[4]. L'employeur doit, *de facto*, garantir cette base minimale d'apprentissage aux salariés utilisant de nouvelles technologies et chaque fois qu'un nouvel outil est implanté dans l'unité de travail, assurant ainsi la régulation de la charge de travail. Au regard de cette obligation de réadaptation continue du salarié à son poste de travail, comment formaliser la démarche ?

Mise en œuvre de la formation

Programmation au plan de développement des compétences. — En vertu de l'article L. 6312-1 du Code du travail, « les actions de formation mises en œuvre à ces fins sont prévues [...] par le plan de développement des compétences »[5]. Celui-ci associe d'une part, les formations « d'adaptation » au poste de travail à caractère obligatoire et d'autre part, celles que le salarié suit selon sa propre initiative et les contrats de professionnalisation[6]. Néanmoins, sa mise en œuvre relève du pouvoir de

---

[1] O. Leclerc, « La technologie au service du travail décent », *Droit social* n°01, 2020, p.33.

[2] C. trav., art. L. 6321-1, al. 3.

[3] Décret n°2018-779 du 10 septembre 2018 relatif au socle de connaissances et de compétences professionnelles.

[4] *Idem.*

[5] C. trav., art. L. 6312-1, 1°.

[6] V. en ce sens art. L. 6312-1.

direction et n'est, par principe, pas obligatoire[1]. Les formations de [ré]adaptation au numérique peuvent donc ne pas être prévues par un plan de développement des compétences, pourtant essentiel pour assurer le suivi et l'acquisition du socle minimal [de connaissances et de compétences] intrinsèque à la réadaptation du poste face à l'intrusion massive des nouvelles technologies dans le domaine professionnel, touchant frontalement le contenu et la charge de travail des salariés *in fine*. Seules les entreprises assujetties à l'obligation de négocier sur la gestion prévisionnelle des emplois et des compétences[2] doivent répondre à l'exigence de mise en place d'un plan de développement des compétences puisque le législateur prescrit une obligation de présenter les objectifs de celui-ci[3]. Toutefois, dès lors que l'entreprise comprend au moins 50 salariés, le comité social et économique est consulté annuellement sur les sujets relatifs à la formation, assurant ainsi un suivi *minimum* des actions menées, indispensable pour réadapter les salariés aux risques de sous-charge et de surcharge de travail pouvant découler de l'introduction d'une nouvelle technologie dans le cadre du travail.

Double consultation du comité social et économique sur la formation. — Aux termes de l'article L. 2312-34 du Code du travail, « les orientations de la formation professionnelle »[4] sont soumises à la consultation des membres du comité social et économique, dans le cadre de la consultation annuelle obligatoire portant sur les orientations stratégiques de l'entreprise. L'avantage indéniable est que les membres dudit comité peuvent proposer des orientations alternatives[5], garantissant ainsi une meilleure effectivité des formations et, *de facto*, une meilleure réadaptation du salarié aux postes de travail et une meilleure régulation de la charge de travail *in fine*. Au surplus, une seconde consultation est prévue aux termes de l'article L. 2312-26. Celle-ci porte sur la politique sociale de l'entreprise et astreint l'employeur à soumettre aux élus du personnel « le

---

[1] C. Dumel, S. Pélicier-Loevenbruck, « Formation professionnelle — Établir un plan de développement des compétences », *La Semaine Juridique Sociale* n°35, 3 Septembre 2019, p.1234.

[2] C. trav., art. L. 2242-20.

[3] C. trav., art. L. 2242-20, 3°.

[4] C. trav., art. L. 2312-24, al. 1.

[5] *Idem*.

programme pluriannuel de formation »[1] et « les actions de formation envisagées »[2]. Suivant cette logique les formations d'adaptation aux outils numériques sont à inclure dans cette consultation. À l'évidence, le comité social et économique joue un rôle fondamental dans la régulation de la charge de travail en étant impliqué dans la mise en œuvre des formations, notamment d'adaptation au poste, à la suite de l'introduction de nouvelles technologies dans l'entreprise.

2.1.2. Défaut de formation du salarié

Le défaut de formation du salarié est source de sanctions extrinsèques ou intrinsèques à l'obligation d'adaptation du salarié.

Sanction extrinsèque à l'obligation d'adaptation du salarié

Absence de cause réelle et sérieuse du licenciement à la suite d'un manquement de l'obligation d'adaptation. — Le célèbre arrêt *Expovit* en date du 25 février 1992[3] relève que « l'employeur a le devoir d'assurer l'adaptation des salariés à l'évolution de leurs emplois »[4] et que cela s'impose même dans le cadre d'un changement d'organisation. Dans cette perspective « l'évolution des emplois doit s'entendre en un sens large. Et ce que l'employeur doit entreprendre, c'est un effort en vue de l'évolution de la qualification des salariés. Effort non pas abstrait ni indifférencié, mais modulé en fonction des "capacités" du salarié »[5]. Il y a donc une obligation de former le salarié pour adapter ses capacités aux évolutions de l'entreprise. Suivant cette logique, un licenciement pour insuffisance professionnelle faisant suite à une mutation technologique, alors que le salarié n'aurait pas bénéficié d'une formation d'adaptation, est de fait caractérisé sans cause réelle et sérieuse[6]. Dans cette perspective,

[1] C. trav., art. L. 2312-26, I.

[2] *Idem.*

[3] Cass. soc., 25 février 1992, n°89-41.634, Bull. 1992, V, n°122, p.74.

[4] *Idem.*

[5] A. Lyon-Caen, « L'employeur, tenu d'exécuter de bonne foi le contrat de travail, a le devoir d'assurer l'adaptation des salariés à l'évolution de leurs emplois : ne repose pas sur un motif économique le licenciement d'un salarié dès lors qu'il existait une possibilité… », *Recueil Dalloz* n°31, 1992, p.294.

[6] Cf. p. ex. cass. soc., 9 juillet 2014, n°13-11.212, Inédit ; cass. soc., 21 octobre 1998, n°96-44.109, Inédit.

l'employeur est donc condamné à verser au salarié des dommages et intérêts. Mais, l'absence de formation d'adaptation à la suite de l'introduction d'un nouvel outil numérique de travail ou d'une mutation technologique de l'entreprise, peut également amener les juges à sanctionner, de manière spécifique, le chef d'entreprise au titre de l'absence de « maintien de la capacité professionnelle des salariés à occuper un emploi »[1].

Sanction intrinsèque à l'obligation d'adaptation du salarié

Dommages et intérêts au titre du manquement à l'obligation d'adaptation du salarié. — Les juges, dans une décision en date du 23 octobre 2007[2], modifient le régime d'appréciation de l'obligation d'adaptation en condamnant un employeur au paiement de dommages et intérêts pour violation de l'obligation d'adaptation, au surplus de ceux prévus pour le licenciement sans cause réelle et sérieuse[3]. Cette logique est régulièrement reprise par la jurisprudence[4].

Certes, le manquement de l'employeur à son obligation d'adaptation du salarié aux risques de sous-charge ou surcharge de travail induits par les évolutions numériques est source de sanctions, mais cette exigence de formation est d'autant plus importante qu'elle contribue à la protection des salariés. Toutefois, il appartient également à l'employeur de vérifier régulièrement l'environnement numérique de travail et les équipements afin de les réadapter aux risques constatés sur la charge de travail.

2.2. Vérification des outils numériques

Cette réadaptation répond à l'exigence de vérification des espaces et équipements de travail numérisés (2.2.1) imposée par le législateur. À

[1] A. Fabre, « L'obligation d'adaptation à la croisée des chemins : entre autonomie et diversification », *Revue de droit du travail* n°01, 2008, p.33.

[2] Cass. soc., 23 octobre 2007, n°06-40.950, Bull. 2007, V, n°171.

[3] Cass. soc., 23 octobre 2007, n°06-40.950, Bull. 2007, V, n°171 ; A. Fabre, « L'obligation d'adaptation à la croisée des chemins : entre autonomie et diversification », *Revue de droit du travail* n°01, 2008, p.33.

[4] Cf. p. ex. CA Paris, 24 mars 2016, RG n°15/07568 ; CA Riom, 28 octobre 2014, RG n°12/02715 ; CA Orléans, 24 mai 2012, RG n°11/01609.

défaut, des sanctions peuvent être prononcées à l'encontre de l'employeur (2.2.2).

2.2.1. Exigence de vérification des espaces et équipements numérisés

La vérification se fait nécessairement au niveau de l'espace de travail et des outils numériques de travail.

Vérification de l'espace de travail numérisé

Vérification de l'espace de travail. — La conception des espaces de travail à l'ère du numérique tient une place centrale dans la préservation de la santé des salariés. Dans cette perspective, une attention particulière doit être portée sur l'éclairage, qui peut être source de fatigue visuelle[1] et sur le niveau de bruit, source d'épuisement professionnel[2]. Afin de ne pas mettre en danger le travailleur, l'employeur doit vérifier et mesurer régulièrement l'exposition à ces risques, afin de réadapter les installations et équipements le cas échéant.

Vérification de l'éclairage. — Aux termes de l'article R. 4223-11 du Code du travail « le matériel d'éclairage est installé de manière à pouvoir être entretenu aisément. L'employeur fixe les règles d'entretien périodique du matériel »[3]. Il est donc essentiel de planifier l'entretien régulier des sources d'éclairage de l'espace de travail, afin d'assurer un niveau de lumière suffisant aux salariés travaillant sur écran de visualisation, limitant ainsi la survenue de fatigue visuelle. À défaut de luminosité raisonnable, des réadaptations sont à mener sans délai.

Vérification du niveau sonore. — Au surplus, le bruit présent dans l'espace de travail, aussi vecteur de troubles importants pour la santé des salariés, suppose de contrôler régulièrement le niveau d'exposition des salariés au bruit, en respect des dispositions de l'article R. 4433-1 du Code du travail. C'est pourquoi une vérification périodique du niveau de bruit doit être programmée[4] et exécutée à « des intervalles appropriés, notamment lorsqu'une modification des installations ou des modes de

---

[1] *Supra* p.59.

[2] *Supra* p.59.

[3] C. trav., art. R. 4233-11, al. 1 et 2.

[4] C. trav., art. R. 4433-2, al. 1.

travail est susceptible d'entraîner une élévation des niveaux de bruit »[1]. Enfin, le mesurage est à renouveler tous les cinq ans[2]. Manifestement, si l'employeur constate un niveau plus élevé que les seuils autorisés, il devra alors réadapter les équipements numériques pour réduire le bruit et préserver la santé des salariés *in fine*. La vérification de l'espace de travail est certes inéluctable pour protéger les salariés, mais elle doit être couplée avec un contrôle des équipements numériques.

Vérification des outils numériques de travail

Cadre légal de vérification des outils numériques de travail. — L'obligation de vérification et d'entretien des équipements numériques s'inscrit aux termes de l'article L. 4321-1 du Code du travail qui dispose que :

« les équipements de travail et les moyens de protection mis en service ou utilisés dans les établissements destinés à recevoir des travailleurs sont équipés, installés, utilisés, réglés et maintenus de manière à préserver la santé et la sécurité des travailleurs, y compris en cas de modification de ces équipements de travail et de ces moyens de protection »[3].

À la lecture de cet article, il faut distinguer deux types de contrôle : (i) initial et (ii) périodique. C'est d'ailleurs ce que confirme l'article R. 4321-1 du Code du travail, aux termes duquel « l'employeur met à la disposition des travailleurs les équipements de travail nécessaires, appropriés au travail à réaliser ou convenablement adaptés à cet effet, en vue de préserver leur santé et leur sécurité »[4]. Cet impératif d'adaptation implique nécessairement que la vérification soit réalisée en continu, dès lors que des changements sont prévus (organisation de travail, outil, etc.).

Vérification à la mise en service de l'outil numérique. — Ce premier contrôle des équipements, réalisé à réception des outils numériques, garantit une recherche de conformité. Premièrement, l'employeur s'assure que les procédures de certification de mise sur le marché de l'outil numérique répondent aux exigences légales[5].

[1] C. trav., art. R. 4433-2, al. 2.

[2] C. trav., art. R. 4433-2, al. 3.

[3] C. trav., art. L. 4321-1.

[4] C. trav., art. R. 4321-1.

[5] Cf. en ce sens C. trav., art. L4321-2.

Deuxièmement, ce dernier vérifie la conformité des équipements au prisme de l'évaluation des risques traduite dans la fiche d'entreprise et le DUERP ainsi que celle présente dans le plan d'adaptation. Si l'employeur détecte des anomalies alors il réadapte les équipements afin de ne pas laisser un risque de sous-charge ou surcharge de travail s'installer. Enfin, il vérifie que les actions d'information, de formation et de sensibilisation correspondent précisément aux modalités d'utilisation de l'outil numérique reçu. À la négative, l'employeur doit réadapter ces mesures, afin de préserver la santé de l'ensemble des salariés. Toutefois, des vérifications périodiques sont à programmer pour assurer l'effectivité la réadaptation au risque.

Vérifications pendant l'utilisation de l'outil numérique. — Celles-ci sont impératives pour faire face aux changements du travail (cadre, contenu, organisation, contrôle) et répondre aux exigences posées aux termes de l'article L. 4321-1 du Code du travail, qui prévoit le maintien en conformité et la maintenance des outils de travail. Dans cette perspective, il est recommandé par l'INRS de mettre en place (i) des essais fonctionnels et (ii) des vérifications. Sur les essais fonctionnels[1]. Il s'agit de prévoir une vérification de l'outil quotidiennement par le travailleur en lui-même qui sera plus sensible aux risques de sous-charge et de surcharge de travail potentiels[2]. Il est donc nécessaire de former le salarié à cet autodiagnostic, préalablement à la mise en place de l'outil. Concernant les vérifications techniques, l'employeur doit les planifier en fonction de trois critères : (i) les risques de sous-charge et de surcharge de travail intrinsèques à l'outil (ii) les conditions d'utilisation de l'outil et (iii) la durée de fonctionnement de la technologie[3]. L'objectif est de pouvoir apprécier l'ensemble des éléments de l'équipement de travail (matériels, fonctionnels, etc.) et de mesurer s'il est indispensable de remplacer l'outil au regard des risques d'évolution de la charge de travail[4]. À l'affirmative, l'employeur doit agir sans délai pour protéger la santé du salarié.

---

[1] Cf. en ce sens M. Ferreira, « Principales vérifications périodiques », Dossier n°ED828, INRS, 2018.

[2] *Ibid.*, p.4.

[3] Ibid., p.5.

[4] *Idem.*

2.2.2. Défaut de vérification et d'entretien

L'employeur doit cependant apporter la preuve de la bonne exécution des vérifications et entretiens des équipements, car, à défaut, il peut être sanctionné.

Preuves de la bonne exécution des vérifications et entretiens

Preuve des vérifications exécutées sur les équipements numériques. — En vertu de l'article D. 4711-2 du Code du travail, « les attestations, consignes, résultats et rapports relatifs aux vérifications et contrôles mis à la charge de l'employeur au titre de la santé et de la sécurité au travail sont datés. Ils mentionnent l'identité de la personne ou de l'organisme chargé du contrôle ou de la vérification ainsi que celle de la personne qui a réalisé le contrôle ou la vérification »[1]. Il est alors indispensable que le chef d'entreprise consigne par écrit les vérifications des équipements numériques de travail, selon l'un des modèles susvisés.

Preuve des actions menées au sein des espaces de travail. — Le Code du travail dispose en revanche que « les résultats de l'évaluation des niveaux de bruit et du mesurage sont conservés sous une forme susceptible d'en permettre la consultation pendant une durée de dix ans »[2]. En outre, ceux relatifs à l'éclairage sont consignés « dans un document qui est communiqué aux membres du comité social et économique »[3].

Ces pièces sont indispensables pour prouver que l'employeur répond à son obligation de sécurité. En cas d'absence de vérification et/ou d'entretien des espaces de travail et équipements numériques, alors ce dernier peut être sanctionné.

Sanctions

Mise en demeure. — Tout d'abord, l'inspection du travail peut mettre en demeure le chef d'entreprise d'agir face à l'absence de mesures de vérification et entretiens de l'espace de travail et des équipements. D'une part, sur le bruit, aux termes de l'article R. 4722-16 l'inspection du travail peut obliger le chef d'entreprise à procéder à un mesurage [du bruit] par

---

[1] C. trav., art. D. 4711-2.

[2] C. trav., art. R. 4433-3.

[3] C. trav., art. R. 4223-11, al. 3.

un organisme agréé[1]. D'autre part, sur l'éclairage, cette même autorité administrative peut mettre en demeure l'employeur de faire procéder à des relevés photométriques par un organisme agréé[2] dont le chef d'entreprise devra en communiquer les résultats à l'inspection du travail dans les 15 jours suivants leur réception[3].

Conclusion de section

Manifestement, une formation d'adaptation des salariés aux outils numériques est essentielle pour préserver leur santé, dès lors qu'elle modifie en profondeur les conditions d'exécution de la prestation de travail et donc la charge associée. La programmation de cette formation est un élément majeur du dialogue social, que l'employeur doit impérativement respecter pour garantir un accompagnement efficace des salariés face aux changements. Au surplus, la vérification et l'entretien des outils numériques sont obligatoires pour assurer leur bon état de fonctionnement et une réadaptation à la charge de travail en cas de besoin. L'objectif est de préserver la santé des salariés de manière continue. Le défaut de réadaptation caractérise un manquement à l'obligation de sécurité.

Conclusion de chapitre

Mesures de traitement collectif de la charge de travail. — Pour traiter collectivement la charge de travail, le législateur prévoit donc une obligation de réévaluation intrinsèque à la charge de travail et une obligation de réadaptation à la charge de travail qui fait écho à l'obligation générale d'adaptation du travail à l'Homme. Ces mesures sont à la fois normatives (révision des actes obligatoires) et organisationnelles (formation, planification des vérifications régulières des outils numériques). Le traitement collectif de la charge de travail se traduit selon une approche structurelle et dynamique de la santé au travail, impliquant

[1] C. trav., art. R. 4722-16.
[2] C. trav., art. R. 4722-3.
[3] C. trav., art. R. 4722-4.

les différents acteurs de l'entreprise. Cette démarche assure ainsi une protection absolue des salariés.

Sur les sanctions de l'employeur. — Le défaut de traitement collectif de la charge de travail est certes condamné par des sanctions civiles et pénales propres au manquement de chacune des exigences analysées, toutefois il semble évident que cette carence de traitement collectif de la charge de travail confirme un manquement de l'employeur à son obligation générale de sécurité, ayant pour conséquence la caractérisation d'une faute inexcusable.

Conclusion du Titre II

Traitement individuel. — La recherche distingue deux temporalités de traitement individuel de la charge de travail. Dans un premier temps, le salarié peut alerter sa hiérarchie ou se retirer d'une situation de sous-charge ou surcharge de travail, pour laquelle il a un motif raisonnable de penser qu'elle peut porter atteinte à son intégrité physique ou mentale. Les élus du personnel peuvent aussi agir auprès de l'employeur pour faire cesser immédiatement une situation dangereuse pour la santé des travailleurs ou dans l'hypothèse d'une violation des libertés et droits fondamentaux de ces derniers. Dans cette perspective, le lanceur d'alerte est protégé (au niveau civil et pénal) contre les représailles éventuelles de l'employeur. Toutefois, la loi n'impose pas la mise en place d'un dispositif d'alerte dans le champ de la santé au travail, alors qu'un tel mécanisme de protection est essentiel pour protéger les travailleurs face aux risques associés à la charge de travail, sources de dommages graves voire irrévocables, sur la santé. Outre les actions possibles du salarié et des élus du personnel, il incombe aussi à l'employeur de retirer un salarié d'une situation de charge de travail inadaptée s'il considère que ce dernier est en danger. En tout état de cause, si une telle situation persiste et engendre un accident de travail ou une maladie professionnelle, alors les juges pourront caractériser l'imputabilité de la faute intentionnelle ou inexcusable de l'employeur.

Traitement collectif. — En outre, l'employeur doit aussi assurer un traitement collectif de la charge de travail. La recherche a mis en évidence l'obligation pour l'employeur de réévaluer et réadapter régulièrement la charge de travail à chaque fois que celui-ci constate ou recueille une information supplémentaire sur un risque. Ce traitement prend notamment place dès lors qu'un changement important, associé à l'introduction d'une nouvelle technologie ou dans le cadre d'une mutation de l'entreprise, vient toucher la charge de travail. Il convient au chef d'entreprise de réviser les actes obligatoires d'évaluation (fiche d'entreprise, DUERP). Le défaut de mise à jour est sanctionné sur le plan civil et pénal. Aussi, le traitement collectif doit nécessairement comprendre des actions d'information, de sensibilisation et de formation (d'adaptation) des salariés à la nouvelle organisation numérique de travail pour ne pas créer de sous-charge et surcharge de travail. Enfin, l'analyse relève l'obligation de vérification et d'entretien régulier des outils numériques. Dans l'hypothèse d'inaction de l'employeur en ce sens, l'inspection du travail peut exiger d'agir.

Incontestablement, le traitement de la charge de travail doit se faire au niveau individuel et collectif pour garantir un maximum de protection au salarié.

Conclusion de la seconde partie

Constat. — Pour conclure, est mise en évidence la place centrale de la charge de travail dans la préservation de la santé des salariés. Elle émerge au cœur du principe d'adaptation du travail à l'Homme qui découle de l'obligation de sécurité de l'employeur. La combinaison des articles L.4121-1 et L.4121-2 du Code du travail structure et fixe la substance de cette exigence. C'est le strict respect de ces dispositions qui garantit une protection absolue aux travailleurs. Dans cette perspective, l'employeur doit assurer une charge de travail raisonnable à chaque salarié en fonction de son état de santé et de ses capacités (physiques et intellectuelles). Pour y parvenir, une démarche globale, transversale et dynamique de la santé au travail est à mener au sein de l'entreprise. La collaboration entre les instances représentatives du personnel, l'employeur et les services de santé au travail favorise la rationalisation de la prévention et du traitement de la charge de travail. Chacun de ces acteurs joue un rôle capital dans l'évaluation, la planification, la programmation, l'éviction, la réévaluation et la réadaptation de la charge de travail. Le manquement à ce principe d'adaptation du travail à l'Homme caractérise le non-respect de l'exigence de sécurité qui incombe à l'employeur. Dans cette hypothèse, ce dernier peut alors se voir imputer une faute en cas de dommages sur la santé du salarié, ouvrant droit à réparation.

Préconisations. — Toutefois, pour améliorer la prévention et le traitement de la charge de travail, il s'avère indispensable d'inclure ce sujet, *a minima* au cœur de la négociation annuelle sur la qualité de vie au travail, voire d'imposer la négociation d'un accord sur la charge de travail. L'employeur aura ainsi pour obligation de mettre en perspective la charge de travail avec les mesures de déconnexion et la politique de prévention des risques psychosociaux. Aussi, il semble évident de devoir intégrer le télétravail dans cette même négociation. Des indicateurs mettant en lien la charge de travail avec les obligations de prévention (par exemple le nombre de formations réalisées, le nombre de vérifications des outils, etc.) pourraient être prévus dans un accord global pour assurer l'effectivité de la démarche de prévention. La présence des services de médecine du travail au cœur de la négociation est à favoriser pour avoir une approche transversale et un niveau d'expertise supplémentaire. La finalité est d'avoir une approche structurelle et rationnelle de la charge de travail afin de préserver la santé des salariés. Enfin, intégrer la définition de la charge de travail au sein du livre IV du Code du travail semble crucial et urgent.

Conclusion générale

« La Nation [...] garantit à tous, notamment à l'enfant, à la mère et aux vieux travailleurs, la protection de la santé, la sécurité matérielle, le repos et les loisirs »[1].

Les normes sociales expriment la place centrale accordée à la préservation de la santé des personnes au travail. L'inscription du droit à la santé au travail dans le préambule de la Constitution de 1946 en est le reflet. Malgré les évolutions que vit la société contemporaine, la protection de la santé reste essentielle. Les mutations profondes liées à l'immixtion des nouvelles technologies dans notre quotidien remettent en cause la frontière entre le temps de travail et le temps extraprofessionnel, ce qui touche frontalement la charge de travail des salariés. L'environnement de travail classique est impacté. Le cadre spatio-temporel devient flou et la limitation du temps de travail difficilement identifiable. Le rapport employeur-salarié est également modifié. L'autonomie laissée au salarié implique un management à distance et donc une relation de confiance suffisamment forte pour que le contrôle de l'activité exercé par la hiérarchie reste proportionnel au but recherché afin de ne pas porter atteinte à la santé du travailleur.

Sans conteste, le numérique touche la charge de travail des salariés. Cette notion de charge de travail peut se définir comme la mise en concurrence des exigences de l'organisation individuelle et collective de travail et, des moyens mis à la disposition du salarié (temporels, matériels, financiers, humains) et des capacités physiques et mentales de ce dernier. Ce concept juridique se compose à la fois d'éléments objectifs et subjectifs. La charge de travail s'apprécie à partir des facteurs physiques, psychiques

[1] Préambule de la Constitution, 27 octobre 1946.

et psychologiques de l'environnement de travail. Son appréciation doit cependant être rendue possible afin de contrôler le caractère excessif de celle-ci. Il est en outre nécessaire de distinguer les situations de sous-charge et de surcharge de travail. Parce que ces situations peuvent avoir des effets délétères sur la santé (troubles musculosquelettiques, syndrome dépressif, épuisement professionnel, etc.), l'employeur doit y porter une attention particulière. L'augmentation des risques psychosociaux (dont le stress) chez les salariés s'explique en partie par l'usage fait du numérique et ses effets sur la charge de travail.

Trop longtemps la charge de travail est restée attaché à la pénibilité physique. Or les technologies génèrent une nouvelle forme d'aliénation au travail[1] associée à une pénibilité mentale. Il est aujourd'hui difficile de se « déconnecter » du travail. Chacun reste joignable par téléphone, courriel, etc. Les salariés sont noyés d'informations parasites ayant pour conséquence la survenance de situations de surcharge cognitive. Au surplus, les nouvelles fonctionnalités offertes par le numérique, par exemple la traçabilité des données, accentuent ce risque. L'espace-temps disparait peu à peu alors que le périmètre d'exécution du pouvoir de direction s'étend. L'employeur détient par ailleurs des moyens techniques de plus en plus performants dont les fonctionnalités garantissent un suivi en temps réel des activités des salariés. Ces évolutions touchent inéluctablement la charge mentale des travailleurs et sont susceptibles d'être source de graves lésions sur la santé. Au surplus, l'aliénation cognitive au travail a un autre effet, non sans risque pour la santé. L'obligation pour les salariés d'utiliser en permanence des outils numériques pour exercer leur prestation de travail modifie en profondeur les méthodes de production et de collaboration[2]. Il devient alors rare de travailler sans ordinateur, téléphone, logiciel, etc. Ainsi, dans l'hypothèse d'un retrait de ces outils, le salarié peut être confronté à une situation de sous-charge de travail. Manifestement, le numérique crée une connexion intellectuelle, qui a pour effet de générer des risques de surcharge ou sous-charge cognitive, dont les conséquences sur la santé ont été démontrées.

---

[1] Cf. sur ce concept K. Marx, Les manuscrits économico-philosophiques de 1844 (trad. F. Fischbach), Vrin, 2007.

[2] Cf. sur ce point B. Mettling, *op. cit.*

Afin de répondre aux exigences constitutionnelles de préservation de la santé des salariés, il est crucial de prendre en compte ces nouveaux risques professionnels. L'employeur doit mettre en œuvre des moyens techniques, temporels, humains et financiers pour protéger la santé des salariés face aux risques de sous-charge et de surcharge de travail à l'ère du numérique. Des actions sont à mener à la fois au niveau collectif et au niveau individuel de l'organisation du travail. Au niveau individuel, il est nécessaire d'informer et de former les salariés à l'utilisation des outils numériques. C'est l'accompagnement des salariés qui garantit le niveau de connaissances et de compétences suffisantes pour exercer la prestation de travail à l'aide de nouvelles technologies, dans des conditions de travail satisfaisantes. Toutefois, ces actions doivent irréfragablement être combinées à des actions collectives pour répondre aux exigences de prévention inscrites aux termes des articles L.4121-1 et suivants du Code du travail. Il est donc essentiel de respecter le principe fondamental d'adaptation du travail à l'Homme. Il s'agit du socle sur lequel la démarche de prévention des risques professionnels repose. Son irrespect caractérise un manquement à l'obligation de sécurité qui incombe à l'employeur. Dans cette perspective, parvenir à une prévention efficace de la charge de travail doit alors se traduire par une approche organisationnelle. L'ensemble des acteurs de l'entreprise (instances représentatives du personnel, médecine du travail, employeur ou son représentant, etc.) doivent participer à la démarche de prévention et d'éviction des risques liés au harcèlement moral et des risques autonomes de sous-charge et surcharge de travail. Le dialogue social entre les partenaires sociaux et la médecine du travail est central : les partenaires sociaux échangent sur les aspects opérationnels et stratégiques de la charge de travail ; les acteurs de la médecine du travail apportent leur expertise sur la santé et l'adaptation éventuelle de la charge de travail.

Parce que structurer la démarche de prévention de la charge de travail et garantir la préservation de la santé des salariés est capital, il serait judicieux d'imposer aux entreprises de négocier les sujets du télétravail, du droit à la déconnexion et de la démarche de prévention des risques psychosociaux dans un accord unique portant sur la charge de travail, afin de mettre en dialogue chacun d'entre eux à partir du socle de prévention et notamment du principe d'adaptation du travail à l'Homme. Des indicateurs relatifs aux exigences de prévention et donc de préservation de la santé des salariés seraient alors à définir par accord (nombre de formations sur l'utilisation des nouvelles technologies réalisées sur une année, nombre de vérifications des outils numériques par an, etc.).

Prendre en compte la charge de travail à l'ère du numérique pour garantir la préservation de la santé des salariés est primordial, car « tout travailleur doit bénéficier dans son milieu de travail des conditions satisfaisantes de protection de sa santé et de sa sécurité »[1]. En cas d'absence de moyens de prévention ou d'éviction des risques liés à une charge de travail excessive, le salarié pourra toujours exercer son droit d'alerte et de retrait, afin de se protéger. Toutefois, en cas de dommages, une faute intentionnelle ou intentionnelle peut être caractérisée afin d'indemniser la victime en conséquence. Dans cette seconde hypothèse, il est essentiel de rechercher la qualification de la faute inexcusable afin d'élargir l'indemnisation de la victime. Par ailleurs, dès lors qu'un dommage survient il est crucial d'agir sur l'organisation collective de travail, notamment en réévaluant les risques et réadaptant la charge de travail, qui joue un rôle fondamental dans la préservation de la santé des salariés.

[1] Charte communautaire des droits sociaux fondamentaux des travailleurs, CCE, 9 décembre 1989.

Bibliographie

Ouvrages généraux, traités, manuels

ALLIAUME D., JOURDAN D., CHENÉDÉ O., *Contrat de travail : du recrutement à la rupture*, 4e éd., Delmas, 2001.

ANTONMATTÉI P.-H., CHEVILLARD A., NEAU-LEDUC C., DONNETTE A., *Droit des relations individuelles de travail*, 5e éd., LexisNexis, coll. Objectif Droit, sous coll. Travaux dirigés, 2012.

AUZERO G., BAUGARD D., DOCKÈS E., *Droit du travail*, 31e éd., Dalloz, coll. Précis, 2018.

BERGERON-CANUT F., GAUDU F., *Droit du travail, Droit privé*, 6e éd., Dalloz, coll. Cours, sous coll. Droit privé, 2018.

CABRILLAC R., *Introduction générale au Droit*, 10e éd., Dalloz, coll. Cours, 2013.

CESARO J.-F., TEYSSIE B., MARTINON A., *Droit du travail : Relations individuelles*, 4e éd. LexisNexis, coll. Manuels, 2016.

CœURET A., SOURIAC M.-A., VERDIER J.-M., *Droit du travail*, vol. 1 (Rapports collectifs), 16e éd., Dalloz, coll. Mémentos Dalloz, sous coll. Droit privé, 2011.

CœURET A., LIEUTIER J.-P., *Droit du travail*, 2e éd., Dalloz, coll. Mémentos, sous coll. Droit privé, 2019.

COLLECTIF FRANCIS LEFEBVRE, Mémento social 2018, Francis Lefebvrc, 2018.

COUTURIER G., *Traité de droit du travail.* Tome I, Les relations individuelles de travail, 3e éd., P.U.F., coll. Droit fondamental, 1996.

COUTURIER G., *Traité de droit du travail.* Tome II, Les relations collectives de travail, 2e éd., P.U.F., coll. Droit fondamental, 2001.

DE COSTER M., PICHAULT F., *Traité de sociologie du travail*, Dunod, 1994.

DE LA VILLEGUÉRIN Y., Social 2015, 34e éd., Groupe Revue Fiduciaire, coll. Dictionnaires pratiques RF, 2015.

DESPAX M., *Droit du travail, Négociations, conventions et accords collectifs*, 2e éd., Dalloz 1989.

DOCKÈS E., JAMMEAUD A., LYON-CAEN A., PÉLISSIER J., *Les grands arrêts du droit du travail*, 4e éd., Dalloz, coll. Grands arrêts, 2008.

DUPEYROUX J.-J., BORGETTO M., LAFORE R., RUELLAN R., *Droit de la Sécurité Sociale*, 18e éd., Dalloz, coll. Précis, 2015.

DURAND P., VITU A., *Traité de droit du travail.* Tome I, Dalloz, 1947.

DURAND P., VITU A., *Traité de droit du travail.* Tome II, Dalloz, 1950.

FAVENNEC-HÉRY F., VERKINDT P.-Y., *Droit du travail*, 6e éd., L.G.D.J., coll. Manuels, 2018.

FRIEDMANN G., NAVILLE P., *Traité de sociologie du travail.* Tomes I et II, A. Colin, 1962.

LE GOFF J., *Droit du travail et société.* Tome I, Les relations individuelles, P.U.R., coll. Petit traité du droit du travail, 2001.

LOKIEC P., *Droit du travail.* Tome I, Les relations individuelles de travail, P.U.F., coll. Thémis, 2011.

LYON-CAEN G., *Défense et illustration du contrat de travail*, Tome XIII, APD, 1968.

MAZEAUD A., *Droit du travail*,10e éd., L.G.D.J., coll. Précis Domat, sous coll. Privé, 2016.

PAGNERRE Y., *L'essentiel des grands arrêts du droit du travail 2016-2017*, 1ère édition, Gualino, Paris, 2016.

PESKINE E., WOLMARK C., *Droit du travail 2020*, 13e éd., Dalloz, coll. Hypercours, sous coll. Droit privé, 2019.

RAY J.-E., *Droit du travail, droit vivant 2016*, 24e éd., Liaisons, 2017.

SUPIOT A., *Critique du droit du travail*, P.U.F., coll. Quadrige, 2015.

Ouvrages spéciaux, monographies et thèses

ANGELINI C., DE LA VILLE-BAUGÉ M.-L., LANOY L., SPILL M., VASSET O., *Guide du Responsable HSE*, Wolters Kluwers, 2019.

AMAUGER-LATTES M.-C., MARQUIE J.-C., *Pénibilité et santé : les conditions de l'effort soutenable au travail*, Octares, coll. Le travail en débats, 2014.

BADEL M., CHARBONNEAU A., LEROUGE A., *Droit de la santé et de la sécurité au travail*, 1ère éd., Gualino, coll. Droit expert, 2018.

BACHET D., *Redéploiement industriel et espace de travail*, CESTA, 1987.

BAYAD M., BERGHMANS C., *Regards croisés sur la gestion du stress professionnel*, L'Harmattan, 2014.

BERNARD X., GAUTHEY O., GIBEAULT G., *Les clés de la santé et de la sécurité au travail*, Association Française de Normalisation – A.F.N.O.R., 2014.

BODIER M., GOLLAC M., *Mesurer les facteurs psychosociaux de risque au travail pour les maîtriser*, Rapport du Collège d'expertise sur le suivi des risques psychosociaux au travail, faisant suite à la demande du Ministre du travail, de l'emploi et de la santé, La Documentation française, 2011.

BODIER M., WOLFF L., *Les facteurs psychosociaux de risques au travail*, Octares, 2018.

BRETON T., *Le Télétravail en France, situation actuelle, perspectives de développement et aspects juridiques*, La Documentation française, 1993.

BRYNJOLFSSON E., *Le deuxième âge de la machine : travail et prospérité à l'heure de la révolution technologique*, Odile Jacob, 2015.

BURNEL P., *Travail à domicile –Télétravail ; Droits et obligations de l'entreprise et du salarié*, Liaisons, 2012.

CENTRE D'ANALYSE STRATEGIQUE, *L'impact des TIC sur les conditions de travail*, La Documentation française, février 2012.

CONSEIL D'ÉTAT, *Le droit d'alerte : signaler, traiter, protéger*, La Documentation française, 2016.

COURSIER P., LAPLAIDEUR S., *Les risques professionnels et la santé au travail en questions*, LexisNexis, coll. Droit et professionnel, 2019.

DELMAS-MARTY M., SUPIOT A., *Prendre la responsabilité au sérieux*, P.U.F., 2015.

DE BARRIGUE DE MONTVALON L., Charge de travail : pour une approche renouvelée du droit de la santé du travail, LGDJ, 2021.

DEMOULAIN M., *Nouvelles technologies et droit des relations de travail. Essai sur une évolution des relations de travail*, Panthéon Assas, 2013.

DUPUICH F., *Santé et travail : quels défis pour le management ?*, L'Harmattan, coll. Entreprises et management, 2013.

DUPUIS B., LECOCQ C., FOREST H., avec l'appui de H. Lanouzière H., *Santé au travail : vers un système simplifié pour une prévention renforcée*, La Documentation française, 2018.

CHAUDAT P., MULLER R., *Les nouvelles organisations du travail : entre souffrance et performance*, préf. G. TREPO, L'Harmattan, coll. Entreprises et management, 2011.

FABRE A., *Le régime du pouvoir de l'employeur*, Lextenso, 2010.

FROHLICH D., GILL C., KRIEGER H., *Implication du lieu de travail dans l'innovation technologique dans la communauté européenne*, Fondation européenne pour l'amélioration des conditions de travail, 1993.

GUÉRIN F., RAOULT N., *Prévenir la pénibilité*, Liaisons, coll. Liaisons sociales, 2013.

JOHANSSON A., *La détermination du temps de travail effectif*, L.G.D.J., coll. Thèses, sous coll. Bibliothèque de droit social, 2013.

KœST P., *Aux frontières de l'Humain. Essai sur le transhumanisme*, L'Harmattan, coll. Eidos, série Rétina, 2015.

LACHMANN H., LAROSE C., PÉNICAUD M., *Bien-être et efficacité au travail — 10 propositions pour améliorer la santé psychologique au travail*, La Documentation française, 2010.

LÉGERON P., NASSE P., *Rapport sur la détermination, la mesure et le suivi des risques psychosociaux au travail*, La Documentation française, 2008.

LHUILLIER D., *Qualité du travail, qualité au travail*, Octares, coll. Travail et activité humaine, 2014.

MADINIER A.-L., *La surveillance de demain : puces RFID et implants sous-cutanés* In :Un monde sous surveillance ?, Presses Universitaires de Perpignan., 2011.

MARX K., *Les manuscrits économico-philosophiques de 1844* (trad. F. Fischbach), Vrin, 2007.

MASSON P., *Le droit du travail à l'épreuve du numérique : ombres et lumières du rapport Mettling*, Le Droit ouvrier n° 809, 2015, p.695-701.

MELET B., NAUD D., Transversalité et coopération dans l'entreprise réseau, Demos, 2008.
METTLING B., *Rapport Transformation numérique et vie au travail*, La Documentation française, 2015.
METTLING, Bruno, *Les carnets de dialogue du matin - l'avenir du travail à l'âge du numérique*, Institution Diderot, 2016.
MIAS A., WOLMARK C., *Agir sur la santé au travail - Acteurs, dispositifs, outils et expertise autour des enjeux psychosociaux*, Octares, coll. Le travail en débats, 2018.
MINC A., NORA S., *L'informatisation de la société*, La Documentation française, mai 1978.
MINÉ M., *Droit du temps de travail*, L.G.D.J., 2004.
MINISTERE DU TRAVAIL, DE L'EMPLOI, DE LA FORMATION PROFRESSIONNELLE ET DU DIALOGUE SOCIAL, *Durée et aménagement du temps de travail*, 2e édition, La Documentation française, coll. Transparence, 2013.
PAGNERRE Y., *Le rôle de la CNIL en droit du travail*, in La communication numérique, un droit, des droits, B. Teyssié (dir.), Panthéon-Assas, 2012.
PRADEL C.-F., PRADEL V., PRADEL-BOUREUX P., *Gérer dans l'entreprise l'exercice d'un droit d'alerte préventive*, La Semaine Juridique Social n° 21, 2014, p.1210.
RAY J.-E., *Droit du travail à l'épreuve des NTIC*, 2e éd., Liaisons, 2001.
RAY J.-E., *Le droit du travail à l'épreuve des nouvelles technologies de l'information et de la communication*, Wolters Kluwer, 2003.
RICŒUR P., *Soi-même comme un autre*, Seuil, 1990.
RIGEAUD F. (sous la dir. de) *Le Lamy Santé et Sécurité au travail*. Tome I, Wolters Kluwer, 2018.
SALIGNAC P., *Les espaces de travail*, L'Harmattan, 2017.
STIEGLER B., *La société automatique : l'avenir du travail*, Fayard, 2015.
SUPIOT A., *Au-delà de l'emploi. Transformations du travail et devenir du droit du travail en Europe*, Rapport pour la Commission européenne (dir.), Flammarion, 1999.
SUPIOT A., *L'entreprise dans un monde sans frontières*, Dalloz, 2015.
SUPIOT A., *La gouvernance par les nombres*, Fayard, 2015.
SUPIOT A., *Au-delà de l'emploi*, Flammarion, 2016.

SUPIOT A., *Le travail n'est pas une marchandise. Contenu et sens du travail au XXIe siècle*, Collège de France, 2019.

VERKINDT P.-Y., l'état de santé du salarié, 3e éd., Liaisons, coll. Droit vivant, 2014.

VILLANI C., *Donner un sens à l'intelligence artificielle ; Pour une stratégie nationale et européenne*, France Stratégie, 2018.

WEIL S., *La condition ouvrière*, Gallimard, 2002 (1e éd. 1951).

Articles, chroniques, rapports

ADAM P., *Risques psychosociaux et consultation du CHSCT : aujourd'hui l'entretien annuel d'évaluation ; et demain ?*, Revue de droit du travail n°03, 2008, p.180.

ADAM P., *Le juge (civil) et la lune (managériale) : sur le contrôle judiciaire de l'évaluation individualisée des performances*, Revue de droit du travail n°12, 2011, p.705.

ADAM P., *La « dignité du salarié » et le droit du travail*, Revue de droit du travail n°03, 2014, p.244.

ADAM P., *À propos de la protection générale des lanceurs d'alerte dans l'entreprise privée*, RJS 5/2017, chronique n°355.

ANTONMATTEI P.-H., *NTIC et vie personnelle au travail*, Droit social n°01, 2002, p.37.

AUBERT-MONPEYSSEN T., *Un salarié ne bénéficie pas de son repos hebdomadaire lorsqu'il est d'astreinte*, Recueil Dalloz n°41, 2002, p.3110.

AUBRY M., REMY P.-L., *Le droit du travail à l'épreuve des nouvelles technologies*, Droit social n°06, 1992, p.522.

BABIN M., PICHON N., *Obligation de sécurité et faute inexcusable de l'employeur*, Droit social n°09-10, 2002, p.828.

BABONNEAU M., *Management au sein des juridictions : un organe ad hoc pour évaluer les chefs de cours*, Dalloz actualité n°10, septembre 2019.

BADEL M., *Le perfectionnement du dispositif de réparation du risque professionnel par le droit social*, Droit social n°07-08, 1998, p.644.

BADEL M., *Souffrance au travail et risque professionnel*, RDSS n°05, 2006, p.918.

BARON X., *Repenser l'espace et le temps du travail intellectuel*, L'Expansion Management Review n°142, 2011, p.100-108.

BARRIÈRE C., *Les SMS envoyés ou reçus par le salarié sur son téléphone professionnel sont présumés professionnels*, La Semaine Juridique Sociale n°9, 2015, p.104.

BERJAUD P., BOUNEDJOUM A., VAN-LABEKE M., *Travail —Le management 2.0 et la santé au travail*, La Semaine Juridique Édition Générale n°18, 2015, p. 549.

BLANC-JOUVAN X., *La flexibilité du temps de travail*, Revue internationale de droit comparé, Vol. 42, n°02, 1990, p.693-724.

BONNECHÈRE M. (sous la dir. de), *Les droits fondamentaux sur les lieux de travail*, Droit ouvrier n°750, janvier 2011.

BONNECHÈRE M., *Où va le droit du travail ?*, Droit ouvrier n°815, juin 2016, p.315.

BOUCHET H., *À l'épreuve des nouvelles technologies : le travail et le salarié*, Droit social n°01, 2002, p.78.

BRUNHES B., *La flexibilité du temps de travail : Réflexions sur les modèles européens*, Droit social n°03, 1981, p.251.

BOCÉRÉAN C., DUPRET E., FELTRIN M., TEHERANI, *Le COPSOQ : un nouveau questionnaire français d'évaluation des risques psychosociaux*, Santé publique n°03, vol. 24, 2012, p.189.

BOUCHET H., *Droit du travail et NTIC*, Droit social n°01, 2002, p.78.

BOULMIER D., *Surveillance des salariés : licéité d'une surveillance des salariés de l'entreprise par d'autres salariés*, Droit social n°01, 2015, p.81.

CARRIÈRE S., PARAIRE L., *Le droit du travail à l'ère du numérique*, La Semaine Juridique Sociale n°22, 2017, p.160.

CASEAUX-LABRUNÉE L., *Vie privée des salariés et vie de l'entreprise*, Droit social n°04, 2012, p.331.

CFDT, *Temps de travail, temps de vie, temps mutants*, Revue n° 11, mai-juin 2015, p.4-39.

CHENU D., *Temps de travail : production par le salarié d'éléments suffisamment précis*, La Semaine Juridique Social n°48, 2012, p.1507.

COCHET F., *La qualité de vie au travail : construire un processus de réponse à la crise du travail*, Droit social n°02, 2015, p.143.

COCHET F., LANOUZIÉRE H., ODOUL-ASOREY I., *La fusion des institutions représentatives du personnel porte-t-elle atteinte à leur capacité d'intervention en matière de santé et de sécurité au travail ?* Revue de droit du travail n°11, 2017, p.691.

COLONNA J., *Évaluation des compétences des salariés : la validité du ranking*, Droit social n°11, 2003, P.988.

COMBREXELLE J.-D., *Les abords du rapport : La politique de travail*, Droit social n°05, 2016, p.395.

COOPER C.-L., HARRIGTON J.-M., SPURGEON A., *Health and safety problems associated with long working hours: a review of the current position*, Occupational and Environmental Medicine n°54, 1997, p.367-375.

COTTEREAU A., *Usure au travail, destins masculins et destins féminins dans les cultures ouvrières en France au XIXe siècle*, Le mouvement social n°124, 1983, p.71-112.

COTTIN J.-B., *Forfait-jours : état des lieux du contrôle jurisprudentiel des accords collectifs*, La Semaine Juridique Social n°09, 2015, p.1065.

COTTIN J.-B., *Notion de projet important justifiant le recours à un expert*, La Semaine Juridique Social n°49, 2015, p.1444.

COUTROT T., *Réformes du travail : la centralité des enjeux de santé*, Droit social n°03, 2018, p.271.

COUTURIER G., *Hygiène et sécurité – droit de retrait – croyance raisonnable en un danger grave et imminent*, Droit social n°07-08, 2000, p.778.

CUVILLIER B, *TIC et conditions de travail des cadres : une formation-action avec des syndicalistes européens*, Education permanente n° 204, 2015, p.181-192.

D'ALLENDE M., LUBET P., *L'évaluation des salariés*, La Semaine Juridique Social n°20, 17 mai 2011, p.1240.

DAMAISIN S., *L'ordinateur, l'employeur et le salarié*, Droit social n°06, 2000, p.580.

DAUXERRE L., *Informatique et libertés — Le corps, carte d'identité du salarié*, La Semaine Juridique Social n°46, 2008, p.1578.

DELBREL Y., *La loi du 23 avril 1919 sur la journée de huit heures : de la législation industrielle au droit du travail*, Droit social n°04, 2019, p.334.

DEL SOL M., *Les décisions et pratiques managériales à l'épreuve du droit de la santé au travail*, RDSS n°05, 2013, p.868.

DOCKÈS E., *Le pouvoir dans les rapports de travail*, Droit social n°06, 2004, p.620.

DUCLERCQ J.-B., *Les algorithmes en procès*, RFDA n°01, p.131.

DUMONT F., *Risques psychosociaux : nouvelle lecture de l'obligation de sécurité de « résultat »*, La Semaine Juridique Social, n°05, 2016, p.1046.

DUPAYS A., *Comment se répartit la charge de travail sur l'année ?*, Les cahiers du DRH n°06, Lamy, 1999.

DUPRÉ C., *Le respect de la dignité humaine : principe essentiel du droit du travail*, Revue de droit du travail n°11, 2016, p.670.

EMERAS M., *Le domicile du salarié*, La Semaine Juridique Social, n°03, p.15.

FABRE A., *L'obligation d'adaptation à la croisée des chemins : entre autonomie et diversification*, Revue de droit du travail n°01, 2008, p.33.

FANTONI-QUINTON S., *L'évolution du temps de travail et les enjeux relatifs à la santé des salariés*, Droit social n°04, 2010, p.395.

FANTONI-QUINTON S., LEBORGNE-INGLAERE C., *L'impact des TIC sur la santé au travail*, La semaine juridique social n°48, 2013, p.1452.

FANTONI S., VERKINDT P.-Y., *Charge de travail et qualité de vie au travail*, Droit social n°02, 2015, p.106.

FLORES P., *Le forfait en jours après la loi du 8 août 2016*, Droit social n°11, 2016, p.898.

GARDIN A., *La prise en compte de la vie familiale du salarié dans les normes légales et conventionnelles de travail*, Droit social n°09, 2002, p.854.

GARDIN A., *Géolocalisation du véhicule du salarié : quand finalité, proportionnalité et fiabilité font loi*, Revue de droit du travail n°09, 2015, p.544.

GOMEZ-MUSTEL M.-J., *Les enjeux de l'obligation d'adaptation*, Droit social n°05, 2004, p.499.

GRÉVY M., *Vidéosurveillance dans l'entreprise : un mode normal de contrôle ?*, Droit social n°04, 1995, p.329.

GUYOT H., *Lieu d'exécution du travail : du domicile à l'entreprise*, La Semaine Juridique Social, n°21, 2014, p.1212.

GUYOT H., *Nouvelles pratiques des distances, nouveaux risques ?*, La Semaine Juridique Social, n°15, 2015, p.20-24.

HAMON-CHOLET S., ROUGERIE C., *La charge mentale au travail : des enjeux complexes pour les salariés*, Économie et statistique n°339/340, 2000, p.243.

HÉAS F., *La négociation d'entreprise sur la qualité de vie au travail*, Droit social n°11, 2019, p.907.

HUNOUT P., *Les méthodes d'évaluation des emplois : du classement des emplois à la mesure des compétences*, Formation emploi n°39, 1992, p.35.

ICARD J., PAGNERRE Y., *Le clair-obscur de l'obligation de sécurité en matière de harcèlement*, Recueil Dalloz n°28, 2016, p.1681.

JEANSEN E., Accidents de travail et maladies professionnelles ; Notions de maladie hors tableau, La Semaine Juridique Social n°21, 2015, p.1187.

JOLY S., *Geste suicidaire et accident de service : l'apport du juge administratif*, RDSS n°04, 2018, p.613.

JOSTE M., *Conventions de forfait en jours sur l'année et durées maximales du travail*, La Semaine Juridique Social n°14, 2015, p.1122.

JOURDAIN P., *La faute inexcusable de l'employeur, l'obligation de sécurité et la conscience du danger de l'amiante*, RTD n°02, 2002, p.310.

LAFARGUE Y., VERKINDT P.-Y., *Loi sur le télétravail : une avancée ?*, Revue de droit du travail n°01, 2013, p.9.

LANOUZIÈRE H., *La prévention des risques psychosociaux du point de vue du Code du travail*, Semaine Sociale Lamy n°1480, 2011.

LANOUZIÈRE H., *Harcèlement moral ? Risques psychosociaux ?*, Droit social n°02, 2015, p.102.

LANOUZIÈRE H., *Adapter le travail à l'Homme : la portée pratique et juridique insoupçonnée d'un principe essentiel de la santé au travail*, Semaine Sociale Lamy, n°1894, 2020.

LEBORGNE-INGLAERE C., *Le harcèlement via les TIC dans les relations de travail*, JurisTourisme n°228, 2020, p.21.

LECLERC O., *La technologie au service du travail décent*, Droit social n°01, 2020, p.33.

LEDERLIN E., *Le travail numérique à l'épreuve du droit social : l'appréciation du lien de subordination selon le principe de réalité*, La Semaine juridique Social, n°47, 2015, p.10-15.

LÉON E., *Territorialité et bureaux virtuels : un oxymore ?*, Annales des Mines — Gérer et comprendre n°99, 2010, p.32-41.

LEROUGE L., *Suicide du salarié et faute inexcusable de l'employeur : quelles évolutions juridiques ?*, Loïc Lerouge, RDSS n°02, 2012, p.373.

LEROUGE L., *Accident du travail * Faute inexcusable * Stress * Infarctus * Données médicales * Employeur*, RDSS n°01, 2013 p.163.

LEROUGE L., *Les risques psychosociaux en droit : retour sur un terme controversé*, Droit social n°04, 2014, p.152.

LLOVERA F., *Stress au travail et condamnation pour faute inexcusable de l'employeur*, La Semaine Juridique Social n °09, 2013, p.1095.

LOISEAU G., *La déconnexion – observation sur la régulation du travail dans le nouvel espace-temps de l'entreprise connecté*, Droit social n°05, 2017, p.463-471.

LOKIEC P. PORTA J., *Droit du travail : relations individuelles de travail*, Recueil Dalloz n°15, 2013, p.1026.

LYON-CAEN A. *L'évaluation des salariés*, Recueil Dalloz n°16, 2009, p.1124.

MAGGI-GERMAIN N., L*'accompagnement des travailleurs*, Droit social n°12, 2018, p.999.

MALFETTES L., *Gestion du personnel par algorithmes et droits du salarié*, Droit social n°07, 2019, p.591.

MANANGA F., *Droit de retrait et droit d'alerte : des corollaires à l'obligation de sécurité*, JurisAssociation n°598, 2019, p.27.

MATTHIEU C., TERRYN F., *Le statut du lanceur d'alerte en quête de cohérence*, Revue de droit du travail n°3, 2016, p.159.

MIARA S., *Durée du travail — Convention de forfait en jours : l'accord collectif doit garantir l'amplitude, la charge et la répartition équilibrée du travail du cadre*, La Semaine Juridique Sociale n°41, 2012, p.430.

MICHALLETZ M., *Le burn-out doit-il être inscrit dans un tableau de maladies professionnelles ?*, La Semaine Juridique Social n°05, 2016, p.1042.

MICHALLETZ M., *Pour une approche objective de la charge de travail*, La Semaine Juridique Social n °49, 2018, p.1395.

MILET L., *Sécurité sociale. Accident du travail. Notion. Nécessité d'une lésion corporelle résultant d'événements survenus à des dates certaines. Présomption d'imputabilité quelle que soit la date d'apparition de la lésion*, Droit social n°06, 2003, p.673.

MORAND M., *La Cour de cassation précise le concept d'amplitude de travail*, La semaine juridique social n°43, 2012, p.1443.

MORAND M., *Variations sur le forfait en jours*, La Semaine Juridique Social n°41, 2014, p.1385

MORAND M., *Nouvelles révélations sur le forfait jours !*, La Semaine Juridique Social n°49, 2014, p.1309.

MORAND M., *Le forfait en jours suppose un suivi régulier de la charge de travail*, La Semaine Juridique Social n°49, 2019, p.1352.

MOREAU M.-A., *Temps de travail et charge de travail*, Droit social n°03, 2000, p.263.

MOREAU M.-A., *L'obligation générale de préserver la santé des travailleurs*, Droit Social n°05, 2013, p.410.

MOULY J., *La protection européenne des salariés lanceurs d'alerte par la Cour de cassation : un troublant exemple d'improvisation*, Recueil Dalloz n°29, 2016, p.1740.

PELISSIER M., *De la procédure d'alerte pour danger grave et imminent au signalement d'un trouble pour la santé ou la sécurité*, La Semaine Juridique Social n°48, 2015, p.1427.

PETIT S., *Responsabilité pénale et faute inexcusable de l'employeur*, Droit social n°07-08, 2008, p.814.

PROBST A., *Télétravail : ultimes modifications par la loi du 29 mars 2018*, Droit social n°06, 2018, p.516.

RADÉ C., *Nouvelles technologies de l'information et de la communication et nouvelles formes de subordination*, Droit social n°01, 2002, p.26.

RAY J.-E., *Nouvelles technologies et nouvelles formes de subordination*, Droit social n°06, 1992, p.525.

RAY J.-E., Ray, *La guerre des temps*, Droit social n°01, 2006, p.3.

RAY J.-E., *Droit du travail et TIC (I)*, Droit social n°02, 2007, p.140.

RAY J.-E., *Actualités des TIC*, Droit social n°09-10, 2007, p.951.

RAY J.-E., *Actualités des TIC*, Droit social n°11, 2008, p.1072.

RAY J.-E., *Les libertés dans l'entreprise*, Pouvoirs n° 130, 2009.

RAY J.-E., *Actualités des TIC*, Droit social n°03, 2010, p.267.

RAY J.-E., *Actualités des TIC*, Droit social n°09-10, 2011, p. 933.

RAY J.-E., *À propos de la révolution numérique*, Droit social n°10, 2012, p.934.

RAY J.-E., *Actualités des NTIC*, Droit social n°12, 2013, p.978.

RAY J.-E., Qualité de vie(s) et travail de demain, Droit social, n°02, 2015, p.147.

RAY J.-E., *Tous connectés partout, tout le temps*, Droit social n°06, 2015, p.516.

RAY J.-E., *Grande accélération et droit à la* déconnexion, Droit social, n°11, 2016, p.12.

RAY J.-E., *De la question sociale au XXIe siècle au télétravail*, Droit social n°01, 2018, p.52.

ROSA F., *Le périmètre de la vie personnelle du salarié à l'épreuve des nouvelles technologies*, JurisTourisme n°228, 2020, p.17.

SALOMON R., *Chronique de droit pénal social*, Droit social n°07-08, 2016, p.665.

SANTELMANN P., *Formation professionnelle et emplois non qualifiés*, Droit social n°04, 2002, p.437.

SARNIN P., *Santé des salariés : une urgence lourde de conséquences*, JurisAssociations n°484, 2013, p.26.

SCIBERRAS J.-C., *L'irrigation de l'entreprise par les nouvelles technologies de l'information et de la communication : le point de vue d'un praticien*, Droit social n°01, 2002, p.93.

SCIBERRAS J.-C., *Temps de travail et qualité de vie au travail : éclairage sur les mutations du travail*, Droit social n°02, 2015, p.121.

SUPIOT A., *Les nouveaux visages de la subordination*, Droit Social n°02, 2000, p.131.

SUPIOT A., *Travail, droit et technique*, Droit social n°01, 2002, p.13.

THOEMMES J., *La mesure des temps des cadres : une solution pour sortir des difficultés professionnelles ?*, Temporalités n°16, 2012.

VERICEL M., *Renforcement de l'information des salariés sur les risques pour leur santé et leur sécurité*, Revue de Droit du travail n°04, 2009, p.242.

VERKINDT P.-Y., *Sur les limites de la présomption d'imputabilité*, RDSS n°01, 2000, p.122.

VERKINDT P.-Y., *Violences au travail et traumatismes psychologiques : quelle prise en charge ?*, RDSS n°02, 2000, p.392.

VERKINDT P.-Y., *La protection de la santé au travail dans la loi de modernisation sociale*, RDSS n°02, 2002, p.278.

VERKINDT P.-Y., *La réduction de la majoration de rente consécutive à la reconnaissance d'une faute inexcusable de l'employeur*, RDSS n°03, 2003, p.440.

VERKINDT P.-Y., Accident du travail * Faute inexcusable de l'employeur * Faute inexcusable de la victime, RDSS n°05, 2005, p.875.

VERKINDT P.-Y., *Une illustration du lien entre droit de la sécurité sociale et droit du travail : les présomptions de faute inexcusable et l'impératif de prévention*, RDSS n°06, 2008, p.1140.

VERKINDT P.-Y., *Travail et santé au travail dans la Stratégie nationale de santé 2018-2022*, RDSS n°03, 2018, p.437.

VERDKINDT P.-Y., *La journée de huit heures : quatre articles pour un emblème*, Droit social n°04, 2019, p.339.

VERKINDT P.-Y., *La notion de charge de travail, clé de voûte du principe d'adaptation du travail à l'homme*, RJS 2020/3.

WAQUET P., *Vie personnelle et vie professionnelle du salarié*, CSBP n°64, 1994, p.289.

WAQUET P., *Les objectifs*, Droit social n°02, 2001, p.120.

WAQUET P., *Droit du travail et nouvelles technologies de l'information et de la communication*, Droit social n°01, 2002, p.10.

WAQUET P., *La vie personnelle du salarié*, Droit social n°01, 2004, p.23.

WEISSMANN R., Nouvelles technologies et relations collectives de travail, La Semaine Juridique Social n°05, 2018, p.1050.

WOLMARK C., *Quelle place pour le travail dans le droit du travail ?*, Droit social n°05, 2016, p.439.

Rapports de la Cour de cassation

COUR DE CASSATION, *Rapport annuel 2005 de la Cour de cassation. L'innovation technologique*, La Documentation française, 2006.

COUR DE CASSATION, *Rapport annuel 2007 de la Cour de cassation. La santé dans la jurisprudence de la Cour de cassation*, La Documentation française, 2008.

COUR DE CASSATION, *Rapport annuel 2010 de la Cour de cassation. Le droit de savoir*, La Documentation française, 2011.

COUR DE CASSATION, *Rapport annuel 2012 de la Cour de cassation. La preuve*, La Documentation française, 2013.

COUR DE CASSATION, *Rapport annuel 2011 de la Cour de cassation. Le risque*, La Documentation française, 2012.

COUR DE CASSATION, *Rapport annuel 2014 de la Cour de cassation. Le temps*, La Documentation française, 2014.

Dictionnaires, Encyclopédies

ADAM P., *Harcèlement moral ; Contours juridiques de la notion de harcèlement moral*, Répertoire de droit du travail, Dalloz, 2019.

AUBRÉE Y., *Contrat de travail : existence, formation ; formation du contrat de travail*, Répertoire de droit du travail, Dalloz, 2014.

AUBRÉE Y., *Contrat de travail : clauses particulières*, Répertoire de droit du travail, Dalloz, 2017.

BOUCARD H., *Responsabilité contractuelle; Violation de l'obligation*, Répertoire de Droit civil, Dalloz, 2018.

CORNU G., Vocabulaire juridique (sous la dir. de), Association Henri Capitant, 12e éd., P.U.F., coll. Quadrige, 2018.

GUARNERI F., ZAWIEJA P., *Dictionnaire des risques psychosociaux*, Seuil, 2014.

CHALARON Y., MOULY J., *Règlement intérieur et notes de service*, Répertoire de droit du travail, Dalloz, 2015.

DEDESSUS-LE-MOUSTIER G., *Travail à domicile et télétravail ; le régime juridique du télétravail*, Répertoire de droit du travail, Dalloz, 2013.

FAVIER Y., *Correspondances ; Messages électroniques*, Répertoire de droit civil, Dalloz, 2019.

MAZEAUD A, *Contrat de travail - exécution*, Répertoire de droit du travail, Dalloz, 1993.

MOLINIER J., *Principes généraux ; Teneur des principes généraux du droit*, Répertoire de Droit européen, Dalloz, 2011.

URBAN Q., *Comité d'entreprise : rôle et attributions en matière économique ; L'information et la consultation du comité d'entreprise*, Répertoire de droit du travail, Dalloz, 2015.

ROZÈS L., *Entreprise ; Organisation sociale de l'entreprise*, Répertoire de droit du travail, Dalloz, 1991.

SECONDS M., *Santé et sécurité au travail; Détermination des infractions relatives à la santé et à la sécurité*, Répertoire de droit du travail, Dalloz, 2018.

VACHET G., *Durée du travail : fixation et aménagement du temps de travail ; Contrôle de la durée du travail*, Répertoire de Droit du travail, Dalloz, 2014.

Table des illustrations

Table des Matières

SECONDE PARTIE.
LE DROIT DE LA SANTE, SOURCE D'ENCADREMENT
DE LA CHARGE DE TRAVAIL

Structures éditoriales du groupe L'Harmattan

L'Harmattan Italie
Via degli Artisti, 15
10124 Torino
harmattan.italia@gmail.com

L'Harmattan Hongrie
Kossuth l. u. 14-16.
1053 Budapest
harmattan@harmattan.hu

L'Harmattan Sénégal
10 VDN en face Mermoz
BP 45034 Dakar-Fann
senharmattan@gmail.com

L'Harmattan Cameroun
TSINGA/FECAFOOT
BP 11486 Yaoundé
inkoukam@gmail.com

L'Harmattan Burkina Faso
Achille Somé – tengnule@hotmail.fr

L'Harmattan Guinée
Almamya, rue KA 028 OKB Agency
BP 3470 Conakry
harmattanguinee@yahoo.fr

L'Harmattan RDC
185, avenue Nyangwe
Commune de Lingwala – Kinshasa
matangilamusadila@yahoo.fr

L'Harmattan Congo
219, avenue Nelson Mandela
BP 2874 Brazzaville
harmattan.congo@yahoo.fr

L'Harmattan Mali
ACI 2000 - Immeuble Mgr Jean Marie Cisse
Bureau 10
BP 145 Bamako-Mali
mali@harmattan.fr

L'Harmattan Togo
Djidjole – Lomé
Maison Amela
face EPP BATOME
ddamela@aol.com

L'Harmattan Côte d'Ivoire
Résidence Karl – Cité des Arts
Abidjan-Cocody
03 BP 1588 Abidjan
espace_harmattan.ci@hotmail.fr

Nos librairies en France

Librairie internationale
16, rue des Écoles
75005 Paris
librairie.internationale@harmattan.fr
01 40 46 79 11
www.librairieharmattan.com

Librairie des savoirs
21, rue des Écoles
75005 Paris
librairie.sh@harmattan.fr
01 46 34 13 71
www.librairieharmattansh.com

Librairie Le Lucernaire
53, rue Notre-Dame-des-Champs
75006 Paris
librairie@lucernaire.fr
01 42 22 67 13

www.ingramcontent.com/pod-product-compliance
Lightning Source LLC
LaVergne TN
LVHW011457061026
849535LV00004BA/1119
* 9 7 8 2 1 4 0 3 4 6 8 6 6 *